项目管理学

主 编 李 觉 许 平
副主编 吴 升

北京理工大学出版社
BEIJING INSTITUTE OF TECHNOLOGY PRESS

内 容 简 介

本书综合了最新的项目管理知识体系，将项目管理包含的 49 个项目管理过程分为 5 个项目过程组、10 大知识领域。

全书共分为 13 章，主要内容分为两部分，前 3 章为绪论、单个项目管理过程、项目组织与项目团队，阐述项目管理及历史发展、项目管理 5 个基本过程组、项目管理组织与项目团队等基本知识；后 10 章为项目管理 10 大知识领域，阐述项目管理需要的知识、方法、工具和技能等。

本书可作为高等院校工商管理专业、非管理专业开设的项目管理课程的教材与参考书，还可作为项目管理专业人员以及参加项目管理资格认证考试人员的参考书。

版权专有　侵权必究

图书在版编目（CIP）数据

项目管理学 / 李觉，许平主编. --北京：北京理工大学出版社，2023.6

ISBN 978-7-5763-2448-8

Ⅰ. ①项… Ⅱ. ①李… ②许… Ⅲ. ①项目管理 Ⅳ. ①F224.5

中国国家版本馆 CIP 数据核字（2023）第 096726 号

出版发行 /	北京理工大学出版社有限责任公司
社　　址 /	北京市海淀区中关村南大街 5 号
邮　　编 /	100081
电　　话 /	（010）68914775（总编室）
	（010）82562903（教材售后服务热线）
	（010）68944723（其他图书服务热线）
网　　址 /	http://www.bitpress.com.cn
经　　销 /	全国各地新华书店
印　　刷 /	三河市天利华印刷装订有限公司
开　　本 /	787 毫米×1092 毫米　1/16
印　　张 /	18
字　　数 /	423 千字
版　　次 /	2023 年 6 月第 1 版　2023 年 6 月第 1 次印刷
定　　价 /	92.00 元

责任编辑 / 龙　微
文案编辑 / 杜　枝
责任校对 / 刘亚男
责任印制 / 李志强

图书出现印装质量问题，请拨打售后服务热线，本社负责调换

前言

一、什么是项目管理

项目管理是管理学的一个分支学科,是管理类专业的一门重要专业课。项目管理是指在项目活动中,项目管理者运用专门的知识、技能、工具和方法,使项目能够在资源限定及时间限定的条件下,实现或超过设定的需求和期望的一次性任务。项目具体可以是一项工程、服务、研究课题及活动等。项目管理还可以是项目管理者运用各种相关技能、方法与工具,为满足或超越项目有关各方对项目的要求与期望,所开展的各种计划、组织、领导、控制等方面的活动。

项目管理学这门学科,能使学生了解和掌握项目管理的基本概念、基本原理和方法,以项目管理的理念进行企业运作等相关管理活动。其内容涉及项目管理知识体系 10 大知识领域、5 个标准化过程组,涵盖项目从立项到结束的方方面面。其管理的对象包括人、财、物、资金、时间、信息等,是一门具有相当广度与深度的课程。

二、学习项目管理的必要性

在当今世界快速发展的形势下,越来越多的工作是通过某种形式的项目进行的。项目管理作为管理活动的一种独特形式,取得了跨越性的发展,并渐渐形成了获得广泛认可的知识体系。项目管理的思想已经得到了广泛的应用,从国防工业到制造业,从建筑行业到IT行业,从大型体育活动的组织到家庭婚礼的策划等,项目管理进入了越来越多的领域。

很多项目与我们的生活息息相关,如地铁、高速公路、铁路、城中村改造、开发新产品、改造生产线、装修房屋、野外拓展、体育比赛等。我国的大型项目(如三峡水电站、北京大兴机场、港珠澳大桥、南水北调工程、西电东送工程、高铁工程、高速公路工程、中国天眼科技项目等)都是成功的项目管理案例。项目管理广泛应用的趋势,逐步改变着过去正式组织的管理方式,很多使用传统组织方法难以实现的目标,可以通过项目管理的方式达成。项目管理已成为每个组织管理模式中不可或缺的部分。因此,项目管理的学习,也变得日益紧迫和重要。

随着项目管理在实践中的广泛应用,项目管理人员的职业化日益引人关注。美国项目管理协会(Project Management Institution,PMI)主办的项目管理专业资质 PMP(Project Management Professional)考试和资质证书,及国际项目管理协会(International Project Management

Association，IPMA）在全球推行的四级项目管理专业资质认证体系 IPMP（International Project Management Professional），已经在全球得到了广泛认可。中国项目管理师（China Project Management Professional，CPMP）是国家职业资格考试，具有广泛的认可度和专业权威性，代表了我国政府对项目管理专业从业人员资格认证的最高水平。项目管理师证书已成为我国政府部门和各企事业机构组织对项目管理专业人员素质考核的主要参考因素，是对项目管理专业人员执业、求职、任职的基本要求。我国对项目管理专业人才的需求量与日俱增，拥有上述证书的专业人员将具有更强的竞争力。

三、本书的主要内容

本书按照美国项目管理协会 2017 年提出的项目管理知识体系，将项目管理的 49 个项目管理过程分为两种。一种是按照这些过程发生的时间先后分成"启动、规划、执行、监控、收尾"5 个项目过程组；另一种是按照同类知识合并为整体管理、范围管理、时间管理、成本管理、质量管理、人力资源管理、沟通管理、风险管理、采购管理和项目相关方管理 10 大知识领域。它们分别从不同的管理职能和领域，描述了项目管理者需要的知识、方法、工具和技能，以及相应的管理实践。

为了使读者对项目管理有一个整体的认识，并能够掌握项目管理的基本知识，在戚安邦、冯俊文等教授编撰的《项目管理学》《现代项目管理学》等书的基础上，本书综合了最新的项目管理知识体系，将全书共分为 13 章，前 3 章为绪论、单个项目管理过程、项目组织与项目团队，阐述项目、项目管理及历史发展、项目管理 5 个基本过程组、项目管理组织与项目团队等基本知识；后 10 章为项目管理 10 大知识领域，阐述项目管理需要的知识、方法、工具和技能等。

基于教育要深刻落实立德树人的根本任务，本书结合项目管理行业特点，挖掘了以雷神山、火神山医院等为代表的时代鲜活的建设案例，将爱国、敬业、奋斗、奉献的项目管理精神融入教材中，让学生明白诚实守信、艰苦奋斗的道理，培养规范、严谨、团结、合作的职业素养，树立爱国、奉献的理想信念。

四、本书的受众

本书可作为高等院校非管理专业开设的项目管理课程的教材与参考书，也可作为工商管理专业项目管理课程的教材和参考书，还可作为项目管理专业人员以及参加项目管理资格认证考试人员的参考书。

本书在编写过程中，搜索了大量的文献资料，参考借鉴了许多国内外专家学者的研究成果和典型案例，在此谨向这些作者致以诚挚的谢意！

限于水平，本书存在的不足之处，恳请广大同行和读者批评指正，以便今后改进。

编 者
2023 年 2 月

目 录

第1章　绪　论 …………………………………………………………… (001)
 1.1　项目 ……………………………………………………………… (002)
 1.2　项目管理 ………………………………………………………… (007)
 1.3　项目管理的发展 ………………………………………………… (015)

第2章　单个项目管理过程 ……………………………………………… (023)
 2.1　项目管理过程 …………………………………………………… (024)
 2.2　项目管理过程组的相互联系与交互作用 ……………………… (031)

第3章　项目组织与项目团队 …………………………………………… (035)
 3.1　项目组织 ………………………………………………………… (036)
 3.2　项目团队 ………………………………………………………… (040)
 3.3　项目经理 ………………………………………………………… (046)

第4章　项目整体管理 …………………………………………………… (052)
 4.1　项目整体管理概述 ……………………………………………… (053)
 4.2　制定项目章程 …………………………………………………… (054)
 4.3　制作项目初步范围说明书 ……………………………………… (058)
 4.4　制订项目管理计划 ……………………………………………… (059)
 4.5　指导与管理项目执行 …………………………………………… (061)
 4.6　监视与控制项目工作 …………………………………………… (063)
 4.7　整体变更控制 …………………………………………………… (065)
 4.8　项目收尾 ………………………………………………………… (067)

第5章　项目范围管理 …………………………………………………… (073)
 5.1　项目范围管理概述 ……………………………………………… (074)
 5.2　项目范围规划 …………………………………………………… (076)
 5.3　项目范围定义 …………………………………………………… (077)
 5.4　制作工作分解结构 ……………………………………………… (080)
 5.5　项目范围确认 …………………………………………………… (084)
 5.6　项目范围控制 …………………………………………………… (085)

第6章 项目时间管理 (092)

- 6.1 项目时间管理概述 (093)
- 6.2 活动定义 (094)
- 6.3 活动排序 (096)
- 6.4 活动工期估算 (102)
- 6.5 活动持续时间估算 (109)
- 6.6 制订进度计划 (113)
- 6.7 进度控制 (118)

第7章 项目费用管理 (125)

- 7.1 项目费用管理概述 (125)
- 7.2 项目费用估算 (129)
- 7.3 项目费用预算 (135)
- 7.4 项目费用控制 (138)

第8章 项目质量管理 (151)

- 8.1 项目质量管理概述 (153)
- 8.2 项目质量规划 (158)
- 8.3 实施项目质量保证 (162)
- 8.4 实施项目质量控制 (165)

第9章 项目人力资源管理 (173)

- 9.1 项目人力资源管理概述 (174)
- 9.2 项目人力资源规划 (175)
- 9.3 项目团队组建 (179)
- 9.4 项目团队建设 (181)
- 9.5 项目团队管理 (183)

第10章 项目沟通管理 (190)

- 10.1 项目沟通管理概述 (190)
- 10.2 沟通规划 (192)
- 10.3 信息发布 (196)
- 10.4 绩效报告 (198)
- 10.5 项目相关方沟通管理 (200)

第11章 项目风险管理 (205)

- 11.1 项目风险管理概述 (206)
- 11.2 项目风险管理规划 (212)
- 11.3 项目风险识别 (214)
- 11.4 项目风险定性分析 (218)
- 11.5 项目风险定量分析 (222)
- 11.6 项目风险应对规划 (225)
- 11.7 项目风险监控 (228)

第12章 项目采购管理 (236)

- 12.1 项目采购管理概述 (237)

12.2	采购规划	(240)
12.3	采购合同	(244)
12.4	采购管理	(247)
12.5	采购收尾	(250)

第13章 项目相关方管理 (258)

13.1	项目相关方管理概述	(259)
13.2	识别相关方	(264)
13.3	规划相关方参与	(267)
13.4	管理相关方参与	(269)
13.5	监督相关方参与	(272)

参考文献 (279)

第1章 绪 论

教学目标

1. 初步了解项目管理的相关知识；
2. 学习和掌握项目的定义、特征；
3. 理解项目的阶段和生命周期；
4. 掌握项目管理的内涵及其与一般管理的关联；
5. 熟悉项目管理的流程、知识体系；
6. 了解项目管理的发展历程。

案例导读

1. 古代项目案例——京都汴梁宫殿修复

宋代科学家沈括在《梦溪笔谈》中记载：宋朝大中祥符年间（1008—1016），京都汴梁（今开封）有一座宫殿被焚，皇帝派大臣丁渭主持修复。丁渭制定了一个施工组织方案。考虑到工程需要大量的土，而土源过远，丁渭于是就近挖开大路取土，挖出一条大沟，又命人挖开汴河，使其与大沟相通，从而形成水道，解决了物资运输问题。工程完工后，丁渭又将残砖断瓦等建筑垃圾填入大沟，恢复大道。这个方案一举解决了取土、运输和垃圾处理三个问题，节约了大量资金。

2. 近代项目案例——首批原子弹计划（曼哈顿计划）

美国退役陆军中将莱斯利·R.格罗夫斯在第二次世界大战期间是美国制造首批原子弹计划的总负责人。他的著作《现在可以说了：美国制造首批原子弹的故事》(*Now It Can be Told-The Story of The Manhattan Project*)详细叙述了曼哈顿计划的组织管理、人员配备、工程建设、保安保密措施、军事和科技情报的搜集，以及向日本投下原子弹的情况等。其中不少描写突出了在项目中如何使用权力、处理责任。以下就是这样的一段记载：马歇尔将军已指示提升我为准将，新的名单在几天内即可宣布。我立即决定，在我能以准将身份正式接管本计划的工作之前，暂不正式接管。我想可能会出现同一些科学家打交道的问题，而且我觉得，如果他们一开始便认为我是将军，而不是一个晋级的上校，我的处境会更好一些。后来的经验使我确信，这是一个聪明的做法。使我奇怪的是，军衔的特权在学术界竟然比在军界中更重要。

3. 现代项目案例——IBM PC 项目

20 世纪 70 年代末 IBM 个人电脑(PC)的开发是一个众所周知的例子，它能说明项目如何能够成为业务活动的核心。为了绕过 IBM 公司令人窒息的官僚程序，PC 项目把自己置于组织主流业务之外。该项目团队在佛罗里达 Boca Raton（博卡拉顿）的一个漏雨的仓库里工作，基本上是以一个独立的业务单位来运作的。IBM PC 项目的成功成了实业界的传奇。该项目团队以破纪录的速度做出了他们的产品。这个产品对组织今后如何从事其业务活动的改革产生了重大的影响。当他们决定以 PC 操作系统为基础，将其植入一个微不足道、名不见经传的称作"微软"的小公司的产品中时，他们居然孵育出了一个软件产业巨无霸。IBM PC 在市场中的成功大大出乎市场预测，而市场对 PC 机的需求，使得一个仿造者——康柏(Compaq)迅速崛起，在一年内其收入从零增长到十亿美元，创造了历史上销售业务额增长最快的纪录。最终，IBM 的 PC 机为 IBM 公司带来了几十亿美元的营业额，并帮助美国形成了一个庞大的产业。

——摘译自 J. Davidson Frame, *Project Management Competence*.

1.1 项 目

1.1.1 项目的定义

1. 项目的起源

人类从开始有组织地活动，就一直执行着各种规模的"项目"。史前人类的围猎是最早的项目；中国的古长城、埃及的金字塔及古罗马的尼姆水道桥，都是人类历史上运作大型复杂项目的范例；美国的"曼哈顿计划""阿波罗登月计划"，中国的原子弹、氢弹"两弹计划"是近代成功的项目；中国的三峡工程、英法海底隧道、北京大兴机场、武汉"火神山""雷神山"医院等是现代项目管理的绝佳范例。

在日常生活中也随处可见与人们密切相关的项目，例如组织野餐、家居装修、举办运动会等。随着现代项目规模越来越大，投资越来越多，涉及专业越来越广泛，项目内部关系越来越复杂，传统的管理模式已经不能满足运作好一个项目的需要，于是产生了对项目进行管理的模式，并逐步发展成为主要的管理手段之一。

2. 项目的定义

人类有组织的活动分为两类：一类是连续不断、周而复始的活动，人们称为"运作"或"作业"，如企业产品的生产。另一类是具有临时性、一次性特征的活动，人们称为"项目"，如开发新产品、进行新市场的拓展等。项目与日常工作的区别如表 1.1 所示。

表 1.1 项目与日常工作的区别

区别点	项目	日常工作
目的	特殊的	常规的
责任人	项目经理	部门经理
时间	有限的	无限的
管理方法	风险型	确定型
持续性	一次性	重复性
特性	独特性	普遍性
组织结构	项目组织	职能部门
考核指标	以目标为导向	效率和有效性
资源需求	多变性	稳定性

不同的组织和研究学者基于不同的视角给项目(Project)下了很多定义，其中具有代表性的有如下几种。

美国项目管理协会将项目定义为提供某项独特产品、服务或成果所做的一次性努力。

国际项目管理协会认为，项目是受时间和成本约束的，用以实现一系列既定的可交付物(达到项目目标的范围)，同时满足质量标准和需求的一次性活动。

J. R. Meredith&S. J. Mantel 认为，项目是具有以下特性的、必须完成的、特殊的有限任务：目的性、相互依赖性、独特性、冲突性、寿命周期。

R. J. 格雷厄姆认为，项目是为了达到特定目标而调集到一起的资源组合，它与常规任务间关键的区别是：项目通常只做一次；项目是一项独特的工作努力，即按某种规范及应用标准导入或生产某种新产品或某项新服务。这种工作努力应当在限定的时间、成本费用、人力资源及资财等项目参数内完成。

J. Rodney Turner 认为，项目是一种一次性的努力，它以一种新的方式将人力、财力和物资进行组织，完成有独特范围定义的工作，使工作结果符合特定的规格要求，同时满足时间和成本的约束条件。项目具有定量和定性的目标，实现项目目标就是能够实现有利的变化。

综上所述，尽管不同的组织或个人对项目的定义有所不同，但这些定义均从不同程度上揭示了项目的本质特征。项目具有以下共性。

(1)项目都有明确且具体的目标，这也是发动项目的动因。

(2)项目是指为完成特定目标所需要完成的任务，具有一次性。

(3)项目都有需明确界定的工作范围，虽然项目的目标是明确而具体的，但实现目标的方案是可选择的，因而项目的工作范围是需要定义的。

(4)项目在实现其目标的同时，有经费、时间及质量指标的要求。

因此，我们认为项目是在一定的时间、资源、环境等约束条件下，为了达到特定的目标所做的一次性任务或努力。可以从如下三个层面来理解项目的含义。

(1)项目是一项有待完成的任务或努力，有特定的环境与要求。

(2)需在一定的组织机构内，利用有限资源(人力、物力、财力等)在规定的时间内完成任务或努力。

(3)任务或努力要满足一定性能、质量、数量、技术指标等要求。

1.1.2 项目的特征

1. 临时性

每个项目都有明确的开始和结束。目标实现，项目终止；或清楚意识到项目目标不会或不可能达到时，项目的必要性已不复存在，项目终止。项目总有一个明确的结束时间点。项目的临时性不在于项目持续时间的长短，虽然有的项目工作持续很多年，但整个项目的持续时间是确定的。

项目的临时性特征不仅仅是工作本身，同时也在其他方面体现：机遇或市场行情稍纵即逝，从而大部分项目要求在一定时间内推出产品或服务；项目团队作为工作单位，其存在的时间很少超过项目本身持续的时间，项目完成，项目团队随之解散。

2. 独特性

独特性是指项目所创造的独特的可交付成果，如产品、服务或成果。
(1)可以量化的产品，本身就是最终物件，或是其他物件的组成部分。
(2)提供服务的能力，如辅助生产或流通的商业职能。
(3)成果，如论文或文件。例如一种趋势或某过程、知识等。

独特性是项目可交付成果的一种重要特征。例如，人们建造的办公楼有相似之处，但每座办公楼却又是独特的，主要包括不同业主、不同设计、不同的位置和方向、不同的承建商等。婚礼也是如此。

3. 逐步完善

逐步完善是项目伴随临时性和独特性两个概念的特点之一。逐步完善意味着分步、连续的积累。例如，在项目早期，项目范围的说明是粗略的，随着团队对目标和可交付成果的理解更完整和深入，项目的范围就更具体和详细。

例如：经济开发项目目标在开始时描述为"改善某地区最低收入居民的生活质量"，但随着项目推进，项目目标变得更为具体，如变为"为该地区的500名最低收入居民提供食品和水"，下一轮逐步完善的重点也许就完全放在提高农产品产量和销售量，把供水部分的重要性降到第二位，留待农业部分取得相当绩效后再付诸实践。

1.1.3 项目生命周期

1. 定义

与项目定义一样，项目生命周期也有不同定义，但最具代表性的是美国项目管理协会（PMI）的定义。它对项目生命周期的定义为：项目经理或组织可以把每一个项目划分为若干个阶段，以便有效地进行管理控制，并与实施该项目组织的日常运作联系起来，这些项目阶段合在一起称为项目生命周期。

2. 项目生命周期的阶段

根据项目特征，可以把项目生命周期划分为表1.2所示的几个阶段。
如表1.2所述，项目生命周期一般可以归纳为如下四个阶段。

(1) 启动阶段。在这个阶段主要的工作任务是项目识别、项目构思和项目选择,其形成的文字资料主要有项目建议书或可行性研究报告。

(2) 计划阶段。项目计划是项目执行的蓝本,它主要是解决如何、何时、由谁来完成项目的目标等问题,即制订项目计划书,具体包括确定项目工作范围、进行项目工作分解;估算各个活动所需的时间和费用;确定进度安排和人员安排等。

(3) 执行阶段。在这个阶段主要是具体实施项目计划,简单来说就是项目从无到有的实现过程。这一时期的管理重点是执行项目计划书、跟踪执行过程和进行过程控制,当项目在具体的执行过程中出现偏差时,必须确保项目按照计划有序、协调地执行。同时,这一阶段也需要根据项目的执行情况,对项目的计划进行必要的修改和补充,即项目的过程控制。由此可见,项目执行阶段是项目真正意义上的开始,是顺利实现项目目标的过程。

(4) 收尾阶段。当项目的目标已经实现,或者项目的目标不可能实现时,项目就进入了收尾阶段。收尾阶段的管理重点是项目交接、对项目结果进行检验、项目评价和总结、吸取经验教训,为完善以后的项目管理积累经验。

表 1.2 项目生命周期的阶段

名称	主要内容
启动阶段	确定需求目标、估算投资、建立项目组织、确定项目经理等,形成项目建议书或可行性研究报告
计划阶段	项目基本预算和进程的制定、为项目执行做准备;解决 5W1H① 的问题
执行阶段	实施项目;项目从无到有的实现过程;执行项目计划书、跟踪执行过程、进行过程控制等
收尾阶段	评价、总结项目目标的完成程度,项目结果检验,项目交接

项目生命周期的阶段划分并不是唯一的,有的划分很笼统,有的很详细。最为典型的就是如上的四阶段划分法,但是也有些项目的生命周期可以分为五个、九个甚至更多个阶段。

3. 里程碑和可交付成果

(1) 里程碑——项目中的重大事件,通常指一个主要可交付物的完成,它是项目进程中的一些重要标记,是在计划阶段应该重点考虑的关键点。里程碑既不占用时间也不消耗资源。

(2) 可交付成果——可以度量、核实的工作成果。

① 启动阶段结束后,批准可行性报告是第一个里程碑,其可交付成果就是可行性研究报告。

② 计划阶段结束后,批准项目计划是第二个里程碑,其可交付成果是项目计划文件。

③ 执行阶段结束后,项目完工是第三个里程碑,其可交付成果就是待交付的完工产品或文件、软件等。

④ 收尾阶段结束后,项目交接是最后一个里程碑,其可交付成果是完工产品和项目

---

① "5W1H"是 6 个英文单词的首字母缩写,"5W"分别指 Why(原因)、What(目的)、When(时间)、Where(地点)、Who(谁),"1H"指 How(方法)。

文件。

4. 项目生命周期的描述

最为典型的项目生命周期为四阶段项目生命周期,如图1.1所示。

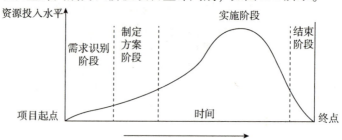

图 1.1 典型的项目生命周期示意

图1.1中,纵轴表示项目的资源投入水平,横轴表示项目及项目阶段的时间。这种典型的项目生命周期描述方法适用于对多数项目的生命周期描述,但是它比较粗略。一般而言,这种典型的项目生命周期描述具有下列特性。

(1)资源需求的变动。从图1.1可以看出,在项目初期阶段,有关项目资源、成本和人员方面的需求很低,而进入制定方案阶段以后,项目对资源的需求升高,越到后面会越高,到项目结束阶段这种需求又会急剧减少。在一个项目中,资源投入最大的阶段是实施阶段。

(2)项目风险的变动。在项目初期阶段,项目成功的概率较低而项目的风险和不确定性很高。但是,随着项目的进展,项目成功的概率会大大升高,而风险和不确定性大大降低,因为随着项目的推进许多原本不确定性的因素会逐步变为确定性的因素。

(3)影响力的变动。在项目的初始阶段,项目相关利益者(尤其是项目业主/客户)对于项目最终产出物的特性和项目成本的影响力最高,随着项目的进展这种影响力很快降低。在项目后面的三个阶段中,这种影响力主要体现在对项目变更和项目成本的修订方面。

典型项目生命周期可划分为四个阶段,但是有的项目生命周期的阶段可以达到九个或十几个。在同一个专业应用领域中,两个类似项目的生命周期阶段划分有时也会有很大的不同。例如,一家公司的软件开发项目将"系统设计"作为项目的一个阶段,而另一家公司可以将"系统设计"划分成"功能设计"和"详细设计"两个独立的阶段。另外,一个项目的子项目也会有自己的生命周期。例如,一个建筑设计公司承担设计一栋办公大楼的任务,这一任务只是整个项目生命周期中的"设计阶段"或叫"工程设计"子项目。但是对于该设计公司来说,这个子项目的工作可以进一步分为"总体设计""技术设计""施工图设计"等一系列项目阶段。因此,这个建筑设计公司可以将这一子项目看作一个完整的"项目",并给出其相应的项目生命周期描述。

特别需要注意的是,还应区分项目生命周期与产品生命周期这两个概念。例如,"将一种新的台式计算机推向市场"的工作是一个项目,这一项目有自己的生命周期,但是这种新推出的台式计算机也有它自己的产品生命周期(即由投入期、成长期、成熟期和衰退期所构成的产品生命周期)。

1.2 项目管理

1.2.1 项目管理概述

1. 项目管理的定义

现代项目管理认为,项目管理是运用各种知识、技能、方法与工具,为满足或超越项目有关各方对项目的要求与期望所开展的各种管理活动。

其中,一般项目的有关各方需要满足的要求与期望主要涉及下述几个方面。

(1)项目本身的要求与期望。这是所有的项目有关各方共同要求和期望的内容,因为这方面的要求和期望是项目全体有关各方面的共同利益所在。例如,对一个项目的范围、工期(时间)、造价(成本)和项目质量等方面的要求与期望,就属于对项目本身的要求和期望。

(2)项目有关各方不同的需求和期望。这是项目有关各方与自己相关利益的需要和期望,包括项目的业主、客户、资源供应商、项目承包商、协作商、项目团队、项目所在社区、项目的政府管辖部门等各个方面的要求与期望,这种项目有关各方的需求和期望有些是相互矛盾的。

(3)项目已识别的需要与期望。这是已经由项目的各种文件明确规定出的项目需求和期望,是项目有关各方达成共识的需要和期望。例如,已经明确的项目工期、项目成本和项目质量等方面的要求与期望,以及对于项目工作的一些要求和期望等。

(4)项目尚未识别的要求和期望。这是项目各种文件没有明确规定,但是又是项目有关各方想要和追求的需求和期望。例如,潜在的环保要求、残疾人的特殊要求、更低的项目成本、更短的项目工期、更高的项目质量要求等。

项目管理就是为实现上述这些目标所开展的项目组织、计划、领导、协调和控制等活动。

项目管理的定义还给出了有关项目管理的目的与手段的基本概念。

(1)管理的根本目的是满足或超越项目有关各方对项目的需求与期望。项目有关各方是指一个项目的所有相关利益者,包括一个项目的业主和用户、项目的承包商或实施者、项目的供应商、项目的设计者或研制者、项目所在的社区、项目的政府主管部门等。

这些项目的相关利益者对项目会有完全不同的要求和期望。项目业主、客户要求和期望以最小的投资获得最大的收益和项目产出物的功能;项目承包商或实施者要求或期望以最小的成本获得最大的利润;项目供应商要求或期望能够获得更多的销售收入;而项目设计者或研制者要求或期望留下传世之作和有所收益;项目所在的社区要求和期望不要破坏环境和造成污染;项目的政府主管部门要求和期望扩大就业和提高社会福利等。

项目管理的根本目的就是要努力使这些不同的要求和期望能够很好地实现和综合平衡,并最终使项目合理地、最大限度地满足这些不同的要求和期望,甚至超越这些要求和期望。这既是项目管理的难点所在,也是项目管理的挑战性之所在。

(2)管理的根本手段是运用各种知识、技能、方法和工具开展各种管理活动。为使项目最大限度地满足或超越项目所有相关利益者的要求和期望,就必须开展各种各样的管理活动。项目管理活动与一般的运营管理活动的原理和方法有所不同,因为二者管理的对象不同。前者管理的是具有一次性、独特性和相对不确定性的项目工作,后者管理的是重复性、常规性和相对确定性的日常运营工作。

因此项目管理需要运用各种知识、技能、方法和工具,既包括独特的项目工期、质量、成本、风险管理等方面的知识、技能、方法和工具,也包括项目本身所涉及的具体专业领域的专门知识、技能、方法和工具,还包括一般管理的计划、组织、领导、协调、控制等一系列的知识、技能、方法和工具。

其中,知识是指人类对以前的成功经验和对客观规律的认识和总结;方法是指按照这些客观规律去分析问题和解决问题的程序和做法;工具是指分析和解决具体问题的手段;而技能则是指人们掌握和运用知识、方法和工具的能力。由于项目管理十分复杂和艰巨,涉及的活动和问题非常广泛,所以项目管理需要运用各种知识、技能、方法和工具,去开展各种各样的管理活动。

2. 项目管理的基本特性

现代项目管理认为,项目管理的基本特性主要包括如下几个方面。

(1)普遍性。项目作为一种创新活动普遍存在于人类的社会、经济和生产活动之中,人类现有的各种文化物质成果最初都是通过项目的方式实现的。现有各种运营活动都是各种项目的延伸和延续,人们的各种创新的想法、建议或提案或迟或早都会转化成项目,并通过项目的方式验证或实现。由于项目的这种普遍性,项目管理也具有了普遍性。在人类社会中,小到个人的婚礼,大到"阿波罗计划"都是项目,都需要项目管理。同时,不管是企业、政府、社团项目,还是个人项目,都需要开展项目管理。

(2)目的性。项目管理的另一个重要特性是它的目的性,一切项目管理活动都是为实现"满足或超越项目有关各方对项目的要求与期望"这一目的服务的。其中"有关各方对项目的要求"是一种已经明确和清楚规定的项目目标,而"有关各方对项目的期望"是一种有待识别的、未明确的、潜在的项目追求。项目管理的目的性不但表现在要通过项目管理活动去保证满足或超越那些项目有关各方已经明确提出并清楚规定的项目目标,而且要通过项目管理去识别和满足、超越那些尚未识别和明确的潜在需要。例如,一个私人别墅的建设项目,业主、客户会提出一些要求和目标,但是由于业主、客户并不是建筑专业人士,所以他提出的要求会在某些方面存在疏漏或不足,但是他期望房屋建得越来越好,尤其在房屋的结构和功能方面,这就要求项目的设计者和施工者努力运用自己的专业知识和技能去找出这些期望的内容,并设法满足甚至超越这些期望。

(3)独特性。项目管理的独特性是指项目管理既不同于一般的生产、服务的运营管理,也不同于常规的行政管理,它有自己独特的管理对象、管理活动、管理方法与工具,是一种完全不同的管理活动。虽然项目管理也会使用一些一般管理的原理和方法,但是项目管理同时也有许多自己独特的管理原理与方法。例如,项目计划管理中所使用的关键路径法,工程项目设计管理中的三段设计法,项目造价管理中的全造价管理方法等,都是项目管理自己独特的管理方法。

(4)集成性。项目管理的第四个特性是它的集成管理特性。项目管理的集成性是相对于一般运营管理的专门性而言的。在一般运营管理之中,分别有生产管理、质量管理、成本管理、供应管理、市场营销管理等各种各样的专业管理,它们是针对一个企业或组织的不同生产、经营活动所开展的管理,这种专业管理是由于一般运营的重复性和相对确定性,运营管理的详细分工而形成的。但是项目管理要求的主要是管理的集成性,虽然项目管理也有一定的分工要求,但是项目管理要求充分强调管理的集成特性。例如,对于项目工期、造价和质量的集成管理,以及项目、子项目的集成管理等都是十分重要的。

(5)创新性。项目管理的创新性包括两层含义,一是指项目管理是对于创新(项目所包含的创新之处)的管理,二是指任何一个项目的管理都没有一成不变的模式和方法,都需要通过管理创新去实现对于具体项目的有效管理。在现实生活中,即使是一个工业或民用建设项目,如果是新的建设地点、新的业主/客户、新的建设材料与施工方法等各种新的因素,也仍然需要各种各样的管理创新。对于像企业新产品的研究与开发之类创新性强的项目,就更需要管理创新了。

另外,尽管项目管理有自己的特性,但是它与一般运营管理也有一些共性。例如,项目管理的科学性与一般运营管理的科学性是一致的,只是在内容和方法上有所不同,其中项目管理的科学性主要体现在对项目的集成性管理、工程性管理、客观性管理等方面。项目管理的艺术性与一般运营管理的艺术性也是一致的,只是在内容和方法上有所不同,项目管理的艺术性主要体现在对项目相关利益者的利益和要求的协调与沟通方面、项目团队的建设与领导方面等。

1.2.2 项目管理的知识体系

所谓项目管理的知识体系是指在现代项目管理中所要开展的各种管理活动,所要使用的各种理论、方法和工具,以及所涉及的各种角色的职责和它们之间的相互关系等一系列项目管理理论与知识的总称。项目管理知识体系包括许多方面的内容,这些内容可以按多种方式去组织,从而构成一套完整的知识体系。这套知识体系与一般运营管理知识体系一样,可以分成许多个不同的专业管理或职能管理方面。

美国项目管理协会(PMI)在2017年更新了一整套项目管理知识体系,协会认为,项目管理的知识体系主要有10个知识领域和49个项目管理过程,它们分别从不同的管理职能和领域描述了现代项目管理者需要的知识、方法、工具和技能,以及相应的管理实践。

49个管理过程有两种分类方式,一种按照这些过程发生的时间先后分成"启动、规划、执行、监控、收尾"5个项目过程组;另一种按照同类知识合并为整体管理、范围管理、时间管理、费用管理、质量管理、人力资源管理、沟通管理、风险管理、采购管理和项目相关方管理10大知识领域。49个管理过程、5个过程组、10个项目管理知识领域的相互关系如表1.3所示。

表1.3 49个管理过程、5个过程组、10个项目管理知识领域的相互关系

知识领域(49)	项目管理过程组				
	启动过程组	规划过程组	执行过程组	监控过程组	收尾过程组
4. 项目整体管理(7)	4.2 制定项目章程	4.3 制作项目初步范围说明书 4.4 制订项目管理计划	4.5 指导与管理项目执行	4.6 监视与控制项目工作 4.7 整体变更控制	4.8 项目收尾

续表

知识领域(49)	项目管理过程组				
	启动过程组	规划过程组	执行过程组	监控过程组	收尾过程组
5. 项目范围管理(5)		5.2 项目范围规划 5.3 项目范围定义 5.4 制作工作分解结构（WBS）		5.5 项目范围确认 5.6 项目范围控制	
6. 项目时间管理(6)		6.2 活动定义 6.3 活动排序 6.4 活动工期估算 6.5 活动持续时间估算 6.6 制订进度计划		6.7 进度控制	
7. 项目费用管理(4)		7.2 项目费用估算 7.3 项目费用预算 7.4 项目费用控制		7.5 项目费用控制	
8. 项目质量管理(3)		8.2 项目质量规划	8.3 实施项目质量保证	8.4 实施项目质量控制	
9. 项目人力资源管理(4)		9.2 项目人力资源规划	9.3 项目团队组建 9.4 项目团队建设 9.5 项目团队管理		
10. 项目沟通管理(4)		10.2 沟通规划	10.3 信息发布 10.4 绩效报告	10.5 项目相关方沟通管理	
11. 项目风险管理(6)		11.2 项目风险管理规划 11.3 项目风险识别 11.4 项目风险定性分析 11.5 项目风险定量分析 11.6 项目风险应对规划		11.7 项目风险监控	
12. 项目采购管理(4)		12.2 采购规划	12.3 采购合同 12.4 采购管理		12.5 采购收尾
13. 项目相关方管理(4)	13.2 识别相关方	13.3 规划相关方参与	13.4 管理相关方参与	13.5 监督相关方参与	

1. 项目管理知识体系的构成

按照美国项目管理协会提出的现代项目管理知识体系的划分方法，现代项目管理知识体系主要包括 10 个方面，这 10 个方面分别从不同的管理职能和领域，描述了现代项目管理所需要的知识、方法、工具和技能。本书将围绕这 10 个不同的项目管理方面进行较为深入的讨论。

(1) 项目整体管理。项目整体管理是在项目管理过程中为确保各种项目工作能够很好地协调与配合而开展的一种整体性、综合性的项目管理工作。开展项目整体管理的目的是要通过综合与协调管理好项目各方面的工作，以确保整个项目的成功，而不是某个项目阶段或某个项目单项目标的实现。这项管理的主要内容包括项目集成计划的编制、项目集成计划的实施和项目总体变更的管理与控制。

(2) 项目范围管理。项目范围管理是在项目管理过程中所开展的计划和界定一个项目或项目阶段所要完成的工作，以及不断维护和更新项目的范围的管理工作。开展项目范围管理的根本目的是要通过成功地界定和控制项目的工作范围与内容，确保项目的成功。这项管理的主要内容包括项目起始的确定和控制、项目范围的规划、项目范围的界定、项目范围的确认、项目范围变更的控制与项目范围的全面管理和控制。

(3) 项目时间管理。项目时间管理是在项目管理过程中为确保项目按既定时间成功完成而开展的项目管理工作。开展项目时间管理的根本目的是要通过做好项目的工期计划和项目工期的控制等管理工作，确保项目的成功。这项管理的主要内容包括项目活动的定义、项目活动的排序、项目活动的时间估算、项目工期与排产计划的编制和项目作业计划的管理与控制。

(4) 项目费用管理。项目费用管理是在项目管理过程中为确保项目在不超出预算的情况下完成全部项目工作而开展的项目管理。开展项目费用管理的根本目的是全面管理和控制项目的成本(造价)，确保项目的成功。这项管理的主要内容包括项目资源的规划、项目成本的估算、项目成本的预算和项目成本的管理与控制。

(5) 项目质量管理。项目质量管理是在项目管理过程中为确保项目的质量所开展的项目管理工作。这一部分的主要内容包括：项目质量规划、项目质量保证和项目质量控制。开展项目成本管理的根本目的是要对项目的工作和项目的产出物进行严格的控制和有效的管理，以确保项目的成功。这项管理的主要内容包括项目产出物质量和项目工作质量的确定与控制，以及有关项目质量变更程序与活动的全面管理和控制。

(6) 项目人力资源管理。项目人力资源管理是在项目管理过程中为确保更有效地利用项目所涉及的人力资源而开展的项目管理工作。开展项目人力资源管理的根本目的是要对项目组织和项目所需人力资源进行科学的确定和有效的管理，以确保项目的成功。这项管理的主要内容包括项目组织的规划、项目人员的获得与配备、项目团队的建设等。

(7) 项目沟通管理。项目沟通管理是在项目管理过程中为确保有效、及时地生成、收集、储存、处理和使用项目信息，以及合理地进行项目信息沟通而开展的管理工作。开展项目沟通管理的根本目的是要对项目所需的信息和项目相关利益者之间的沟通进行有效的管理，以确保项目的成功。这一部分的主要内容包括项目沟通的规划、项目信息的传送、项目作业信息的报告和项目管理决策等。

(8) 项目风险管理。项目风险管理是在项目管理过程中为确保成功地识别、分析和应对项目风险所开展的项目管理工作。开展项目风险管理的根本目的是要对项目所面临的风险进行有效识别、控制和管理，是针对项目的不确定性而开展的降低项目损失的管理。这一部分的主要内容包括项目风险的识别、项目风险的定量分析、项目风险的对策设计和项目风险的应对与控制等。

(9) 项目采购管理。项目采购管理是在项目管理过程中为确保能够从项目组织外部寻求和获得项目所需各种商品与劳务的项目管理工作。开展项目采购管理的根本目的是要对项目所需的物质资源和劳务的获得与使用进行有效的管理，以确保项目的成功。这一部分的主要内容包括项目采购计划的管理、项目采购工作的管理、采购询价与采购合同的管理、资源供应来源选择的管理、招投标与合同管理和合同履行管理。

（10）项目相关方管理。项目相关方管理是指对项目相关方需要、希望和期望的识别，并通过沟通上的管理来满足其需要、解决其问题的过程。项目相关方管理将会赢得更多人的支持，从而能够确保项目取得成功。这一部分的主要内容包括识别相关方、规划相关方、管理相关方、控制相关方。

2. 项目管理知识与其他知识之间的关系

现代项目管理所需的许多知识是独特的，或者说基本上是独特的。例如，项目工期管理与计划管理中的关键路径分析和工作结构分解方法等都是专门用于项目管理的。但是现代项目管理的知识体系还包括许多其他方面的知识，或者说与其他方面的知识是相互关联的。与项目管理知识体系关系最紧密的是一般管理知识和项目所涉及的具体专业领域知识。图 1.2 给出了现代项目管理知识体系与一般管理知识和项目管理专业领域知识之间的关系图示说明。

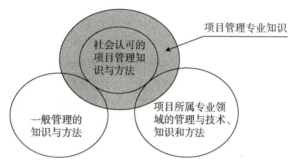

图 1.2　现代项目管理知识体系与其他知识的关系

现代项目管理知识关联的两方面知识的主要内容如下。

（1）一般管理知识。一般管理知识体系的主要内容包括以下几个。

①对企业运营过程的管理知识，包括企业运营的计划管理、组织管理、决策、领导和管理控制等方面的内容。

②对企业资源的管理知识，包括企业人力资源管理、财务管理、设备与固定资产管理、信息资源管理、供应与存货管理等方面的内容。

③一般管理中的专业性管理知识，包括企业信息系统的管理、产品与服务质量的管理、企业物流管理、企业形象管理等方面的内容。

（2）项目所属专业领域的知识。这是指与具体项目所涉及的专业领域有关的各种专业知识，包括下列三个方面。

①专业技术知识，指项目所涉及的具体专业领域中的专业技术知识。例如，软件开发项目中的计算机编程技术，新药研制项目中的药物毒理和病理知识，建筑工程项目中的结构设计和施工技术知识，等等。

②专业管理知识，指项目所涉及的具体专业领域中的专业管理知识。例如，政府性项目中涉及的政府财政拨款等行政管理方面的知识，科技开发项目中的国家或企业的科技政

策方面的知识，等等。

③专门行业知识，指项目所涉及的具体产业领域中的一些专门的知识。例如，汽车行业项目中的相关行业知识(相关的能源消耗、环境保护知识等)，化工行业项目中的相关行业知识(相关的流程工业和上、下游行业的知识等)，金融行业项目中的相关行业知识(相关的保险、信托、证券行业知识等)，等等。

1.2.3 项目管理专业知识领域

管理项目所需的许多知识、许多工具与技术都是项目管理独有的，如工作分解结构、关键路径分析和挣值管理。然而，单单理解和应用上述知识、技能和技术，还不足以有效地管理项目。除了项目管理知识体系，有效的项目管理要求项目管理团队理解和利用下面四个专业知识领域的知识与技能：应用领域知识、标准与规章制度；理解项目环境；通用管理知识与技能；处理人际关系的技能。

图 1.3 表示了上述四个专业领域之间的关系。它们虽然表面上自成一体，但是一般有重叠之处，任何一方都不能独立。有效的项目团队在项目的所有方面都要综合运用，但项目团队的每一个成员没有必要都成为所有这五个领域的专家，任何一个人都具备项目所需要的所有知识和技能事实上也是不可能的。然而，项目管理团队具备全部知识，熟悉项目管理知识体系与其他四个管理领域的知识对于有效地管理项目是十分重要的。

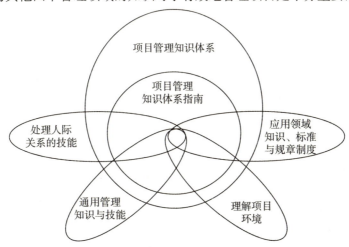

图 1.3　项目管理所需要的四个专业知识领域之间的关系

1. 应用领域知识、标准与规章制度

应用领域是本类项目具有明显的(但并非所有项目所具备或所必须具备的)共同因素的项目类型。应用领域一般按以下方式定义。

(1)职能部门和辅助学科，如法律、生产和库存管理、营销、物流和人事管理。

(2)技术因素，如软件开发或一种具体的工程，如给水排水工程或土建工程。

(3)管理专门化，如政府合同、社区开发或新产品开发。

(4)工业集团，如汽车、化工、农业或金融服务。

(5)每一个应用领域一般都有一套公认的经常以规章制度形式颁布的标准和做法。国际标准化组织(添加 ISO)把标准和规章制度做了如下区分。

①标准是一个"在经常和反复的使用中构成了活动或其结果的规则、原则或特征,并由共识确立或者公认机构批准的文件,其目的是在既定的环境中实现最佳程度的秩序",如电脑磁盘的尺寸和液压流体的热稳定性。

②规章制度是一个"政府机构施加的要求,这些要求可能会决定产品、过程或服务遵守政府强制要求的特征,包括适用的行政管理条文"。建筑法规就是一种规章制度。

③标准和规章制度这两个概念有重复之处,易引起混乱。例如,标准常常以描述一项为多数人选用的最佳方案的准则形式开始,然后,随着其被广泛采用而得到普遍公认,如规章制度一样。

④不同的组织层次可能要求强制遵守,如当政府机构、实施组织的管理层,或者项目管理团队确立了具体的方针和程序时。

2. 理解项目环境

几乎所有的项目都是在某种社会、经济和环境的条件下对之进行规划与付诸实施的,因此,都会产生意料之中的和未曾意料的积极和消极影响。项目团队应当将项目置于其所处的文化、社会、国际、政治和自然的环境及其同这些环境之间的关系中加以考虑。

(1)文化与社会环境。项目团队需要理解项目与人们之间是如何相互影响的。要做到这一点,也许要求理解项目影响或对其有利害关系人群的经济、人口、教育、道德、种族、宗教状况,以及其他特征。项目经理还应当研究组织文化并确定组织是否已经承认管理该项目是有正当手续的,可以向各方面说明情况并获得管理权限的角色。

(2)国际与政治环境。团队成员需要熟悉相应的国际、国家、地区和当地的法律与习惯,以及可能影响本项目的政治气候。需要考虑的其他国际因素如举行面对面会议时的时区差别、国家与地区节假日、旅行出差要求与电话会议的后勤保证问题。

(3)自然环境。如果项目影响到自然环境,团队成员应当具备有关能够影响本项目或受本项目影响的当地生态系统与地理的知识。

3. 通用管理知识与技能

通用管理包括对经营中的企业的日常运作进行规划、组织、配备人员、实施与控制。通用管理还涉及一些辅助学科。

(1)财务管理与会计。
(2)采购与采办。
(3)销售与市场营销。
(4)合同与商业法。
(5)制造与批发。
(6)物流与供应链。
(7)战略规划、战术规划与实施规划。
(8)组织结构、组织行为、人事管理、补偿、福利与成长过程。
(9)健康与安全做法。
(10)信息技术。

通用管理是掌握项目管理技能的基础,因此对于项目经理而言是十分重要的。任何具体的项目可能要求使用许多通用管理领域的技能。

4. 处理人际关系的技能

处理人际关系的技能包括以下几方面。

(1) 有效地沟通、交流信息。
(2) 对组织施加影响,即"把事情办成"的能力。
(3) 领导。构建远景和战略,并激励人们实现。
(4) 激励。让人们充满活力去取得高水平的业绩并克服变革的障碍。
(5) 谈判与冲突管理。与他人商讨,与其取得一致或达成协议。
(6) 解决问题。将明确问题、识别解决办法与分析和做出决定结合起来。

1.3 项目管理的发展

1.3.1 项目管理国际上的发展历程

现在通行的看法认为,项目管理是第二次世界大战后为国防建设项目而创建的一种管理方法。项目管理的发展基本上可以划分为两个阶段:20 世纪 80 年代之前被称为传统项目管理阶段,20 世纪 80 年代之后被称为现代项目管理阶段。

1. 传统项目管理阶段

从 20 世纪 40 年代中期到 60 年代,项目管理主要是应用于发达国家的国防工程建设和工业、民用工程建设方面。此时采用的传统项目管理方法,主要是项目的预算、规划和为达到项目目标而借用的一些一般运营管理的方法。当时的项目经理仅仅被看作是具体执行者,他们只是被动地接受一项给定的任务或工作,然后不断接受上级的指令,并根据指令去完成自己负责的项目。

从 20 世纪 60 年代起,国际上许多人对于项目管理产生了浓厚的兴趣。随后建立的两大国际性项目管理协会,即以欧洲国家为主的国际项目管理协会(International Project Management Association,IPMA)和以美洲国家为首的美国项目管理协会(Project Management Institute,PMI),以及各国相继成立的项目管理协会,为推动项目管理的发展发挥了积极的作用,做出了卓越的贡献。

在这一阶段中,发达国家的国防部门对于项目管理的研究与开发占据了主导地位,他们创造的许多项目管理方法和工具一直沿用至今。例如,由美国空军最早开发的项目计划评审方法(Project Evaluation and Review Technique,PERT)、由美国国防部提出并推广的项目工期与造价管理规范(Cost/Schedule Control Systems Criteria,C/SCSC)等一大批项目管理的方法和工具现在仍然被广泛地使用。

2. 现代项目管理阶段

20 世纪 80 年代之后项目管理进入现代项目管理阶段。全球性竞争的日益加剧,项目活动的日益扩大和更为复杂,项目数量的急剧增加,项目团队规模的不断扩大,项目相关利益者的冲突不断扩大,降低项目成本的压力不断上升等一系列情况的出现,迫使作为项目业主、客户的一些政府部门与企业,以及作为项目实施者的政府机构和企业,先后投入了大量的人力和物力去研究和认识项目管理的基本原理,开发和使用项目管理的具体方法。

特别是进入20世纪90年代以后，信息系统工程、网络工程、软件工程、大型建设工程以及高科技项目的研究与开发项目管理新领域的出现，促使现代项目管理在这一时期获得了快速的发展和长足的进步。同时，项目管理的应用领域在这一时期也迅速扩展到了社会生产与生活的各个领域和各行各业，而且项目管理在企业的战略发展和例外管理(这些都属于企业高层管理者所做的管理工作)中的作用越来越重要。例如，欧洲的ABB公司当时作为领先的全球性工程公司，其绝大部分工作要求开展项目管理；IBM公司当时是世界上最大的计算机制造商之一，它公开承认项目管理是对其未来发展起关键作用的因素；摩托罗拉公司是当时世界上最成功的通信设备和服务供应商之一，它在20世纪90年代中期启动了一个旨在改善其项目管理能力的计划，这一计划使公司获得了很大的发展。今天，项目已经成为我们社会创造精神财富、物质财富和社会福利的主要生产方式(以前主要是运营和生产)，所以现代项目管理也就成了发展最快和使用最为广泛的管理领域之一。

现代项目管理在这一阶段的高速发展主要表现在两个方面，一是项目管理的职业化发展，二是项目管理的学术性发展。

(1)在职业化发展方面，这一阶段的项目管理逐步分工细化，形成了一系列的项目管理专门职业。例如，专业项目经理、造价工程师、建造工程师等。同时，在这一阶段还诞生了一系列的项目管理职业资格认证体系。例如，美国项目管理协会(PMI)和国际项目管理协会(IPMA)主办的项目管理专业人员职业资格认证，美国造价工程师协会(Association of American Cost Engineers, AACE)主办的造价工程师资格认证，英国皇家特许测量师协会(Royal Institute of Chartered Surveyor, RICS)主持的工料测量师、营造师资格认证等。这些工作极大地推动了项目管理职业的细分和职业化的发展。例如，国际项目管理协会(IPMA)开展的项目管理专业人员资格认证分为A、B、C、D四个级别，A级是工程主任级证书，B级为项目经理级证书，C级为项目管理工程师级证书，D级为项目管理技术员级证书，不同资格证书的要求也各异，获得证书者分别可负责大项目或国际项目、一般项目、一般项目的主要工作和一般项目工作的管理。虽然这些项目管理人员资格认证的侧重点有所不同，但是都为推进项目管理的职业化发展做出了很大的贡献。现在，项目经理已经不再被认为是项目的执行者，他们拥有了正式的头衔和更大的权利与责任。他们不仅要实施项目，而且要参与项目决策，要与项目业主、客户一起高效率地工作，全面开展项目管理，并且要对项目的经济财务结果负责。现在的项目经理已经成为真正的项目负责人和企业中的主角，并且非常热门。例如，项目管理现在已经成为美国的优选职业之一，根据统计数据，在美国从事项目管理工作的初级工作人员的年薪在4.5万~5.5万美金，中级人员在6.5万~8.5万美元，高级人员在11万~30万美元，比一般技术人员和管理人员都要高。

(2)在学术性发展方面，主要体现在项目管理专业教育体系的建立和项目管理理论与方法的研究方面。在现代项目管理阶段，许多大学相继建立和完善了项目管理专业的本科生和研究生教育体系，美国的大学不但设立有项目管理的硕士学位，而且这种硕士学位大有取代工商管理硕士专业学位的趋势。在这一阶段有许多项目管理的研究机构先后建立了起来，这些研究机构、大学、国际和各国的项目管理专业协会以及一些大型企业共同开展了大量的项目管理理论与方法的研究，并取得了丰硕的成果，像美国项目管理协会(PMI)、美国造价管理协会(AACE)等组织提出的项目管理知识体系(Project Management

Body of Knowledge)、项目全面造价管理(Total Cost Management)、项目风险造价管理、已获价值管理(Earned Value Management)、项目合作伙伴式管理(Partnering Management)等。通过这一阶段的学术发展，今天的现代项目管理在项目的范围管理、时间管理、成本管理、质量管理、人力资源管理、沟通管理、采购管理、风险管理、集成管理、相关方管理等方面形成了专门的理论和方法体系。另外，在这一阶段，国际标准化组织还以美国项目管理协会(PMI)的项目管理知识体系指南(Guide to Project Management Body of Knowledge)等文件为框架，制定了现代项目管理的标准(ISO 10006)。所有这些现代项目管理在职业化和在学术性方面的发展，使得项目管理的理论和方法取得了长足的进步。

1.3.2 项目管理在中国的发展历程

我国对项目管理的理论研究和管理实践起步较晚，尤其是在现代项目管理方面，不管从现代项目管理的职业化发展，还是从现代项目管理的学术性发展，以及现代项目管理的实践方面，我们都与国际发达国家存在着一定的差距。

1. 我国在传统项目管理方面的发展历程

我国在传统项目管理方面的研究和实践起步早，但是后续的发展却十分缓慢。我国早在 2 000 多年前就已经开始了项目管理的实践，并且创造了许多很好的传统项目管理方法。例如，我国战国时期的都江堰工程从工程项目设计和项目施工等各个方面都使用了系统思想，创造出了举世公认的都江堰分洪与灌溉工程项目。在工程项目管理方面，由于宫廷建设项目的实施管理，很早就有了自己的"工料定额"和"工时""造价"管理方法，并且许多朝代的"工部"都有相应的"国家标准"。但是，我国自宋朝以后开始在科技和管理方面走下坡路，未能跟上世界科技与管理的快速发展，所以我们在项目管理的理论和方法方面开始落后于世界发达国家。尤其是从清朝以后到中华人民共和国成立以前，我们与世界发达国家在科技和管理方面逐步拉开了距离，在传统项目管理方面一直处于落后的地位。

2. 我国现代项目管理在学术方面的发展

在现代项目管理的学术发展方面，尽管我国一些高校和研究机构在 20 世纪 70 年代末就开展引进和介绍工作，但是现代项目管理学仅作为管理科学的一个分支，1997 年当时的国家教委在新修订的学科目录中没有列入，国内仅有少数大学将"工程管理"列为本科专业，有些高校仅开设了"项目管理"课程，少数院校将项目管理作为"管理科学与工程"硕士和博士研究生培养方向。《PMBOK® 指南》等国际化项目管理知识体系在 1999 年引进我国之后，项目管理的影响力得到了明显提升。2004 年，国务院学位办和教育部批准全国 72 所高校培养项目管理工程硕士，100 余所高校开设了项目管理课程，MBA、EMBA 的课程中也专门开设了项目管理专业。高校间的项目管理相关交流合作也在不断加强。到 2010 年，全国有 161 所院校获批成为项目管理领域工程硕士专业学位培养单位。

机械工业信息研究院的《项目管理技术》杂志于 2003 年 7 月创刊，是国内项目管理领域的国家级专业期刊，已入编中国核心期刊数据库(ISTIC)。国家电网上海市电力公司、英大传媒投资集团的《项目管理评论》双月刊创办于 2015 年。

我国于 1991 年成立了全国性的项目管理协会——中国项目管理研究会，出版内部发行的《项目管理》刊物，组织召开项目管理行业学术年会和参加国际研讨会。"中国项目管理大会"定位为中国项目管理界的综合性会议，为充分体现其综合性会议的特点，突出跨行业、多主体的参与和对话式互动交流，在安排前沿性、综合性的大会报告的同时，设立与综合反映我国各行各业项目管理成果的"中国项目管理成就奖"相对应的"中国项目管理成就讲坛"和由相关各方共同参与交流对话的专题论坛。它是国内各行各业项目管理从业人员进行学术探讨与实践交流的重要平台，也是展现我国项目管理理论研究水平与应用实践成果的重要窗口和年度盛会。

3. 我国现代项目管理在职业化方面的发展

在项目管理的职业化方面，我国很早以前有造价工程师与监理工程师的职业资格认证和注册的制度及办法，但是这些主要是针对工程建设项目管理的职业资格认证和注册的制度及方法，而不是面向一般项目管理的职业项目经理的认证制度及方法。

2002年9月，中国项目管理师（China Project Management Professional，CPMP）第一次成为国家职业资格考试，具有广泛的认可度和专业权威性，代表了我国政府对项目管理专业从业人员资格认证的最高水平。国家职业资格项目管理师证书已成为我国政府部门和各企事业机构组织对项目管理专业人员素质考核的主要参考因素，是对项目管理专业人员执业、求职、任职的基本要求。

我国在现代项目管理的职业化和学术发展方面起步较晚，与国际上还存在较大差距。现代项目管理这个学科与专业的重要性和现实意义还没有在我国引起足够的重视，我们还需要在这一方面做进一步的研究和推动，以便使我国的现代项目管理职业化和学术发展能够尽快地与国际发达国家接轨，并逐步走向成熟。

4. 我国现代项目管理在实践方面的发展

我国的项目管理实践也开展得非常晚，20世纪80年代后期我国才在建筑业和国内工程建设项目的管理体制和管理方法上进行了许多重大的改革，借鉴和采用一些国际上先进的现代项目管理方法。

最先开展现代项目管理实践的项目是我国的鲁布革水电站项目，它是世界银行贷款项目，是在1984年首先采用国际招标和项目工期、质量、造价等办法所开展的现代项目管理的实践，大大缩短了项目的工期，降低了项目造价，取得明显的经济效益。此后，当时的建设部、电力部、化工部、煤炭部等政府部门在许多政府性项目上先后采用了承包商项目经理管理体制，我国财政部、农林部等政府部门也结合世界银行贷款开展了一些项目管理的培训。我国财政部于1994年向世界银行申请了一笔IDF（世界银行机构发展基金）赠款，专门用于项目管理的人才培养，建立了项目管理培训网，举办国内外培训班20余期，培训了来自10多个省市的各种层次项目管理干部500多人。

我国的现代项目管理理论与实践水平与国际水平还有相当大的差距，不管是从学术研究和专业教育方面，还是职业化发展与管理实践方面，都需要各方面共同努力做好引进、消化、培养人才和开展学术研究等方面的工作，进一步研究中国国情下的现代项目管理的特殊问题，逐步形成有中国特色的现代项目管理理论和方法体系，以及相应的职业化和学术发展道路。值得注意的是，在我们致力于与国际接轨的同时，国际上现代项目管理的理论和方法还在迅速发展，新的理论、概念和方法不断被提出，我们迫切需要一个由官、产、学、研共同合作的体制和专业性与学术性的组织，以便从组织上保证与国际现代项目管理的发展保持一致，不断促进我国现代项目管理的全面发展。

1.3.3 项目管理的发展趋势

1. 项目管理的全球化

知识经济时代的一个重要特点是知识与经济的全球化。竞争的需要和信息技术的支撑，项目管理的全球化发展，促使国际间的项目合作日益增多，国际化的专业活动日益频繁，让项目管理专业信息实现了前所未有的国际共享。

2. 项目管理的多元化发展

由于人类社会的大部分活动可以按项目来运作，因此当代的项目管理已深入各行各业，以不同的类型、不同的规模出现。

3. 项目管理的专业化学科发展

近十年来，项目管理的专业化有了明显的进展，主要体现在以下三个方面。

（1）项目管理知识体系在不断发展和完善之中。美国 PMI 从 1984 年提出 PMBOK 至今，数易其稿，并已将其作为该组织专业证书考试的主要内容。IPMA 和其他各国的项目管理组织也纷纷提出了自己的体系。

（2）学历教育从学士、硕士到博士，非学历教育从基层项目管理人员到高层项目经理，形成了层次化的教育体系。

（3）对项目与项目管理的学科探索正在积极进行之中，有分析性的，也有综合性的，有原理概念性的，也有工具方法性的。项目管理学科正逐渐走向成熟。

本章小结

本章首先界定了项目的基本定义，讨论了项目与日常工作的区别、基本特征和项目相关方等重要概念。对项目生命周期的里程碑、可交付成果、项目生命周期的阶段划分及其特点等一些基本问题进行了较为全面的介绍。其次，对项目管理的概念、特点、知识体系以及项目管理的专业知识领域等进行了较为详尽的讨论。最后，介绍了项目管理的发展历程、项目管理在中国的发展阶段以及项目管理的发展趋势。

习 题

一、判断题

1. 项目是为完成某一独特的产品、服务或任务所做的一次性努力。（   ）
2. 日常工作总是在很短的时间内完成，而项目则必须要跨越数年或数十年。（   ）
3. 每一个项目阶段的结束都以它的某种可交付成果为标志。（   ）
4. 项目的生命周期可归纳为四个阶段，这种划分是固定不变的。（   ）
5. 里程碑通常也是指一个可交付成果。（   ）
6. 项目管理的客体是项目管理者。（   ）
7. 项目管理的主体是项目的全部任务。（   ）

二、单选题

1. 随着项目生命周期的进展，资源的投入(   )。
   A. 逐渐变大   B. 逐渐变小   C. 先变大再变小   D. 先变小再变大
2. 下列表述正确的是(   )。
   A. 与其他项目阶段相比较，项目结束阶段的费用投入与启动阶段差不多
   B. 与其他项目阶段相比较，项目启动阶段的费用投入是较多的
   C. 项目从开始到结束，其风险是不变的
   D. 项目开始时，风险最低，随着任务的一项项完成，风险逐渐增大
3. 确定项目是否可行是在(   )工作过程完成的。
   A. 项目启动   B. 项目计划   C. 项目执行   D. 项目收尾
4. 下列表述正确的是(   )。
   A. 项目生命周期是指项目的开始时间和项目的结束时间这一段时间的累计
   B. 不管项目阶段如何划分，一般均可归纳为启动阶段、执行阶段、收尾阶段
   C. 失败的项目也存在收尾阶段
   D. 项目生命周期是循环往复的一段时间
5. 项目的"一次性"的含义是指(   )。
   A. 项目持续的时间很短   B. 项目有确定的开始和结束时间
   C. 项目将在未来一个不确定的时间结束   D. 项目可以在任何时候取消

三、多选题

1. 下列属于项目的选项是(   )。
   A. 举办一场婚礼   B. 开发新的计算机系统
   C. 邮递员送报纸   D. 春节晚会
2. 项目的共同点有(   )。
   A. 明确的起止时间   B. 预定目标   C. 受到资源的限制   D. 消耗资源
3. 日常工作与项目的区别在于(   )。
   A. 管理方法   B. 责任人   C. 组织机构   D. 管理过程
4. 项目相关方包括(   )。
   A. 项目经理   B. 客户   C. 供货商   D. 项目发起人
5. 项目管理的特点包括(   )。
   A. 复杂性   B. 创造性   C. 自发性   D. 预测性
6. 下列属于项目特征的是(   )。
   A. 目的性   B. 一次性   C. 生产性   D. 独特性

四、思考题

1. 什么是项目？它与日常工作有什么不同？
2. 项目有哪些特点？分别举出两个以上项目的例子和不属于项目的例子。
3. 什么是项目管理？项目管理与一般运营管理相比有哪些不同？为什么有这些不同？
4. 现代项目管理与传统项目管理有什么不同？现代项目管理是如何发展起来的？
5. 项目相关方包括哪些方面？试写出在某个居民区建造一个干洗店的项目相关方。
6. 随着知识经济时代的来临和信息技术手段的进步，你认为项目管理会有哪些大的变化？

7. 一家铅笔厂在市场份额和价格的双重压力下,决定开发一种环保、低价、面向小学生的新品种。公司考虑,该产品上市后要能够稳定地巩固并适当扩大小学生这一群体市场的份额,为公司的发展提供持续的增长点。该项目交由公司产品设计部实施。请提出项目方案(说明项目如何进行)并回答如下问题。

(1) 项目的目标;
(2) 项目的主要范围;
(3) 项目的主要任务;
(4) 项目复杂性对项目成功的影响;
(5) 顾客的特殊要求及其对项目的影响;
(6) 项目风险;
(7) 对于这样一个项目,如何考虑"技术变化"的影响。

8. 一家汽车厂某型号汽车销售非常好,市场占有率位居国内榜首,但顾客反映该车不舒服,振动较大。经过分析,确定是悬架减振器匹配欠佳。该减振器经改进设计后,制定了明确的技术规范和采购价格要求,并要求在2022年10月7日起批量上线装车。厂采购部接受了为上线装车采购该减振器的任务,请提出该采购项目方案(说明项目如何进行),并回答如下问题。

(1) 项目的目标;
(2) 项目的范围;
(3) 项目的主要任务;
(4) 项目的主要风险。

案例分析题

当地一家非营利性组织的董事会成员正在举行2月份的董事会会议,这一组织负责筹集和购买食品,然后分发给生活困难的人们。会议室里在座的有董事会主席贝斯·史密斯(Beth Smith)和两个董事会成员罗斯玛丽·奥尔森(Rosemary Olsen)和史蒂夫·安德鲁(Steve Andrews)。贝斯首先发言:"我们的资金几乎用光了,而食品储备和施粥的需求却一直在增加。我们需要弄清楚怎么才能得到更多的资金。"

"我们必须建立一个筹集资金的项目。"罗斯玛丽响应道。

史蒂夫建议:"难道我们不能向地区政府要求一下,看他们是否能给我们增加分配额?"

"他们也紧张,明年他们甚至可能会削减我们的分配额。"贝斯回答。

"我们需要多少钱才能度过今年?"罗斯玛丽问道。

"大约10 000美元,"贝斯回答,"我们两个月后就需要这部分钱了。"

"我们除了钱还需要很多东西。我们需要更多的志愿者、更多的储存空间和一台安放在厨房里的冰箱。"史蒂夫说。

"哦,我想我们完全可以自己做这份筹集资金的项目,这将是很有趣的!"罗斯玛丽兴奋地说。

"这个项目正在扩大,我们不可能及时做完。"贝斯说道。

罗斯玛丽回答说:"我们将解决它并且做好,我们一向能做到的。"

"项目是我们真正需要的吗？我们明年将做什么？另一个项目？"史蒂夫问道，"此外，我们正在经历一个困难时期，很难得到志愿者。或许我们应当考虑一下，我们怎样能用较少的资金来运作一切。例如，我们怎样定期得到更多的食品捐献，这样我们就不必买这么多食品。"

罗斯玛丽插话说："多妙的主意，当我们去试着筹集资金时，你又能同时继续工作。我们可以想尽所有办法。"

"好了，"贝斯说，"这些都是好主意，但是我们只有有限的资金和志愿者，并且有一个增长的需求。我们现在需要做的是，确保我们在两个月后不必关门停业。我想，我们都同意必须采取行动，但是不能确定我们的目标是否一致。"

讨论：
1. 已识别的需求是什么？
2. 项目目标是什么？
3. 如果有的话，应当从事的有关项目应具备什么样的假定条件？
4. 项目的风险是什么？

第 2 章 单个项目管理过程

教学目标

1. 理解项目管理过程与过程组的概念及相互间的联系和作用；
2. 了解启动、规划、执行、监控以及收尾的子过程；
3. 熟悉项目过程、过程组及知识领域的关系。

案例导读

如何在一个月之内完成一套共 20 万个单词的技术文档？要翻译、审阅、校对、处理图片、排版、检验、输出 PDF ……，还要不断与客户协调：源文件的问题要与客户位于温哥华的总部联系，词汇表要提交给客户北京办事处审阅，客户对版式的要求在来回摇摆……。如何按时交付？如何保证质量？

唯一的解决办法是采用现代管理技术，实施先进的项目管理。

手工作坊式的传统翻译服务已越来越不能满足现代商业对质量和效率的严格要求。传统的翻译服务，强调以个人经验、能力和信誉来保证质量。遇到大批量的工作时，常常采取简单的人海战术。虽然翻译人员个人水平可能不低，责任心也不差，但是如果缺乏有效的组织和协调，就难以保证每个人的能力得到发挥。如果没有系统的质量保证体系或者措施，翻译较大规模的产品时就难以保证质量。

更先进的翻译服务模式认为，服务的提供者是组织（公司、部门或者项目组）而非个人。要保证效率与质量，在提高翻译人员个人素质的基础上，要强调工作流程的优化和组织成员协调性的改善，并以严密的质量保证体系确保所有工作都按规定的要求进行，从而保证最终产品的质量。

这种思想的一个基本假设是：任何服务都不可能由一个人单独完成。即使一项非常小的任务，字数很少、只需翻译，没有其他任何附加工作，为了避免个人的随意性和疏忽所带来的问题，仍然需要由不同的人完成翻译、校对和检验。

通常把按照一定的规范和要求去开发、生产一个新产品或提供新服务所涉及的一系列活动称为项目。这些活动应在一定的时间、成本、人力资源的约束下完成。概括而言，项目是为了取得一定终极产物而组织的一项进程。不难看出，规模较大的翻译服务活动完全具备项目的特点。

——引自 *Project Menagement* by Joan Knutson & Ira Bitz（中译本）

2.1　项目管理过程

项目的实现过程是由一系列项目阶段或工作过程构成的，工作过程是产生某种结果的活动序列。任何项目都可以划分为多个不同的工作过程，且任意一个项目的工作过程，都需要有一个相对应的项目管理过程。一般认为，项目管理的过程是由如下五个基本工作过程组成的，即启动工作过程、规划工作过程、执行工作过程、监控工作过程和收尾工作过程。

（1）启动工作过程：定义一个项目或阶段的工作和活动，决策其起始与否，并决定是否有意向后推进的过程。这是由一系列决策性的项目管理工作和活动构成的项目管理过程。

（2）规划工作过程：拟定、编制、改进一个项目或项目工作阶段的目标、工作计划方案、资源计划、成本预算等方面的工作，从各种备选方案中选择最好的方案。这是由一系列计划性的项目管理工作和活动构成的项目管理过程。

（3）执行工作过程：组织和协调各项任务和工作、人员和其他资源，激励项目成员完成既定的工作计划，形成项目可交付成果的过程。这是由一系列组织性的项目管理工作和活动构成的项目管理过程。

（4）监控工作过程：制定标准、定期监控和测量项目进展，确定实际情况与计划存在的偏差，采取纠正措施等活动的过程。这是由一系列控制性的项目管理工作和活动构成的项目管理过程。

（5）收尾工作过程：编制项目或项目阶段移交的文件，对项目或项目阶段正式接收，进而使项目顺利结束的过程。这是由一系列文档化和移交性的项目管理工作和活动构成的项目管理过程。

如图2.1所示，项目管理的工作过程之间首先是一种前后衔接的过程，但事实上项目管理的这五个工作过程是相互交叠的，有时还是"双向"的，如启动工作过程最先开始，然后启动工作过程还未完全结束时，项目管理规划工作过程就已经开始了。

规划工作过程先为项目执行工作过程提供项目工作计划，而执行工作过程反过来又为规划工作过程提供更新的信息和情况。因为控制工作过程的很大一部分工作属于事前控制，所以控制工作过程是在执行工作过程开始前、规划工作过程开始后就进行了。

在项目管理中，控制是无处不在的，它贯穿于项目的整个生命周期，以确保项目生命周期的各个阶段能按预定的计划进行。收尾工作过程在执行工作过程结束之前也已经开始，因为收尾工作中的很多文档可提前准备，执行工作过程之后的收尾工作实际上只是移交性工作。

项目管理具体过程的输入和输出是它们相互之间的关联要素。一个项目管理具体过程的结果或输出可以是另一个项目管理具体过程的输入,所以各个项目管理具体过程之间都有文件和信息的传递。当然,这种输入与输出的关系有的时候是单向的,有的时候是双向的。

例如,一个项目管理过程组中的"计划过程",首先要为"实施过程"提供项目计划文件,然后又从"实施过程"中获得各种新的情况和更新资料。一个项目管理过程组的"计划过程""实施过程"和"控制过程"之间的输入和输出关系是双向的,而"起始过程"和"计划过程"之间,以及"控制过程"和"结束过程"之间的输入和输出关系则是单向的。

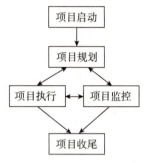

图 2.1　项目管理过程关系

以上这五个项目管理基本工作过程按照发生的时间先后顺序,分成"启动、规划、执行、监控、收尾"五个项目过程组。

2.1.1　启动过程组

启动过程组由一组有助于正式授权开始一个新项目或一个项目阶段的过程组成。各启动过程一般是由超出项目控制范围之外的组织、计划或综合行动过程来完成的,对于初始项目的依据,这种情况模糊了项目边界。项目边界示意如图 2.2 所示。

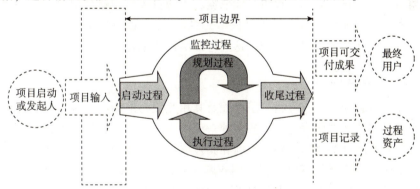

图 2.2　项目边界示意

例如,在启动过程组开始之前,就已将组织的经营需要或要求形成了文件。新业务是否可行取决于备选方案的评价与择优过程。就项目的目的与目标已经编写了清楚明白的文字说明,这包括某具体项目为满足组织经营要求的最优方案的理由。记载这一决定的文件对项目范围、可交付成果和项目时间做了基本说明,还对组织投资分析的资源做了预测。将项目选择过程整理归档将有助于弄清该项目的轮廓。项目与组织策略计划的关系明确了该组织内高层管理人员的责任。在多阶段项目中,随后阶段进行的启动过程是为了确认在制定项目章程与拟定项目初步范围说明书过程中所做的原假设与决策的合理性。

在启动过程中，应进一步细化最初对于项目范围和组织愿意投入的资源所做的说明。如果尚未任命项目经理，现在就应该选择一位。最初的假设与制约因素也要拟成文件。这些信息应反映在项目章程中，一旦项目章程获得批准，项目也就得到了正式授权。项目章程虽然可由项目管理团队起草，但项目的批准与资金的取得是在项目之外。

许多大型或者复杂的项目可以划分为若干阶段，这也属于启动过程的一部分。在每一阶段开始时对启动过程进行审查，有助于让项目始终将注意力集中在它本来应当解决的商业需要上。此时，要核对进入下一阶段的要求标准，包括是否有必需的资源等。然后，决定该项目是否已经做好了继续下去的准备，或者是否应推迟或中断。随后在各项目阶段，要进一步审核和细化本阶段的项目范围。以后的各阶段重复启动过程，应能够在经营需要已经消失或认为项目已经无法满足这一经营需要时，将项目停下来。

让顾客与其他项目相关方参与启动过程，通常有助于改善和提高同意分享项目所有权、认同可交付成果、满足顾客与其他项目相关方要求的可能性。这样的认同对于项目的成功至关紧要。

启动过程组包括如下项目管理过程。

1. 制定项目章程

这一过程的基本内容是核准项目或多阶段项目的阶段。它是记载经营需要，预定要满足这些要求的新产品、服务或其他成果的必要过程。颁布这一章程将项目与组织的日常业务联系起来并使该项目获得批准。项目章程是由在项目团队之外的组织、计划或综合行动管理机构颁布并授权核准的。在多阶段项目中，这一过程的用途是确认或细化在以前制定项目章程过程中所做的各个决策。

2. 制作项目初步范围说明书

这是利用项目章程与启动过程组其他依据，为项目提出粗略高层定义的必要过程。这一过程处理和记载对项目与可交付成果提出的要求、产品要求、项目的边界、验收方法，以及高层范围控制。在多阶段项目中，这一过程确认或细化每一阶段的项目范围。

2.1.2 规划过程组

项目管理团队利用规划过程组、子过程及其相互关系来为组织规划和管理项目。规划过程组有助于从完整和把握程度不一的多种来源中收集信息。项目管理计划是经过各规划子过程制订出来的。这些过程识别、明确和完善项目范围和费用，安排项目范围内各活动的时间。在发现新的项目信息时，就识别或解决新发现的依赖关系、要求、风险、机会、假设和制约因素。项目管理的多维性要求不断地重复反馈，以使分析工作量不断增加。随着收集和了解到的项目信息或特征的增加，就需要采取后续行动。如果项目生命周期内发生影响较大的变更，就必须重新认识一个或多个规划过程，甚至各个启动过程。

另外，在项目规划过程中，项目团队应根据对项目和项目结果的影响大小，邀请所有有关的项目相关方参与。因为项目相关方具备制订项目管理计划及其任何部分计划中所需的知识和技能，所以项目团队应当加以利用。项目团队必须创造便于项目相关方做出贡献的环境。

规划过程组包括如下项目管理过程。

第 2 章　单个项目管理过程

1. 制订项目管理计划

这是确定、编制所有计划并将其综合和协调为项目管理计划所必需的过程。项目管理计划是有关项目如何规划、执行、监控及结束的基本信息来源。

2. 范围规划

这是制订项目范围管理计划，如何确定、核实和控制项目范围，以及如何建立和制作工作分解结构所必需的过程。

3. 范围定义

这是制订详细的项目范围管理计划，为将来的项目决策奠定基础所必需的过程。

4. 制作工作分解结构书

这是将项目主要可交付成果和项目工作分解为较小和更易于管理的组成部分所必需的过程。

5. 活动定义

这是识别为了提交各种各样项目可交付成果而需要的具体活动所必需的过程。

6. 活动排序

这是识别与记载各计划活动之间的逻辑关系所必需的过程。

7. 活动资源估算

这是估算各计划活动需要的资源类型与数量所必需的过程。

8. 活动持续时间估算

这是估算完成各计划活动需要的单位工作时间所必需的过程。

9. 进度计划制订

这是分析活动顺序、持续时间、资源要求，以及进度制约因素和制订项目进度计划所必需的过程。

10. 费用估算

这是为取得完成项目活动所需的各种资源的费用近似值所必需的过程。

11. 费用预算

这是汇总各单个活动或工作细目的估算费用和确定费用基准所必需的过程。

12. 质量规划

这是识别哪些质量标准与本项目有关，并确定如何达到这些标准要求所必需的过程。

13. 人力资源规划

这是识别项目角色、责任、报告关系并将其形成文件，以及制订人员配备管理计划所必需的过程。

14. 沟通规划

这是确定项目相关方的信息与沟通需要所必需的过程。

15. 风险管理规划

这是决定如何对待、规划和执行项目风险管理活动所必需的过程。

16. 风险识别

这是确定哪些风险可能影响到本项目并将其特征形成文件所必需的过程。

17. 定性风险分析

这是为以后进一步分析或采取行动而估计风险发生概率的过程。

18. 定量风险分析

这是对已经识别的风险对项目总体目标的影响进行数值分析所必需的过程。

19. 风险应对规划

这是为实现项目目标而增加机会和减少威胁确定可供选择的行动方案而必需的过程。

20. 采购规划

这是为确定采购和征购何物，以及何时与如何采购和征购所必需的过程。

21. 发包规划

这是为归档产品、服务、成果要求和识别潜在卖方所必需的过程。

2.1.3 执行过程组

执行过程组由完成项目管理计划中确定的工作和满足项目要求的各个子过程组成。项目团队应当确定具体的项目中需要哪些子过程。这一过程组不但用于按照项目管理计划统一并实施项目活动，而且还协调人与资源。该过程组还处理项目范围说明书中明确的范围，实施经过批准的变更。

正常执行偏差有时候要求重新规划项目的某些方面。可能出现偏差的有活动持续时间、资源生产率与余缺和未曾预料到的风险。上述偏差不一定影响项目管理计划，但可能要求进行某种分析。分析结果可能引发某一变更请求，一旦批准这一变更请求，项目管理计划就得修改，甚至还要确立新基准。项目预算的绝大部分耗费在属于执行过程组的各个过程之中。

执行过程组包括如下项目管理过程。

1. 指导与管理项目执行

这是为指导存在于项目中各种各样的技术和组织界面，执行项目管理计划中确定的工作所必需的过程。当过程按照项目管理计划实施后有了成果时，可交付成果也就产生了。将有关可交付成果的完成状况与已经完成了哪些工作的信息收集起来，属于项目执行的一部分，是绩效报告过程的依据。

2. 实施质量保证

这是为按照计划开展系统的质量活动，确保项目使用所有必要的过程以便满足要求而必须进行的过程。

3. 项目团队组建

这是为取得完成项目所需要的人力资源而必须进行的过程。

4. 项目团队建设

这是为改善团队成员胜任能力和彼此之间的配合，提高项目业绩而必须进行的过程。

5. 信息发布

这是为项目相关方及时提供信息而必须进行的过程。

6. 询价

这是为取得信息、报价、投标书、要约或建议书而必须进行的过程。

7. 卖方选择

这是审查报价书，在潜在的卖方间加以选择，并与卖方谈判书面合同而必须进行的过程。

2.1.4 监控执行组

监控过程组由观察项目的人执行，以便及时识别出潜在的问题，并在必要时采取纠正措施，以控制项目的各个过程组成。这个过程组的重要好处是观察并定期测量项目的绩效，以便识别项目管理计划在执行中的偏差。监控过程组还包括控制变更，并在可能发生问题之前预先建议预防措施。

这种连续的监视使项目团队得以洞察整个项目的健康状况，并将需要多加注意的各个方面突显出来。监控过程组不仅监控在过程组内做的工作，还监控整个项目的努力程度。在多阶段项目中，监控过程组还为实施纠正或预防措施以使项目保持项目管理计划要求的状态而在项目阶段之间提供反馈。当偏差损害了项目的目标时，就将其视为修改的"计划—实施—检查—行动"循环的一个环节，重新审视规划过程组内的有关项目管理过程。审视的结果可能是项目管理计划的更新建议。

监控过程组包括如下项目管理过程。

1. 监控项目工作

这是收集、测量、散发绩效信息，并评价测量结果和估计趋势以改进过程而需要进行的一环。该过程包括确保尽早识别风险，报告其状态并实施相应风险计划的风险监视。风险监视包括状况报告、绩效测量和预测。绩效报告提供了有关项目在范围、进度、费用、资源、质量与风险方面绩效的信息。

2. 整体变更控制

这是控制变更的因素，确保变更带来有益后果，判断变更是否已经发生，在变更确已发生并得到批准时对其加以管理所需要的过程。该过程从项目启动直到项目结束贯穿始终。

3. 范围核实

这是正式验收已经完成项目的可交付成果所需进行的过程。

4. 范围控制

这是控制项目范围变更需要的过程。

5. 进度控制

这是控制项目进度变更需要的过程。

6. 费用控制

这是对造成偏差的因素施加影响，并控制项目预算所需的过程。

7. 实施质量控制

这是监视具体的项目结果，判断是否符合有关质量标准并寻找办法消除实施结果未达标的原因所需的过程。

8. 项目团队管理

这是注视团队表现，提供反馈，解决并协调问题，以便增强项目执行效果的必要过程。

9. 绩效报告

这是收集与分发绩效信息的必要过程，其中包括状态报告、绩效衡量与预测。

10. 项目相关方管理

这是管理与项目相关方之间的沟通，满足其要求并解决问题的必要过程。

11. 风险监控

这是在整个项目生命期内跟踪已经识别的风险，监视残余风险，识别新的风险，实施风险应对计划并评价其有效性的必需过程。

12. 合同管理

这是为管理合同以及买卖双方之间的关系，审查并记载卖方履行合同的表现或履行的结果，并在必要时管理同项目外部买主之间合同关系所必需的过程。

2.1.5 收尾过程组

收尾过程组包括正式结束项目或项目阶段的所有活动，将完成的成果交与他人或结束已取消的项目的各个过程。这一过程组一旦完成，就证实了所有过程组中为结束某一项目或项目阶段而确定的各个必要过程均已完成，并正式表明该项目或项目阶段已经完成。

收尾过程组包括下列各项目管理过程：

1. 项目收尾

这是为最终完成所有项目过程组的所有活动，正式结束项目或阶段所必需的过程。

2. 合同收尾

这是为完成与结算每一项合同所必需的过程，包括解决所有遗留问题并结束每一项与本项目或项目阶段有关的合同。

3. 行政收尾

这是为某阶段或项目的正式结束而建立、收集和分发有关信息，包括对项目结果的鉴定和记录，以便发起人、委托人或顾客正式接受项目的产品，还包括项目记录的收集，确保项目记录反映最终的设计书、项目成功和效益的分析以及对此类信息的立卷，以备将来之用。

行政收尾出现在项目阶段的结尾，是项目本身的最终位置。行政收尾是在合同收尾（Contract Closeout）之后进行的。这是在项目中进行的最后一个过程。

2.2 项目管理过程组的相互联系与交互作用

项目管理过程组之间以它们产生的成果相互联系。一个过程组的成果一般成为另一过程组的依据或成为项目的可交付成果。规划过程组为执行过程组提供正式的项目管理计划和项目范围说明书，并随着项目的绩效而经常更新项目的管理计划。此外，过程组极少是孤立或只执行一次的事件，在整个项目生命期内自始至终都以不同的程度互相重叠进行工作的。

图2.3说明了过程组如何互相联系和作用，也表示了在各个不同时间相互重叠的水平。若将项目划分为阶段，则过程组不但在阶段内，而且有可能跨越阶段相互影响和相互作用。

从图2.3可以看出，项目监控过程组从项目开始直至项目收尾都一直存在，跨越了项目全过程；而项目规划过程组和项目执行过程组也几乎如此。

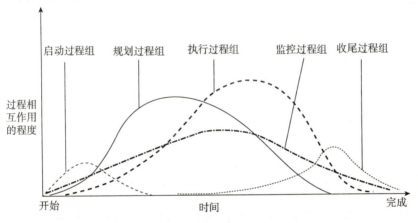

图2.3　项目过程组之间的相互作用关系

在实际项目管理中，根据戴明环（P—计划、D—执行、C—检查、A—行动）等原理，项目管理各过程之间并不完全独立，而是相互制约、循环作用的，项目监控过程应该与其他所有过程组相互作用。另外，项目具有临时性，故需要从启动过程组开始，收尾过程组结束。

另外，项目管理过程通过具体的输入输出相互联系，即一个过程的成果或结果会成为另一个过程（不一定在同一过程组）的输入。一个过程的输出通常是下一个过程的输入，或者是项目的可交付成果。比如，项目规划过程组为项目执行过程组提供了项目管理计划文件，而项目计划不可能一蹴而就，需要在项目执行和监控过程中逐步细化。另外，随着项目的实施，变更不可避免，需要根据已批准的变更不断地更新项目管理计划。而且，在执行过程组中，也需要阶段性的收尾工作，便于开始下一阶段的工作和任务。在项目收尾过程中，如果发现交付物并不完全满足客户要求，还需要执行过程来支撑、完善。因此，过程组极少是独立的、一次完成的，而是在整个项目过程或阶段中重叠的。图2.4向大家展示了项目过程组在项目或阶段内如何相互作用。

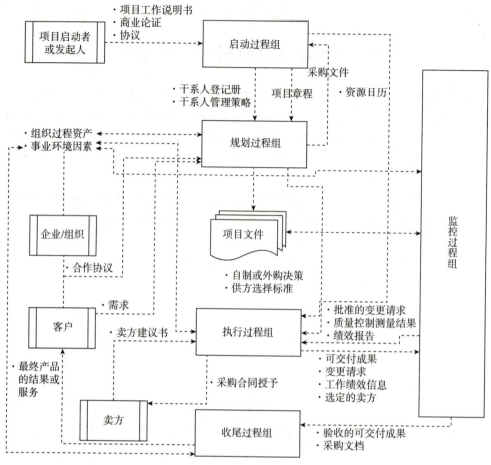

图 2.4　项目过程组在项目或阶段内的相互作用

因此,项目管理是一个综合性的过程,需协调好每一个过程与其他过程的配合、联系和作用。为了让项目顺利地取得成功,项目管理团队必须注意以下几点。

(1)选用合适的过程来实现项目目标。

(2)使用已定义的工具、方法来满足项目要求。

(3)遵循要求,以满足项目相关方的需要和期望为原则,并进行持续改进。

(4)平衡项目范围、时间(进度)、成本、质量、资源和风险等其他知识领域的作用。

需要注意的是,项目管理过程组与应用领域或行业无关,适用于各个行业。在项目收尾之前,可能需要反复实施各过程组及其过程。另外,过程之间的相互作用因项目而异,并不是一成不变地按特定顺序进行。

本章小结

本章重点讨论了项目管理的五个过程组:启动过程组、规划过程组、执行过程组、监控过程组以及收尾过程组。首先阐述了项目管理过程的基本概念,然后对五个过程组的子过程进行了详细的论述,最后讨论了项目管理过程间的相互联系。

习 题

一、判断题

1. 在项目章程中任命项目经理。　　　　　　　　　　　　　　　　（　）
2. 项目团队在项目启动过程组中形成。　　　　　　　　　　　　　（　）
3. 项目管理中启动、规划、执行、监控与收尾过程组是截然分开的。（　）
4. 确定项目是否可行是在项目规划过程中完成的。　　　　　　　　（　）

二、单选题

1. 一个项目的(　　)承担的风险最小。
 A. 收尾过程组　　　B. 监控过程组　　　C. 规划过程组　　　D. 执行过程组
2. 没有(　　)，项目就无法开展下去。
 A. 领导者　　　　　B. 项目章程　　　　C. 项目指导者　　　D. WBS
3. 对最终可交付成果的描述是确保在(　　)过程组中项目处于控制的最佳方式。
 A. 启动　　　　　　B. 收尾　　　　　　C. 执行　　　　　　D. 规划
4. 项目团队在(　　)过程组形成。
 A. 启动　　　　　　B. 收尾　　　　　　C. 执行　　　　　　D. 规划

三、思考题

1. 什么是项目过程？什么是项目管理过程？
2. 项目管理过程与一般运营管理过程相比有哪些不同？为什么会有这些不同？
3. 一般项目管理过程的具体内容与项目和项目管理的特性有什么关系？
4. 项目管理过程组中的"规划过程""执行过程"与"监控过程"之间是一种什么关系？
5. 项目管理过程对不同项目是否可以一样？如果不是，应该如何去应用项目管理过程？
6. 在项目管理过程组中，你认为哪一种项目管理具体过程最重要？为什么？

案例阅读

煮鸡蛋的启示

有个英国人学煮鸡蛋，开始，他把鸡蛋放到开水里煮时总会炸裂。他为此想了各种方法，并找到了一个解决方案：在鸡蛋上打个孔。但在鸡蛋上打孔带来了另一个问题：孔打小了，鸡蛋还会裂；孔打大了，蛋清会在它凝固以前流出来。于是，这个英国人给一批鸡蛋分别打了各种不同孔径的洞，并记录下每个鸡蛋孔径的大小。通过这一方法，他找到了一个最合适的大小——既避免了炸裂，又保证蛋清不会流出来。这时，虽然煮鸡蛋炸裂的问题解决了，但这个英国人仍然不知道煮多长时间才能把鸡蛋煮熟。为了解决这个问题，他又开始尝试煮不同时间的结果，并从中找出最佳的时间长度。最后，他终于找到了一个放之四海而皆准的煮鸡蛋的方法。这个案例对很多中国人来说是个可笑的例子。因为聪明的中国人早就知道把鸡蛋放在水中与之一起加热至鸡蛋浮起来就可以了。从煮鸡蛋这样一个小小的事件上，中国人和英国人体现了两种完全不同的思维习惯——中国人凭借他的聪

明直奔结果，而英国人却仔细地把每一个过程细化，然后按部就班地执行。（管理软件的发展之路：洪奇）

  对于现代的管理思想，中国人一直没有领会到真谛所在。无论是哪一种管理方法，过程能力都是特别重要的，虽然生产一件产品的相关人员有千千万万，但是生产出来的产品却只有一种。这种能力并不是从天上掉下来的，而是通过制定极为详尽的生产过程规定得到的。在中国接受了ISO的思想之后，这种能力也在国内的制造业中逐渐体现出来。但是在软件行业中，拥有这种过程能力的软件组织极少，大多数软件组织奉行的还是个人英雄主义，开发软件单靠个人的力量，能力强的程序员能够成功地完成软件，能力差的则失败。在大多数软件组织中，少数人掌握着代码，他们就是一切，如果他们因为私人原因离开所在的组织，手上的代码则是他们的资本，原有的组织将受到沉重的打击。

第 3 章 项目组织与项目团队

教学目标

1. 了解项目组织制度对于企业的意义；
2. 了解项目组织文化的构成；
3. 理解项目组织结构的三种典型形式及各自的优劣势；
4. 掌握项目团队的特点及其发展的五个阶段；
5. 了解影响项目团队绩效的因素；
6. 了解项目经理的权利、职责及其应具备的素质与能力。

案例导读

三只老鼠偷油吃

三只老鼠一同去偷油喝。它们找到了一个油瓶，三只老鼠商量，一只踩着一只的肩膀，轮流上去喝油。于是三只老鼠开始叠罗汉，当最后一只老鼠刚刚爬到另外两只的肩膀上时，不知什么原因，油瓶倒了，最后，惊动了人，三只老鼠逃跑了。回到老鼠窝，大家开会讨论为什么会失败。最上面的老鼠说，我没有喝到油，而且推倒了油瓶，是因为下面第二只老鼠抖动了一下，所以我推倒了油瓶，第二只老鼠说，我抖了一下，但我感觉到第三只老鼠也抽搐了一下，我才抖动了一下。第三只老鼠说："对，对，因为我好像听见门外有猫的叫声，所以抖了一下。""原来如此呀！"

企业里很多人也具有老鼠的心态。下面请看一家企业的季度会议。

营销部门的经理 A 说："最近销售做得不好，我们有一定责任，但是最主要的责任不在我们，竞争对手纷纷推出新产品，比我们的产品好，所以我们很不好做，研发部门要认真总结。"研发部门经理 B 说："我们最近推出的新产品是少，但是我们也有困难呀，我们的预算很少，就这少得可怜的预算，也被财务削减了。"财务经理 C 说："是，我是削减了你的预算，但是你要知道，公司的成本在上升，我们当然没有多少钱。"这时，采购经理 D 跳起来："我们的采购成本是上升了 10%，为什么，你们知道吗？俄罗斯的一个生产铬的矿山爆炸了，导致不锈钢价格上升。"

A、B、C："哦，原来如此，这样说，我们大家都没有多少责任了，哈哈哈哈！"人力资源经理F说："这样说来，我只好去考核俄罗斯的矿山了！"

那么，在项目团队里，项目经理应该如何对项目成员的责任进行有效的界定和管理呢？

3.1 项目组织

项目组织是决定项目管理活动能否取得成功的重要因素。著名管理学家孔茨认为："建立组织的目的是建立一种能使人们为实现组织目标而在一起最佳地工作、履行职责的正式体制。"项目组织的根本目的是有效实现项目的目标，提高项目完成效率。其中，组织制度、组织文化、组织结构等方面对项目绩效影响较大。

3.1.1 项目组织制度

以项目为主业的组织，其业务主要由项目组成。这些组织分为两类。

（1）收入主要来自根据合同为其他组织实施项目的组织。如建筑师事务所、工程公司、咨询公司、施工承包公司和政府采购承包商等。

（2）采取了按照项目进行管理的组织。这些组织往往都已有现成的管理制度，便于实施项目管理。例如，其财务制度往往是针对多个同时进行的项目的核算、追踪和报告而具体设计的。

不以项目为主业的企业往往缺少为有效与高效率地支持项目的需要而设计的管理制度，这往往导致项目管理困难。在有些情况下，不以项目为主业的组织会设类似于以项目为主业组织的部门，或其他下属单位并配有相应的制度。项目管理团队应当认识到，组织结构和制度会对项目产生何种影响。例如，如果该组织鼓励职能部门经理按职工工时向项目收费，则项目管理团队就要加强控制，确保所调来的职员被有效用于项目中。

3.1.2 项目组织文化

大多数组织已经形成了独特、可以言表的文化。这些文化反映在众多因素之中，包括但不限于以下几方面。

（1）共同的价值观、规范、信念和期望。
（2）方针与办事程序。
（3）对权利关系的看法。
（4）工作道德与工作时间。

组织文化往往对项目有直接影响，例如：提出不寻常或者风险较高方案的项目团队，在一个进取心较强或者具有开拓精神的组织中比较容易获得赞许；工作作风中有强烈参与意识的项目经理，在等级界限泾渭分明的组织中会遇到麻烦；而作风专横跋扈的项目经理在鼓励参与的组织中同样不受欢迎。

3.1.3 项目组织结构

实施项目的组织结构往往制约着项目能否获得所需资源。组织结构可比作为连续的频谱，其一端为职能式，另一端为项目式，中间是形形色色的矩阵式。① 项目组织结构及特征如表 3.1 所示。

表 3.1 项目组织结构及特征

项目特征	组织结构				
	职能式	项目式	矩阵式		
			弱矩阵式	平衡矩阵式	强矩阵式
项目经理权限	很少或没有	高、全权	有限	少到中等	中等到大
可利用资源	很少或没有	多、全权	有限	少到中等	中等到多
控制项目预算者	职能经理	项目经理	职能经理	职能经理与项目经理	项目经理
项目经理的角色	半职	全职	半职	全职	全职
项目管理行政人员	半职	全职	半职	半职	全职

1. 职能式

项目经理权限很少或者没有，可利用的资源很少或者没有，控制项目预算的是职能经理，项目经理的角色是半职，项目管理行政人员是半职，具体如图 3.1 所示。

经典的职能式组织是一个金字塔式层次结构，每一个雇员有明确的上级。人员按专业分组。职能式组织仍然有项目，但项目的范围限制在职能部门内。如果项目碰到问题，他们就将问题按层次结构上报到本部门领导，由本部门领导出面协调。

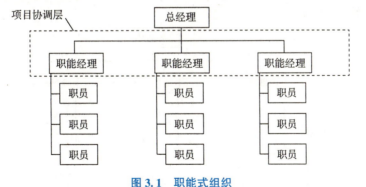

图 3.1 职能式组织

2. 项目式

项目经理的权限很高甚至全权，可利用的资源很多甚至全部，控制项目预算的是项目经理，项目经理的角色是全职，项目管理行政人员是全职。

在项目式组织中，项目成员常常安排在同一地点。该组织大部分资源用于项目工作，项目经理具有很大的独立性和权限。项目组织往往称为部门的组织，这些单位或直接向项

---

① 在教学中，职能式与职能型、短阵式与矩阵型、项目式与项目型通用。

目经理汇报，或为各个项目提供支持服务。具体如图 3.2 所示。

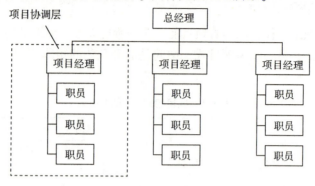

图 3.2　项目式组织

3. 矩阵式

（1）弱矩阵。项目经理权限有限，可利用的资源有限，控制项目预算的是职能经理，项目经理的角色是半职，项目管理行政人员是半职。

（2）平衡矩阵。项目经理权限少到中等，可利用的资源少到中等，控制项目预算的是职能经理与项目经理，项目经理的角色是全职，项目管理行政人员是半职。

（3）强矩阵。项目经理的权限是中等到大，可利用的资源是中等到多，控制项目预算的是项目经理，项目经理的角色是全职，项目管理行政人员是全职。

矩阵式组织兼有职能式和项目式的特征。弱矩阵式组织保留了职能式组织的许多特征，项目经理的角色和其协调或者督促的作用大于经理的作用。而强矩阵式组织则具有项目式组织的许多特征，拥有相当大权限的全职项目经理和全职的项目行政管理人员。而平衡矩阵式组织承认设置项目经理的必要性，但项目经理对于项目和项目资金无全权支配的权力。具体如图 3.3 所示。

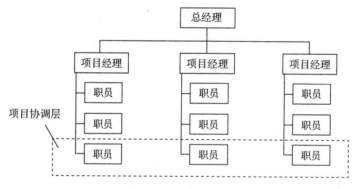

图 3.3　矩阵式组织

3.1.4　项目组织的设计与选择

管理学家巴纳德认为，人类受生理的、心理的和社会的限制，为了达到个人的目的，不得不进行合作。而要使这样的合作以较高的效率实现预定的目的，就必须形成某种组织结构，因此，现代社会存在着难以计数的组织。尽管这些组织形态各异，但它们均有目的性、专业化分工、依赖性、等级制度、开放性等共同特征。任何组织都为了实现某个目的而产生，在分工的基础上形成，组织中的不同职务和部门相互联系，具有一定的上下级关系，具有紧密的相互依赖性，所有组织都与外界环境存在着资源和信息的交流，因而具有开放性的显著特征。

根据组织论的观点，组织设计的一般原则有以下几个。

1. 目标一致性原则

组织的设计应有利于实现组织总目标，真正建立起上下层层保证、左右协调的目标体系。

2. 有效的管理层次和管理幅度原则

管理幅度是一个上级管理者直接领导下级人数数量。管理层次是一个组织中从最高层到最低层所经历的层次数。管理幅度与管理层次成反比，增加管理幅度则会减少管理层次，相反，减少管理幅度会增加管理层次，要结合具体情况制定出合理的管理层次和管理幅度。

3. 责任与权利对等原则

组织设计要明确各层次不同岗位的管理职责及相应的管理权限，特别注意的是管理职责要与管理权限对等。

4. 合理分工与密切协作原则

组织是在任务分解的基础上建立起来的，合理的分工便于积累经验和实施业务的专业化。合理的分工有利于明确职责，密切协作才能将各部门各岗位的工作努力合成实现组织整体目标的力量。

5. 集权与分权相结合的原则

集权有利于组织活动的统一，便于控制。分权则有利于组织的灵活性，但使得控制变得困难。因此集权与分权要适度，适合组织的任务与环境。

6. 环境适应性原则

组织是一个与环境有着资源、信息等交换的开放系统，并受环境发展变化的制约，因此组织的设计要考虑到环境的变化对组织的影响，一方面要建立适应环境特点的组织系统，另一方面要考虑在环境发生变化时组织所应该具有的灵活性及变革性。

一般组织的特征及设计原则同样适用于项目组织，只是必须同时反映项目工作的特征。

大多数现代组织在不同层次上要用到所有这些结构。例如，即使类型基本上属于职能式的组织，也可能建立专门的项目团队处理重要的项目。这样一个团队可以具有项目式组织中项目团队的许多特征，它可以有从不同职能部门调来的全职工作人员，可以制定自己的一套办事程序，甚至可以不按标准和请示报告系统来开展工作。

在具体的项目实践中，究竟设计何种项目的组织形式没有一个可循的公式，一般在充分考虑各种组织结构的特点、企业特点、项目的特点和项目所处的环境等因素的条件下，才能做出较为适当的选择。因此，在选择项目组织形式时，需要了解哪些因素制约着项目组织的实际选择，表3.2列出了项目组织结构选择考虑的关键因素。

实践中存在多种项目组织形式，并没有证据证明有一个最佳的组织形式，每一种组织形式有各自的优点与缺点，有其适用的场合。因此人们在进行项目组织设计时，要采取具体问题具体分析的方法，选择合适的、满意的组织形式。

表 3.2 项目组织结构选择考虑的关键因素

因素	职能式	项目式	矩阵式
项目风险程度	小	大	大
项目所用技术	标准	创新性强	复杂
项目复杂程度	小	大	一般
项目持续时间	短	长	一般
项目投资规模	小	大	一般
客户的类型	多	单一	一般
对公司内部的依赖性	弱	强	一般
对公司外部的依赖性	强	弱	一般

3.2 项目团队

案例导读

《西游记》中的取经团队：古代最成功的项目管理案例

古代有一个最成功的项目团队，那就是《西游记》的取经团队。

为了完成西天取经任务，取经团队组成，团队成员有唐僧、孙悟空、猪八戒、沙和尚。其中唐僧是项目经理，孙悟空是技术核心，猪八戒和沙和尚是普通团员。团队领导是观音。

团队的组成很有意思。唐僧作为项目经理，有很坚忍的性格和极高的原则性，不达目的不罢休，又很得上司和各方的支持和赏识（直接得到唐太宗的任命，既给袈裟，又给金碗，还得到以观音为首的各路神仙的广泛支持和帮助）。

沙和尚言语不多，任劳任怨，承担了项目中挑担这种笨重而又必不可少的工作。

猪八戒好吃懒做、贪财好色，又不肯干活，最多牵下马，好像留在团队里没有什么用处。其实他性格开朗，能够接受任何批评而毫无压力，在项目组中承担了润滑作用。

孙悟空是这个取经团队的核心。他的性格极为放任，回想他大闹天宫的历史，恐怕没人会让这种人待在团队里。但是取经项目要想成功实在缺不了这个人，只好采用些手腕来制约他。这些手段是，首先把他给弄得很惨（压在五指山下 500 年）。在他绝望的时候，又让项目经理去解救他，以使他心存感激。当然光收买人心是不够的，还要给他许诺美好的愿景（取完经后高升为正牌仙人）。最主要的是为了让项目经理可以直接控制他，给他戴个箍，不听话就念咒惩罚他。

孙悟空承担了取经项目中绝大多数赶妖除魔的重要任务，但又是一个难于管束的主，不能只用手段来约束他，这时猪八戒的作用就出来了。在孙悟空苦恼的时候，上司不能得罪，沙和尚这种老实人又不好伤害，只好通过戏弄猪八戒来排除心中的郁闷。

在取经项目实施的过程中，除了团队自己的艰辛劳动外，他们还非常善于利用外部的资源，只要有问题搞不定，马上向领导(主要是直接领导观音)汇报，或者通过各种关系，找来各路神仙(从哪吒到如来佛)帮忙，以解决各种难题。

项目团队的组织和项目实施真的是一门艺术，希望有志于做项目经理的同仁能够以另一种角度来好好看一下《西游记》。

3.2.1 项目团队的基本概念

1. 项目团队的定义

团队是指为了达到某一确定目标，由分工与合作及不同层次的权力和责任构成的人群。团队是相对部门或小组而言的。部门和小组的一个共同特点是：存在明确内部分工的同时，缺乏成员之间的紧密协作。团队则不同，队员之间没有明确的分工，彼此之间的工作内容交叉程度高，相互间的协作性强。

项目团队就是为适应项目的实施及有效协作而建立的团队。项目团队不仅仅是指被分配到某个项目中工作的一组人员，它更是指一组互相联系的人员同心协力地进行工作，以实现项目目标，满足客户需求。项目团队的具体职责、组织机构、人员构成和人数配备等方面，因项目性质、复杂程度、规模大小和持续时间长短而异。

简单地把一组人员调集在一个项目中一起工作，并不一定能形成团队，就像公共汽车上的一群人不能称为团队一样。项目团队不仅仅是指被分配到某个项目中工作的一组人员，它更是指一组互相联系的人员同心协力地进行工作，以实现项目目标，满足客户需求。而要使人员发展成一个有效协作的团队，一方面要项目经理做出努力，另一方面也需要项目团队中每位成员积极地投入团队工作中去。一个有效率的团队不一定能决定项目的成功，而一个效率低下的团队，则必定会使项目失败。

2. 项目团队的特性

(1) 项目团队的目的性。项目团队的使命就是完成某些特定的任务，实现某个特定项目的既定目标，故具有很强的目的性，并且只有与既定项目目标有关的使命或任务。

(2) 项目团队的临时性。完成任务后，项目团队会或是解散或是暂停工作。在出现项目中止的情况时，项目团队的使命也会中止，此时项目团队或是解散，或是暂停工作；如果中止的项目获得解冻或重新开始，项目团队也会重新开展工作。

(3) 项目团队的团队性。项目团队是按照团队作业的模式开展项目工作，强调团队精神与团队合作。

(4) 项目团队成员的双重领导特性。一般而言，项目团队的成员既受原职能部门负责人的领导，又受所在项目团队经理的领导，特别是在直线职能式、弱矩阵式和均衡矩阵式组织中尤其这样。这种双重领导会使项目团队成员的发展受到一定的限制，有时还会出现职能部门和项目团队二者的领导和指挥命令不统一而使项目团队成员无所适从的情况。

(5) 项目团队具有渐进性和灵活性。项目团队的渐进性是指项目团队在初期一般是由较少成员构成的，随着项目的进展和任务的展开，项目团队会不断地扩大。项目团队的灵活性是指项目团队人员的多少和具体人选也会随着项目的发展与变化而不断调整。这些特性也是与一般运营管理组织完全不同的。

3.2.2 项目团队的建设和发展

1. 项目团队的建设

一般意义上的团队是由于在兴趣、爱好、技能或工作关系等方面的共同目标而自愿组合，并经组织授权、批准的一个群体。例如，学校中有相同兴趣的师生所组成的各种兴趣小组，企业中有相同爱好的人组成的篮球队、足球队等，都是一般意义上的团队。但是，项目团队是由于工作方面的共同目标而组建的团队，所以在项目团队创建与发展方面也有一般团队建设与发展的特性。

项目团队的建设要以形成下面五个特点为目标。

（1）共同的目标。每个组织都有自己的目标，项目团队也不例外。正是在这一目标的感召下，项目队员才能凝集在一起，并为之共同奋斗。为使项目团队工作有成效，就必须明确目的和目标，并且针对要实现的项目目标，每个团队成员必须对此及其带来的收益有共同的思考。因为成员在项目里扮演多种角色、做多种工作，还要完成多项任务，而任务的确定要以明确目标和了解相互关系为基础。这就像一个交响乐队，团队中有拉小提琴的，有吹萨克斯的，还有敲打击乐器的，他们虽然分工不同，但演奏的是同一本谱子。所以，项目目标就是项目团队成员要协作演奏的乐谱，这个乐谱的一致是演奏成功的基本保障。

项目团队必须有一个明确的共同目标。这一目标是共同憧憬在客观环境中的具体化，并随着环境的变化而有着相应的调整，但每个队员也都了解它、认同它，都认为它包容了个人目标，充分体现了个人的意志与利益，并且具有足够的吸引力，能够引发团队成员的激情。

（2）合理分工与协作。与第一条相对应的就是在共同目标的前提下，每个成员都应该明确自己的角色、权力、任务和职责，就像乐队中拉小提琴的必须明确自己的角色定位和演奏环节。在目标明确之后，还必须明确各个成员之间的相互关系。如果每个人彼此隔绝，大家都埋头做自己的事情，就不会形成一个真正的团队。因为每个人的行动都会影响到其他人的工作，所以团队成员都需要了解为实现项目目标而必须做的工作及其与其他人所承担的工作之间的关系。项目团队在建立初期，在团队成员的全体参与下花一定的时间明确项目目标和成员间的相互关系，可以在以后项目执行过程中少花许多时间和精力去处理各种误解。这就像乐队在真正开始表演前要彩排一样。

（3）高度的凝聚力。凝聚力是指成员在项目内的团结与吸引力、向心力，也是维持项目团队正常运转的所有成员之间的相互吸引力。团队对成员的吸引力越强，队员坚守规范的可能性越大。一个有成效的项目团队，必定是一个有高度凝聚力的团队，它能使团队成员积极热情地为项目成功付出必要的时间和努力。

影响团队凝聚力的因素有：团队成员的共同利益、共同目标；团队的大小，团队内部的相互交往、相互合作，团队规模越小，彼此交往与作用的机会就越多，就越容易产生凝聚力；经常性的沟通可以提高团队的凝聚力；项目目标的压力越大，越可以增强团队的凝聚力；团队凝聚力的大小随着团队成员需求满足的增加而加强，因此，在形成一个项目团队时，项目经理需要最大限度地满足个别需要。

（4）团队成员之间相互信任。高效团队另一个重要的特征就是成员之间相互信任，一个团队的能力大小受到团队内部成员相互信任程度的影响。在一个高效能的团队里，成员会相互关心，承认彼此存在的差异，信任其他人所做和所要做的事情。在任何团队工作，都有不同意见，要鼓励团队成员将其自由地表达出来，不怕打击报复地大胆提出一些可能产生争议或冲突的问题。项目经理应该认识到这一点，并努力实现这一点，因此在团队之初就应当树立信任。通过委任、公开交流、自由交换意见来增强彼此之间的信任。

（5）有效的沟通。高效的项目团队还需具有高效沟通的能力，项目团队必须装备有先进的信息技术系统与通信网络，以满足团队的高效沟通。团队拥有全方位的、正式的和非正式的信息沟通渠道，能保证沟通直接高效、层次少、无官僚习气、基本无滞延。团队擅长运用会议、座谈等直接的沟通形式。沟通不仅是信息的沟通，更重要的是情感上的沟通，每个队员不但具有很好的交际能力，而且拥有很高的情绪商数，团队内要充满同情心和融洽的情感。项目团队具有开放、坦诚的沟通气氛，队员在团队会议中能充分沟通意见，倾听、接纳其他队员的意见，并经常能得到有效的反馈。

实践证明，团队成员之间相互了解越深入，团队建设得越出色。项目经理要确保个体成员能经常相互交流沟通，并为促进团队成员间的社会化创造条件，团队成员也要努力创造出这样的条件。

2. 项目团队的发展

项目团队的生命历程，一般要经历形成、磨合、规范、执行和解散五个阶段。在不同的阶段，项目成员的工作任务及团队间的人际关系有很大的差别，项目经理应采用不同的领导策略加以适应。

（1）形成阶段。在形成阶段，团队成员因项目走到一起，大家互不相识，不太清楚项目是干什么的和自己应该做些什么。这一时期的特征是队员们既兴奋又焦虑，还有一种主人翁感，他们从项目经理处寻找或相互了解，谨慎地学习和研究适宜的举止行为，以期找到属于自己的角色。

在这一阶段，每个成员都试图了解项目目标和他们在团队中的合适角色。项目经理在这个阶段的领导任务是要让成员了解并认识团队有关的基本情况，明确每个人的任务，为自己找到一个有用的角色；培养成员对项目团队的归属感，激发其责任感，努力建立项目团队与项目组织外部的联系和协调关系。

当团队成员感到他们已属于项目并且有了自己作为团队不可缺少的一部分的意识时，他们就会承担起团队的任务，并确定自己在完成这一任务中的参与程度。当解决了定位问题后，团队成员就不会感到茫然而不知所措，从而有助于其他各种关系的建立。

（2）磨合阶段。这一阶段队员们开始执行分配到的任务，但由于现实可能与当初的期望有较大的偏离，于是，团队的冲突和不和谐便成为这个阶段的一个显著特点。成员之间由于立场、观念、方法、行为等方面的差异而产生各种冲突，人际关系紧张，队员们可能会消极地对待项目工作和项目经理，甚至出现敌视情绪以及向领导者挑战的情形。冲突可能发生在领导与个别团队成员之间、领导与整个团队之间，以及团队成员相互之间、团队成员与周围环境之间、团队成员与项目外其他部门之间。这些冲突或是情感上的，或是与事实有关的，或是建设性的，或是破坏性的，或是公开性的，或是隐瞒性的，整个项目团队工作气氛趋于紧张，问题逐渐暴露，团队士气较形成阶段明显下沉。

不管怎样，在这一阶段，团队成员逐步在明确自己所扮演的角色及其功能、权限和责任。项目经理的领导任务是建立切实可行的行为和工作标准，在团队中树立威信、排除冲突，以理性的、无偏见的态度来解决团队成员之间的争端。

（3）规范阶段。经历了磨合阶段的考验，项目团队确立了成员之间、成员与项目经理之间、团队与外部环境之间的良好关系。在这一阶段，随着个人期望与现实情形，即要做的工作、可用的资源、限制条件、其他参与人员的逐步统一，队员的不满情绪不断缓解，项目团队逐步适应了工作环境，项目规程得以改进和规范化，控制及决策权从项目经理移交给了项目团队，团队凝聚力开始形成，每个成员为取得项目目标所做的贡献都能得到认同和赞赏，团队成员开始自由地、建设性地表达他们的情绪及评论意见，成员之间开始相互信任，合作意识增强，团队的信任得以发展。

团队经过这个社会化的过程后，建立了友谊、忠诚和信任，团队成员大量地交流信息、观点和感情，团队成员有了明确的工作方法、规范的行为模式，矛盾程度明显低于磨合时期，项目经理的领导任务主要是在项目成员及任务间进行适当的资源配置。

（4）执行阶段。经过前一阶段，团队确立了行为规范和工作方式，能开放、坦诚、及时地进行沟通，有集体感和荣誉感，信心十足，工作积极，急于实现项目目标。在这一阶段，团队能感觉到高度授权，会根据实际需要，以团队、个人或临时小组的方式工作，团队相互依赖度高，团队成员经常合作，并在自己的工作任务外尽力相互帮助。随着工作有所进展并得到表扬，团队获得满足感，个体成员意识到为项目工作的结果是他们正获得职业上的发展。

相互的理解、高效的沟通、密切的配合、充分的授权，这些宽松的环境加上队员们的工作激情使得这一阶段容易取得较大成绩，实现项目的创新。团队精神和集体的合力在这一阶段得到了充分的体现，每位队员在这一阶段的工作和学习中都取得了长足的进步和飞速的发展，这是一个 1+1>2 的阶段。

在这一阶段，项目成员相互配合，充分发挥着团队集体的主动性、积极性和创造性。项目经理的领导任务主要是适当授权和分派工作，放手让成员自主完成项目任务，通过有效的控制、尊重和信任来激发成员。

（5）解散阶段。对于完成某项任务、实现了项目目标的团队而言，随着项目的竣工，团队准备解散，团队成员开始骚动不安，考虑自身今后的发展，并开始做离开的准备，团队开始涣散。有时，团队仿佛回到了组建阶段，必须改变工作方式才能完成最后的各项具体任务，但同时由于项目团队成员之间已经培养出感情，所以彼此依依不舍，惜别之情难以抑制，团队成员们领悟到了凝聚力的存在。

在这一阶段，项目经理的主要任务是收拢人心，稳住队伍，适度调整工作方式，向团队成员明确还有哪些工作需要做完，否则项目就不能圆满完成，目标就不能成功实现。只有根据项目团队成员在这一阶段的具体情况不断调整领导艺术、工作方式，充分利用项目团队凝聚力和团队成员的集体感和荣誉感，才能完成最后的各项具体项目任务。

3.2.3 项目团队的绩效

项目团队的绩效，即项目团队的工作效率以及取得的成果，它是决定项目成败的一个至关重要的因素。影响项目团队绩效的因素有很多，一般来说，主要包括如下几个方面。

（1）团队精神。在开展项目时，项目团队是作为一个整体来工作的，因此，团队精神与项目团队的绩效是紧密联系在一起的，缺少团队精神会导致团队绩效下降。团队精神主要表现在：团队成员之间要相互信任、相互依赖、互助合作，全体成员具有统一的、共同的目标，团队成员具有平等的关系，团队成员积极参与团队的各项工作并且进行自我激励和自我约束。

项目团队的绩效和团队精神在项目团队发展的各个阶段的分布，具体如图3.4所示。

（2）项目经理。项目经理是项目团队中的最高领导，他应该正确地运用自己的权力和影响力，带领和指挥整个团队去实现项目的目标。项目经理的经验、素质、能力、性格等都会对团队绩效产生一定的影响。

（3）团队目标的明确性。项目团队的目标就是实现项目的目标，团队成员应该了解项目的目标、工作范围、成本预算、进度计划和质量标准等相关信息，才能对项目有大致的把握，明确自己的任务。项目成员如果不能对团队目标达成统一的认识，就会影响团队的工作效率。

（4）信息沟通。信息沟通也会影响项目团队的绩效，团队成员通过畅通的渠道交流信息可以减少不必要的误解，就某些问题达成共识，减少冲突，从而提高团队的工作绩效。如果在工作中团队成员之间缺少沟通，或项目团队与外部信息交流不足，就会使团队绩效低下，甚至造成决策失误。

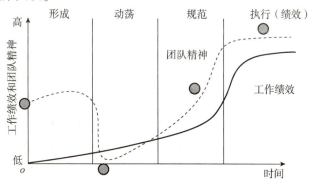

图3.4　项目团队的绩效和团队精神分布图

（5）激励机制。建立激励机制有利于提高项目团队成员的工作积极性和工作热情，使他们全力投入工作，从而提高整个项目团队的工作效率。如果激励措施的力度不够，很可能会使团队成员产生消极的工作态度，导致工作效率低下，这样就会影响整个团队的绩效。

（6）团队的规章制度。项目团队的规章制度可以规范整个团队及其成员的工作和行为，为团队的高效运行提供制度保障。而一个无章可循的团队，其绩效通常是十分低下的。

（7）团队成员职责的明确性。只有团队成员明确各自的职责和工作，才能使团队的绩效得到提高。如果团队成员的职责不清或团队在管理上存在职责重复的问题，就会导致某些工作的延误，造成整个团队工作效率下降。

（8）约束机制。约束机制可以针对团队成员的一些不良或错误行为形成制约，有利于项目团队绩效的提高。有时，团队成员可能会有一些不利于团队发展的行为，如果得不到有效的制约，将会影响项目团队绩效的提高。

3.3 项目经理

3.3.1 项目经理的权力

项目经理就是项目的负责人,负责整个项目的计划、实施和控制,是项目管理的核心。项目经理权力的大小取决于公司采用什么样的组织结构以及项目对公司的重要性。如果公司采用项目型组织结构,那么项目经理的权力就相对较大,很可能在职能部门经理之上;如果公司采用职能型组织结构,则项目经理的权力就相对较小,项目经理的权力就很可能在职能部门经理之下。另外,如果项目对于公司比较重要,则项目经理的权力就相对较大。一般来说,项目经理的权力表现在以下几个方面。

(1)项目经理具有选择项目团队成员的最终决定权。
(2)在项目的执行过程中,项目经理对比较重要的决策有直接的决定权。
(3)项目经理具有具体使用和分配项目资源的权力。

3.3.2 项目经理的职责

在一个项目团队中,项目经理的身份是领导者,应该履行的职责有计划、组织、控制。

1. 计划

项目经理的首要任务是制订计划。计划可以分为战略计划与作业计划,在项目组织成立之初,战略计划是必不可少的,因为它确定了项目团队的总体目标。为了实现项目的战略计划,项目经理还必须制订一系列作业计划,这并不意味着他需要亲自制订每一个作业计划。

作为项目团队的领导者,项目经理应该带领项目团队一起来制订计划,这样的计划远比他单独一个人制订的计划更为合理、可行。同时,项目团队成员在实施自己参与制订的计划时,能更积极、更有效地去完成自己所负责的活动。

在执行项目计划的过程当中,项目经理有时要根据项目的实际进展对项目计划进行调整,一般对战略性计划调整较少,作业计划则可能需要调整较多。

2. 组织

项目经理在组织工作时,应营造一种工作环境,使所有的项目团队成员能够以高昂的士气更有效地投入工作中去。项目经理的组织工作包括两个方面:一是设计项目团队的组织结构,对要完成的每项具体工作进行描述,并安排合适的人员;二是决定哪些工作由组织内部完成,哪些工作由组织外部的协作者(如外协单位或顾问公司)来完成。对由组织内部进行的工作,项目经理应当把任务落实到个人,同时具体承担工作的人员应对项目经理做出承诺;对由外部协作者完成的工作,项目经理应对其工作范围做出明确的划分,与每位协作者协商达成一致意见并签订合同。此外,项目经理还要对合同的执行过程进行监督,发现问题要及时协调处理,若不在自己的职责范围之内,则应及时向上级报告。

3. 控制

为了保证项目的进展与项目的目标一致,项目经理必须对项目进行监控,跟踪实际工作的进展并与计划进行对比,有时甚至要对项目计划进行变更,因此,项目经理应设计一套有效的项目管理信息系统以及项目变更程序,对项目进行控制。项目管理信息系统能够掌握项目的实际进展情况,分析研究各种已经出现的问题和潜在的风险,在必要的时候根据项目变更程序,对项目的计划进行调整。

3.3.3 项目经理的素质与技能

1. 项目经理的素质

项目经理特殊的工作性质,决定其必须具备如下素质。

(1)知识素质。知识是项目经理素质的基础,项目经理的知识水平主要表现在专业技术知识的深度、综合知识的广度和管理知识水平三个方面。

①专业技术知识的深度。如果项目经理缺乏一定的专业技术知识,就会导致项目失败。作为项目实施的最高决策者,如果项目经理不具备一定的专业知识,就不能对大量复杂的专业性任务进行计划、组织和控制,也不能鉴定项目的工具设备、技术方案的优劣,甚至与项目团队成员进行专业知识和术语的沟通都较为困难,更不用说做出正确的决策了。当然,并不能要求项目经理精通所有的专业知识,但他必须掌握与项目有关的主要专业知识。

②综合知识的广度。项目经理要对整个项目进行全面的管理,不需要进行项目的具体活动,所以不要求具备很高深的专业技术,但是,他们需要具备一定广度的综合知识。一个项目通常会涉及众多相关领域的知识,比如数学、经济、法律、物理、化学、管理学等,特别是由于当今经济活动的日益全球化,项目经理更需掌握计算机技术和多种语言。

③管理知识水平。项目经理的职能侧重于管理而不是技术,因此一个出色的工程师未必是一个合格的项目经理。尤其是随着管理科学和管理技术的发展,对项目经理管理知识的要求越来越高。一个合格的项目经理不仅要掌握项目管理理论、项目决策技术,还要了解组织行为学、管理心理学等相关的管理知识。

项目经理知识素质的三个方面应该是共同发展并相互协调的,一个合格的项目经理具有的专业知识、综合知识和管理知识的水平应该是平衡的,不能偏向于某一方面。

(2)品格素质。品格素质是指品性、思想等方面的特征。项目经理的品格素质包括性格品质和道德品质。

①性格品质。性格品质在一定程度上决定了一个人待人处事的态度和与人沟通的技巧,甚至影响人的决策。作为一名项目经理,必须具有良好的性格:待人真诚、热情,善于与人交往;遇事沉着冷静,不盲目、冲动;思维敏捷,反应迅速;做事锲而不舍,敢于面对挫折和失败;有自信,勇于创新;灵活而又不失原则。

②道德品质。道德决定了一个人的行为准则。项目经理控制着项目的财权和物权,如果个人道德品质不良,就很可能在利益的驱使下,贪赃枉法、以权谋私,从而导致整个项目的失败。此外,项目经理要具备一定的社会道德品质,不能一味地追求项目自身的经济效益,而应同时考虑项目所带来的社会效益。

2. 项目经理的技能

项目经理仅仅具备如上素质，仍不能胜任其本职工作，还必须具备如下能力。

(1) 领导能力。项目经理是项目的管理者而不是项目的具体执行者，因此必须具备一定的领导能力。项目经理要带领和指挥整个项目团队去实现项目目标，他的领导能力决定了项目的成败。目前，大多数项目经理采用民主参与式的领导方式。项目经理引导所有的项目团队成员参与到项目的管理中来，项目经理不只是简单地下达命令，而是引导团队成员发挥主动性来完成自己的工作；项目经理通过授权，可以从项目管理的细节中解脱出来，更好地应对项目中的重大事项。

(2) 人际交往能力。项目经理是项目团队的核心人物，他必须与项目外部的组织、项目团队成员打交道，因此，良好的人际交往能力是项目经理必备的技能，这种技能需要良好的口头表达能力和书面沟通能力。项目经理的人际交往能力包括如下方面：如何处理好与上级主管的委托代理关系的能力；如何处理好与项目相关方的利益关系的能力；如何处理好项目涉及的公共关系方面的能力；如何处理好项目团队内部关系的能力。

(3) 人员开发能力。项目经理在领导项目团队实现项目目标的同时，也应该将项目视为提高团队成员自身价值的良好机会。项目经理要营造一种学习的氛围，使团队成员能够通过各自的工作来不断提高专业技能。项目经理可以让项目团队中经验丰富的成员向阅历不足的成员传授一些专业技能，也可以让团队成员参加一些培训来提高他们的能力，从而更好地为项目服务。

(4) 处理问题的能力。项目经理首先要及时发现项目执行过程中存在的问题甚至是潜在的问题。尽早地发现问题，才能有充足的时间制定出合理的解决方案，从而避免问题扩大，减少对项目其他部门的影响。其次，项目经理要具有一定的分析问题的能力。一旦发现问题，项目经理就要对问题进行深入的分析，找出问题产生的原因。最后，项目经理还要根据问题的性质及其产生的原因，带领和指挥项目团队来共同解决。

(5) 建设项目团队的能力。项目团队是项目的具体实施者，项目经理的领导是通过项目团队体现出来的，所以，项目经理必须要组建一支高效、协调的项目团队。项目经理要充分了解项目的目标，对项目的工作任务进行分解，初步确定实施项目需要的人员，再从公司外部或内部获取合适的人员。

项目经理要使每个团队成员了解项目的整体目标，促进成员之间的交流和沟通，使他们能够相互信任、相互协作，形成合作的团队精神，提高整个团队的工作绩效。

3.3.4 项目经理的选择

项目经理可以从公司内部选拔、培养，也可以从公司外部招聘。从公司内部选择，有利于项目经理对项目以及公司背景的了解，有利于与其他有关部门的协调，可以引导项目团队成员尽快融入公司的理念和文化中。但由于其来自公司内部，他的工作也会受到原来与各部门管理者关系的限制。如果项目经理从公司外部招聘，那么他要了解并开始实施项目就有一个过程，并且此过程对日后项目的成败有着极大的影响。从外部招聘的项目经理可以没有任何牵挂地开展工作，不需要考虑权衡公司内部的关系。

在选择项目经理时，主要考虑的因素有项目的特点、候选人的素质、候选人的能力。要遵循一定的程序并运用一定的方法，选择一名合格的项目经理。

(1) 通过项目的有关文件，来了解项目的特点。
(2) 通过项目职位说明的要求，在大范围内选出符合要求的项目经理候选人。
(3) 通过民意测验或座谈会，了解其他人对候选人的认可程度，初步确定若干选择对象。
(4) 通过考察候选人在类似项目中所取得的成绩和经验，进一步缩小候选人的范围。
(5) 通过对候选人的学历、经历、个性、品质等方面进行定性的分析和定量的考核，来评价候选人的胜任程度。
(6) 通过要素加权分析法，对候选人的绩效、素质和能力等方面进行综合的评价。
(7) 根据综合评价的得分，从中择优选择项目经理。

本章小结

项目组织是决定项目管理活动能否取得成功的重要因素，项目组织文化对项目也产生直接的影响。项目组织结构有三种形式：职能型组织结构、项目型组织结构和矩阵型组织结构，这三种组织结构都有各自的优缺点。根据项目组织结构中项目经理和职能部门经理权力的大小，矩阵型组织结构又可分为弱矩阵式、平衡矩阵式和强矩阵式。现实中在选择项目组织结构的时候应该考虑很多因素。项目团队有它自己的特点，其发展主要经历五个阶段，每个阶段项目团队成员都有不同的情绪表现。影响项目团队绩效的因素有很多，主要有团队精神、项目经理、团队目标的明确性、信息沟通、激励机制、团队的规章制度、团队成员职责的明确性和约束机制。项目经理有其权力和职责，应该具备一定的素质和能力，选择合适的项目经理要遵循一定的程序。

习 题

一、判断题

1. 在职能型项目组织中，团队成员往往优先考虑项目的利益。（ ）
2. 项目型与职能型的组织结构类似，其资源可实现共享。（ ）
3. 一般来说，职能型组织结构适用于所用技术标准化的小项目，而不适用于环境变化较大的项目。（ ）
4. 在项目型组织结构的公司中，其部门是按项目进行设置的。（ ）
5. 项目经理是项目的核心人物。（ ）
6. 选择项目经理的时候，不能仅仅考虑项目经理候选人的素质和能力。（ ）

二、单选题

1. 在以下组织中，最机动灵活的组织形式是（　　）。
A. 项目型　　　　B. 职能型　　　　C. 矩阵型　　　　D. 混合型
2. 对于风险较大、技术较为复杂的大型项目，应采用（　　）。
A. 矩阵型组织结构　B. 职能型组织结构　C. 项目型组织结构　D. 混合型组织结构
3. 项目型组织结构适用于（　　）的情况。

A. 项目的不确定因素较多，同时技术问题一般

B. 项目的规模小，但是不确定因素较多

C. 项目的规模大，同时技术创新性强

D. 项目的工期较短，采用的技术较为复杂

4. 项目经理应充当(　　)角色。

A. 综合协调者　　B. 职能经理　　C. 直线经理　　D. 项目承包商

5. 下列有关矩阵型组织结构情况的描述中，错误的是(　　)。

A. 矩阵型组织结构能充分利用人力资源

B. 项目经理和职能部门经理必须就谁占主导地位达成共识

C. 项目经理必须是职能部门领导，这样才能取得公司总经理对项目的信任

D. 矩阵型组织结构能对客户的要求做出快速的响应

6. 项目经理在(　　)中权力最大。

A. 职能型组织结构　B. 项目型组织结构　C. 矩阵型组织结构　D. 协调型组织结构

7. 在项目团队的发展过程中，在团队的(　　)冲突最大。

A. 形成阶段　　B. 磨合阶段　　C. 规范阶段　　D. 执行阶段

三、多选题

1. 职能式组织的优点有(　　)。

A. 技术专家可以同时被不同的项目使用　B. 有利于提高部门的专业化水平

C. 有效利用资源　D. 每个项目组成员都有明确的责任

2. 项目式组织的缺点有(　　)。

A. 每个项目组成员有两个领导　B. 资源配置重复，管理成本高

C. 需要平衡权力　D. 项目成员要担心项目结束后的生计

3. 项目团队的特点主要体现在(　　)。

A. 项目团队具有一定的目的　B. 项目团队是临时组织的

C. 单独解决问题　D. 项目团队成员的增减具有灵活性

4. 采用职能型组织结构，可能会出现的情形是(　　)。

A. 任何一个成员都对每个项目直接负责

B. 项目团队成员更关注所属部门的工作，而不是项目的目的

C. 对客户需求的反应迟缓

D. 项目团队成员在项目结束后回到所属的部门

5. 项目经理具有(　　)的权力。

A. 挑选项目团队成员　B. 制定项目有关的决策

C. 对项目团队的资源进行分配　D. 决定项目的预算

6. 项目经理权力的大小取决于(　　)。

A. 公司采用的组织结构　B. 项目的期限

C. 项目对公司的重要性　D. 项目的规模

四、思考题

1. 项目组织与一般运营组织在组织结构上有哪些不同？是什么原因形成了这些不同？

2. 项目组织的不同组织形式分别适应什么样的项目和项目管理过程？

3. 你认为团队作业有哪些特性？在项目实施过程中如何发挥项目团队的特性？

4. 你认为项目经理应该如何针对项目团队生命周期的五个阶段去开展项目团队建设？
5. 你认为项目经理应该具备哪些基本素质？各自有何用途？

案例分析题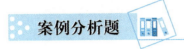

案例一

A公司是一家生产电子设备的中型公司，该公司能同时开展5~10个项目，并且这些项目处于不同阶段。该公司拥有很多项目经理，他们全都向总经理负责，项目团队成员既要受职能部门经理的领导，也要受项目经理的领导。例如，电气工程师既要由电气工程部经理领导，又要由所在项目的项目经理安排工作。有些人只为一个项目工作，有些人则分时间段在几个不同的项目中工作。

小李于某大学电气工程专业硕士毕业后的6年间一直在该公司工作，目前级别是高级电气工程师，向电气工程部经理负责。前不久，公司获得一个2 000万元的合同，小李被提升为项目经理负责这一项目。

小李被提升为项目经理后，高级电气工程师这一职位空缺，于是公司招聘了一位新员工小王。小王与小李的专业相同，并获得了博士学位，而且已经有8年的工作经验，专业能力很强。小王进入公司后被分配到小李的项目团队中。

由于小李不了解小王的工作方式，因此他对小王的工作格外关心，经常找小王谈话，建议他怎样进行方案设计，但是小王根本不理会他的看法。有一次，小王告诉小李，他有一个可以使系统成本降低的创新设计方案。小李听了以后说："尽管我没有博士头衔，我也知道这个方案毫无意义，不要这样故作高深，要踏实地做好基本的工程设计工作。"这使得小王很不高兴，他觉得小李的做法根本就不像一个项目经理所为，认为小李还是比较适合从事技术工作。

讨论：
1. 分析一下A公司属于哪种项目组织结构？为什么？
2. 你认为作为该项目的技术人员，小王对待项目经理小李的态度合适吗？
3. 你认为小李能胜任项目经理这个职位吗？为什么？

案例二

第二次世界大战时，美国军方向一个企业订货的降落伞的合格率为99.9%，这意味着不用打仗，每1 000个士兵中就有1人会因降落伞的质量而死亡。军方要求降落伞的质量为100%，企业老板说那不可能，尽善尽美的事没有，于是美国军方要求在降落伞验收时，老板必须背着降落伞从飞机上跳下来，于是降落伞的合格率达到了100%。

讨论：
你认为使合格率发生变化的原因是什么呢？

第 4 章　项目整体管理

教学目标

1. 了解项目整体管理的定义、作用以及特点；
2. 熟悉项目整体管理的工作过程；
3. 理解项目整体管理过程的依据、工具与技术和成果。

案例导读

　　某公司的赵晓东最近心里挺烦。公司前一段时间签了一个单子，由于双方老板很熟，且都希望项目尽快启动，在签合同时也没有举行正式的签字仪式。合同签完，公司老总很快指定赵晓东及其他八名员工组成项目组，由赵晓东任项目经理。老总把赵晓东引见给客户老总，客户老总在业务部给他们安排了一间办公室。

　　项目进展在开始时很顺利，赵晓东有什么事都与客户老总及时沟通。可客户老总很忙，经常不在公司。赵晓东想找其他部门的负责人，可他们不是推托说做不了主，就是说此事与他无关，有的甚至说根本就不知道这事儿。问题得不到及时解决不说，很多手续也没人签字。

　　项目组内部问题也不少。有的程序员多次越过赵晓东直接向老板请示问题；几个程序员编的软件界面不统一；项目支出的每笔费用，财务部都要求赵晓东找老板签字。赵晓东频繁打电话给老板，其他人心里想，赵晓东怎么老是拿老板来压人。由此，赵晓东与项目组其他人员和财务部的人员产生了不少摩擦，老板也开始怀疑赵晓东的能力。

　　赵晓东的遭遇相信很多项目经理都亲身经历过，尤其是刚刚开始做行业客户的公司，往往是公司的老板和客户单位的某个主管关系不错或业务人员关系做得很到位，公司老板希望赶紧做完项目，因此，常常跳过项目启动环节，直接指令项目经理进入实施阶段。结果项目刚开始就麻烦不断。正所谓"好的开始是成功的一半"。项目启动是为了形成一个良好的沟通体系，让所有与项目相关的人都理解项目的重要性，同时形成一个由双方老总、项目负责人和项目组成员所构成的三级沟通体系，确保项目运作的畅通。

4.1 项目整体管理概述

4.1.1 项目整体管理的概念

项目整体管理知识领域包括识别、确定、结合、统一与协调各项目管理过程组内不同过程与项目管理活动所需进行的各种过程和活动。项目整体管理，又称项目整合管理，指保证项目各要素相互协调的全部工作和活动过程，它从全局的、整体的观点出发，通过有机地协调项目各个要素（进度、成本、质量和资源等），在相互影响的项目各项具体目标和方案中权衡利弊，消除项目各单项管理的局限性，从而满足项目相关方的需求和期望。

4.1.2 项目整体管理的作用

在各个过程相互影响并作用之时，整体管理可在项目管理中发挥重要作用。例如，制订应急计划的费用估算就要求将项目费用管理、项目时间管理，以及项目风险管理过程中详细的规划过程结合为整体。在意识到人员配备的各种办法都存在风险时，必须重新考察上述一个或多个过程。另外，项目的可交付成果也需要与实施组织或顾客组织的日常业务，或者与企业的长期战略规划结合为整体。

大多数有经验的项目管理人员都知道，管理项目没有单一的办法，需要通过应用不同的项目管理知识、技能和过程，来达到理想的效果。然而，在直觉上认为不需要某个具体过程时，并不等于就不应加以考虑。项目经理与项目团队必须考虑每一个过程，必须针对每一个项目的具体情况来确定每一个过程实施的水平。

通过对项目活动执行的思考，可深刻理解项目与项目管理的整体性。其中，项目管理团队执行的某些活动可能包括以下几点。

（1）分析和理解范围。其中，包括项目与产品要求、准则、假设、制约因素和与项目有关的其他影响，以及如何在项目中管理或处理上述的每一个方面。

（2）将产品要求的具体准则形成文件。

（3）理解如何利用项目管理过程组，选取信息并将其转换成项目管理计划。

（4）准备工作分解结构。

（5）采取适当的行动，使项目按照项目管理计划而形成整体的若干过程和计划的范围来展开并付诸实施。

（6）测量并监视项目状态、过程和成果。

（7）分析项目风险。

4.1.3 项目整体管理的特征

从项目管理的角度来看，"整体管理"结合各方面特征，包括为完成项目和满足顾客与其他项目相关方的要求，为管理他们的期望而必须采取的贯穿项目整体的行动。从管理项目的角度，在任何给定的一天，整体管理都要从多种选择中决定应集中的资源和努力，预测潜在问题并加以处理，避免日后恶化，为项目的整体利益而协调工作。整体管理还必须努力在各个相互冲突的目标与方案之间权衡取舍。概括起来,项目整体管理具有综合性、全局性和系统性的特点。

(1)综合性。项目单项管理都是针对项目某个特定的方面所进行的管理,如项目进度管理主要是针对项目进度进行管理的,不涉及或很少涉及项目管理的其他方面。项目整体管理则是综合每个单项项目管理的所有方面,平衡项目各个方面之间的冲突,对它们的目标、工作和过程进行协调、管理,如项目的某个目标要求的提高,可能会以降低或牺牲其他目标为代价,这时就有必要分析和权衡这两个方面的综合作用对项目总体效果所产生的影响。

(2)全局性。全局性是指为了最大化地实现项目总体目标,从全局出发协调和控制项目各个方面,消除项目各单项管理的局部性,有时甚至可以不惜牺牲或降低一些项目的单项目标,以协调统一项目各方面的单项管理为主要内容。如奥运会筹建项目的整体目标以进度作为第一位的话,为了加快项目的进度就不得不增加项目的成本,这是在项目成本管理和进度管理这两个单项管理中所无法达到的。

(3)系统性。系统性是指项目整体管理把项目作为一个整体系统来考虑,将项目的内、外部影响因素相结合,不仅要对系统内部进行管理和控制,还要兼顾来自外部环境的影响因素、问题等,并对之进行管理和控制。例如,在项目的实施过程中客户提出了一些任务的变动要求等,项目整体管理会根据这一要求,对项目做出相应的调整,项目的单项管理则不会考虑这一方面的情况。

4.1.4 项目整体管理的工作过程

项目集成管理是项目管理中的一项综合性和全局性的管理工作,其工作过程主要包括以下步骤。

(1)制定项目章程。
(2)制作项目初步范围说明书。
(3)制订项目管理计划。
(4)指导与管理项目执行。
(5)监视与控制项目工作。
(6)整体变更控制。
(7)项目收尾。

4.2 制定项目章程

4.2.1 项目章程的概念

项目章程是正式批准项目的文件。该文件授权项目经理在项目活动中动用组织的资源。另外,项目应尽早选定和委派项目经理。项目经理任何时候都应在规划开始之前被委派,最好是在制定项目章程之时。

1. 激励因素

项目章程是由项目实施组织外部,并为项目出资的项目发起人或赞助人发出的。一个项目通常是由项目实施组织外部的企业、政府机构、公司、计划组织或综合行动组织，出于以下一个或多个原因而颁发章程并给予批准的。

（1）市场需求。例如，由于汽油短缺，某汽车公司批准制造低油耗汽车项目。

（2）营运需要。例如，某培训公司批准新设课程项目，以增加收入。

（3）客户要求。例如，电力局批准新建变电站项目，为新工业园区供电。

（4）技术进步。例如，电子公司在电脑内存和电子技术改进后批准研制更快、更便宜和更小的新视频游戏机项目。

（5）法律要求。例如，油漆厂批准制定有毒材料使用须知项目。

（6）社会需要。例如，某发展中国家的非政府组织批准向霍乱高发病区和低收入社区提供饮用水系统、厕所与卫生保健教育项目。

上述激励因素又称问题、机会或营运要求。这些激励因素的中心主题是：管理部门必须做出项目选择及制定项目章程的决策。项目选择方法包括测算项目对于项目所有者或赞助人的价值或吸引力，也可包括其他组织决策准则。项目选择也包括选择项目执行方式的选择。

2. 内容

签发了项目章程，就建立了项目与组织日常工作之间的联系。对于某些组织，只有在完成需要估计、可行性研究、初步计划或其他有类似作用的分析之后，才正式为项目签发项目章程并加以启动。制定项目章程基本上就是将经营需要，实施项目的理由，当前对顾客要求的理解，以及用来满足这些要求的产品、服务或成果形成文件。项目章程应当包括以下内容（直接列入或援引其他文件）。

（1）为满足顾客、赞助人及其他项目相关方需要、愿望与期望而提出的要求。

（2）经营需要、高层项目说明或本项目对应的产品要求。

（3）项目目的或实施项目的理由。

（4）委派的项目经理与权限级别。

（5）总体里程碑进度计划。

（6）项目相关方影响。

（7）职能组织及其参与。

（8）组织、环境与外部假设。

（9）组织、环境与外部制约因素。

（10）说明项目合理性的经营实例，包括投资收益率。

（11）总体预算。

在项目的后续阶段，项目章程将要验证为制定项目所做的各种决定。必要时还核准项目下一阶段并更新该章程。制定项目章程的依据、工具与技术以及成果如图 4.1 所示。

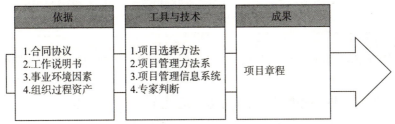

图 4.1　制定项目章程的依据、工具与技术以及成果

4.2.2 制定项目章程的依据

1. 合同协议

如果项目是为外部顾客而进行的,则来自顾客采购组织的合同属于依据。

2. 工作说明书

工作说明书是对项目提供的产品或服务的文字说明。对于内部项目,项目发起人或赞助人根据经营需要、产品或服务要求提供一份工作说明书。对于外部项目,工作说明书属于顾客招标文件的一部分,如建议邀请书、信息请求、招标邀请书或合同中的一部分。工作说明书应当列出如下事项。

(1)经营需要。组织的经营需要可能基于培训需求、市场需求、技术进步、法律要求或政府标准。

(2)产品要求说明书。这是说明项目创造的产品或服务要求与特征的文件。产品要求说明书一般在启动阶段并不详细,而是随着项目的推进,当产品的特征经过逐步思考与推敲后逐渐地详细起来。这些要求中还应阐明欲创造的产品或服务与经营需要或激发这一需要的其他因素之间的关系。虽然产品要求说明书的形式与内容因行业而异,但在任何时候都应当足够详细,并能够用于以后的项目规划。

(3)战略计划。所有的项目都应支持组织的战略目标。在做项目选择决策时,应当将实施组织的战略计划视为考虑因素。

3. 事业环境因素

在制定项目章程时,任何一种以及所有存在于项目周围并对项目成功有影响的组织环境因素与制度都必须加以考虑,包括但不限于如下事项。

(1)组织或公司的文化与组织结构。
(2)政府或行业标准,包括管理部门的规章制度、产品标准、质量标准与工艺标准。
(3)基础设施,包括现有的设施和生产设备。
(4)现有的人力资源,包括技能、专业与知识,设计、开发、法律、合同发包与采购。
(5)人事管理,包括雇用与解雇指导方针、员工业绩评价与培训记录。
(6)公司工作核准制度。
(7)市场情况。
(8)项目相关方风险承受力。
(9)商业数据库,包括标准的费用估算数据、行业风险研究信息与风险数据库。
(10)项目管理信息系统,包括自动化工具套件、进度管理软件工具、配置管理系统、信息收集与分发系统,或者与其他在线自动化系统的联网接口等。

4. 组织过程资产

在制定项目章程及以后的项目文件时,任何一种用于影响项目成功的资产都可以作为组织过程资产。任何一种以及所有参与项目的组织都可能有正式或非正式的方针、程序、计划和原则,所有这些影响因素都必须考虑。组织过程资产还反映了组织从以前项目中吸取的教训和学习到的知识,如完成的进度计划、风险数据和挣值数据。组织过程资产的组织方式因行业、组织和应用领域的类型而异。例如,组织过程资产可以归纳为如下两类。

(1)组织进行工作的过程与程序。其具体内容包括：

①组织标准过程，如标准、方针(安全健康、项目管理)，标准产品与项目生命期，以及质量方针与程序(过程审计、目标改进、核对表，以及供组织内部使用的标准过程定义)。

②标准指导原则、工作指令、建议评价标准与实施效果评价准则。

③模板，包括风险模板、工作分解结构模板与项目进度网络图模板。

④根据项目的具体需要修改组织标准过程的指导原则与准则。

⑤组织沟通要求，包括特定沟通技术、允许使用的沟通媒介、记录的保留，及安全要求。

⑥项目收尾指导原则或要求，包括最后项目审计、项目评价、产品确认，以及验收标准。

⑦财务控制程序，包括时间报告、必要的开支与支付审查、会计编码，以及标准合同条文。

⑧确定问题与缺陷控制、问题与缺陷识别和解决，以及行动追踪的问题与缺陷管理程序。

⑨变更控制程序，包括修改公司正式标准、方针、计划与程序，或者任何项目文件，以及批准与确认任何变更时应遵循的步骤。

⑩风险控制程序，包括风险类型、概率的确定与后果，以及概率与后果矩阵。

⑪批准与签发工作授权的程序。

(2)组织整体信息存储检索知识库。其具体内容包括：

①过程测量数据库，用于搜集与提供过程和产品实测数据。

②项目档案，包括范围、费用、进度、质量基准、实施效果测量基准、项目日历、项目进度网络图、风险登记册、计划的应对行动，以及确定的风险后果。

③历史信息与教训知识库，包括项目记录与文件，所有的项目收尾资料与文件记录，以前项目选择决策结果与绩效的信息，以及风险管理努力的信息。

④问题与缺陷管理数据库，包括问题与缺陷状态、控制信息、问题与缺陷解决和行动结果。

⑤配置管理知识库，包括公司所有正式标准、方针、程序和任何项目文件各种版本与基准。

⑥财务数据库，包括如工时、发生的费用、预算以及任何项目费用超支等信息。

4.2.3 制定项目章程的工具与技术

1. 项目选择方法

项目选择方法是用来确定组织选择项目的，一般分为如下两大类。

(1)效益测定方法，如比较法、评分模型、对效益的贡献或经济学模型。

(2)数学模型，如利用线性、非线性、动态、整数或多目标规划算法。

2. 项目管理方法系

项目管理方法系确定了若干项目管理过程组及其有关的子过程和控制职能，所有这些都结合为一个有机的整体。项目管理方法系可以是仔细加工过的项目管理标准，也可以是正式成熟的过程，还可以是帮助项目管理团队有效制定项目章程的非正式技术。

3. 项目管理信息系统

项目管理信息系统（PMIS）是在组织内部使用的一套系统集成的标准自动化工具。组织的规模越大越成熟，该工具在组织内部的计算机信息系统中实现自动化的可能性就越大。项目管理团队利用项目管理信息系统制定项目章程，在细化项目章程时促进反馈，控制项目章程的变更和发布批准的项目章程。

4. 专家判断

专家判断经常用来评价制定项目章程的依据。在此，专家将知识应用于任何技术与管理细节。任何具有专门知识或训练的集体或个人可提供此类专家知识，知识来源包括：实施组织内部的其他单位；咨询公司；包括客户或赞助人在内的项目相关方；专业和技术协会；行业集团。

4.2.4 制定项目章程的成果

制定项目章程的成果为项目章程。

项目章程是由项目启动者或发起人发布的，正式批准项目成立，并授权项目经理动用组织资源开展项目活动的文件。项目章程应记录业务需要、假设条件、制约因素、对客户需求和高层级需求的理解，及需要交付的新产品、服务或成果。

项目章程的内容包括：项目目的或批准项目的原因；可测量的项目目标和相关的成功标准；高层级需求；假设条件和制约因素；高层级项目描述和边界定义；高层级风险；总体里程碑进度计划；总体预算；相关方清单；项目审批要求（如用什么标准评价项目成功，由谁对项目成功下结论，由谁来签署项目结束）；委派的项目经理及其权责；发起人或其他批准项目章程的人员的姓名和职权。

4.3 制作项目初步范围说明书

4.3.1 项目初步范围说明书的概念

项目初步范围说明书确定了项目的范围，即需要完成的诸多事项。它描述和说明了项目及其产品和服务的特征与边界，以及验收与范围控制的方法。项目初步范围说明书的内容包括：项目与产品的目标；产品或服务的要求与特性；产品验收标准；项目边界；项目要求与可交付成果；项目制约因素；项目假设；项目的初始组织；初步识别的风险；进度里程碑；初步工作分解结构；量级费用估算的排序；项目配置管理要求；审批要求。

项目初步范围说明书利用项目发起人或赞助人提供的信息进行编制。另外，项目管理团队在范围定义过程将说明书进一步细化为项目范围说明书。项目范围说明书的内容因项目的应用领域和复杂程度而异，因此，可能包括上面列出的某些或全部内容。

4.3.2 制作项目初步范围说明书的依据

(1) 项目章程。
(2) 项目工作说明书。

(3)环境因素。
(4)组织过程资产。

制作项目初步范围说明书的依据、工具与技术和成果如图4.2所示。

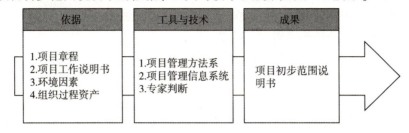

图 4.2　制作项目初步范围说明书的依据、工具与技术和成果

4.3.3　制作项目初步范围说明书的工具与技术

1. 项目管理方法系

项目管理方法系确定了协助项目管理团队制定和变更项目初步范围说明书的过程。

2. 项目管理信息系统

项目管理信息系统是一个自动化系统。项目管理团队利用项目管理信息系统帮助制定项目初步范围说明书，利用系统反馈来修正和调整项目初步范围说明书，控制范围说明书的变更和发布批准的项目范围说明书。

3. 专家判断

项目初步范围说明书中的任何技术与管理细节等方面都会用到专家判断。

4.3.4　制作项目初步范围说明书的成果

成果即项目初步范围说明书。

4.4　制订项目管理计划

4.4.1　项目管理计划的概念

制订项目管理计划过程是指定义、协调与综合所有辅助计划使其成为项目管理计划的一系列活动。项目管理计划的内容因项目的应用领域和复杂程度而异。这一过程所产生的项目管理计划可通过整体变更控制过程加以更新与修改。项目管理计划确定了执行、监视、控制和结束项目的方式与方法，记录了规划过程组的各个规划子过程的全部成果。

(1)项目管理团队确定(选择)的各个项目管理过程。
(2)每一确定过程的实施水平。
(3)对实施这些过程时使用的工具与技术所做的说明。
(4)在管理具体项目中使用选定过程的方式和方法，包括过程之间的依赖关系和相互作用，以及重要的依据和成果。

(5)为了实现项目目标所执行工作的方式、方法。
(6)监控变更的方式、方法。
(7)实施配置管理的方式、方法。
(8)使用实施效果测量基准并使之保持完整的方式、方法。
(9)项目相关方之间的沟通需要与技术。
(10)选定的项目生命期和多阶段项目的项目阶段。
(11)对问题进行思考和认识,处理未决策的事项,对内容、范围和时间安排的关键审查。

项目管理计划详略均可,可由一个或多个辅助计划及其他事项组成。每一个辅助计划和其他组成部分的详细程度都要满足具体项目的需要。这些辅助计划包括但不限于如下内容:项目范围管理计划;进度管理计划;费用管理计划;质量管理计划;过程改进计划;人员配备管理计划;沟通管理计划;风险管理计划;采购管理计划。

其他组成部分包括但不限于如下事项:里程碑清单;资源日历;进度基准;费用基准;质量基准;风险登记册。制订项目管理计划的依据、工具与技术和成果如图4.3所示。

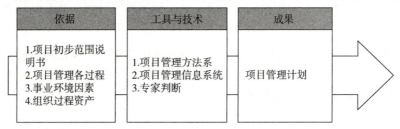

图 4.3 制订项目管理计划的依据、工具与技术和成果

4.4.2 制订项目管理计划的依据

(1)项目初步范围说明书。
(2)项目管理各过程。
(3)事业环境因素。
(4)组织过程资产。

4.4.3 制订项目管理计划的工具与技术

1. 项目管理方法系

项目管理方法系确定了协助项目管理团队制订和控制项目管理计划变更的过程。

2. 项目管理信息系统

项目管理信息系统是一个自动化系统,项目管理团队利用项目管理信息系统制订项目管理计划,并积极反馈,控制项目管理计划的变更,发布批准的项目管理计划。

(1)配置管理系统。它是整个项目管理信息系统的一个子系统。该系统包括的过程用于提交变更建议,追踪变更建议的审查与批准制度,确定变更的批准级别,以及确认批准的变更方法。在大多数应用领域,配置管理系统包含变更控制系统。配置管理系统还是一系列正式的程序,用于为下列事项提供技术支持和管理指导:

①识别产品或组成部分的功能与实体特征并形成文件。
②控制上述特征的所有变更。
③记录并报告每一变更及其实施状况。
④辅助产品或组成部分的审查,核实是否符合要求。

(2)变更控制系统。这是一系列正式的程序,用于确定控制、改变和批准项目可交付成果与文件的方式、方法。变更控制系统是配置管理系统的一个子系统。例如,对于信息技术系统而言,变更控制系统可以包括每一软件组件的技术规定说明书(脚本、源代码、数据定义语言等)。

3. 专家判断

项目管理计划中的任何技术与管理细节等方面都会用到专家判断。

4.4.4 制订项目管理计划的成果

成果即项目管理计划。

4.5 指导与管理项目执行

4.5.1 指导与管理项目执行的概念

指导与管理项目执行过程要求项目经理和项目团队采取多种行动执行项目管理计划,以完成项目范围说明书中明确的工作。这些行动包括以下内容。

(1)开展活动实现项目目标。
(2)付出努力与资金,实现项目目标。
(3)人员配备、培训并管理分派到本项目上的项目团队成员。
(4)根据具体情况取得报价、标书、要约或建议书。
(5)在潜在的卖方中间进行比较,选定卖方。
(6)取得、管理并使用资源,包括材料、工具、设备与设施。
(7)实施已列入计划的方法和标准。
(8)创造、控制、核实并确认项目可交付成果。
(9)管理风险并实施风险应对活动。
(10)管理卖方。
(11)将批准的变更纳入项目的范围、计划和环境。
(12)建立并管理项目团队内外的项目沟通渠道。
(13)收集项目数据并报告费用、进度、技术与质量绩效,以及有助于预测的状态信息。
(14)收集与记载吸取的教训,并实施批准的过程改进活动。

项目经理与项目管理团队一起指导计划项目活动的开展,并管理项目内部各种技术与组织接口。指导与管理项目执行的过程直接受到项目应用领域的影响。可交付成果作为该过程的输出部分,是为了完成项目管理计划中有关项目活动的计划和进度安排。收集有关可交付成果的完成状况,以及已经完成了哪些工作的工作绩效信息,属于项目执行的一部分,并成为绩效报告过程的依据。虽然项目的产品、服务或成果经常是诸如建筑物、道路等有形之物,但也会提供诸如训练等无形的可交付成果。

指导与管理项目执行还要求实施以下内容。

(1)批准的纠正措施,使项目实施的预期结果始终符合项目管理计划的要求。

(2)批准的预防措施,降低潜在的消极后果发生的可能性。

(3)批准的缺陷补救请求,纠正质量过程发现的产品缺陷。指导与管理项目执行的依据、工具与技术和成果如图4.4所示。

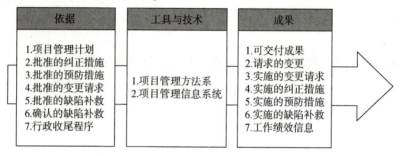

图4.4 指导与管理项目执行的依据、工具与技术和成果

4.5.2 指导与管理项目执行的依据

(1)项目管理计划。

(2)批准的纠正措施。为保证项目将来实施的结果,始终符合项目管理计划的要求而批准并形成文件的指示。

(3)批准的预防措施。为了降低项目风险的消极后果发生的可能性而批准并形成文件的指示。

(4)批准的变更请求。批准的变更请求就是为了扩大或缩小项目范围而批准并形成文件的变更。批准的变更请求还可能修改方针、项目管理计划、程序、费用或预算,或修改进度计划。批准的变更请求由项目团队安排实施的时间进度。

(5)批准的缺陷补救。批准的缺陷补救就是为了纠正质量检查或审计过程中发现的产品缺陷,而批准并形成文件的请求。

(6)确认的缺陷补救。确认的缺陷补救就是否决验收和经过修理并需要重新检查物件而发出的通知。

(7)行政收尾程序。行政收尾程序记载了在执行项目行政收尾程序时,需要的所有活动相互磋商与配合,以及有关的角色与责任。

4.5.3 指导与管理项目执行的工具与技术

1. 项目管理方法系

项目管理方法系确定了帮助项目团队执行项目管理计划的过程。

2. 项目管理信息系统

项目管理信息系统是一个自动化系统,是协助项目管理团队开展项目管理计划和进度计划中的活动时使用的工具。

4.5.4 指导与管理项目执行的成果

1. 可交付成果

可交付成果是任何在项目管理规划文件中记录,并为了完成项目而必须生成和提交的独特并可核实的产品、成果或提供服务的能力。

2. 请求的变更

要求扩大或缩小项目范围,修改方针或程序,修改项目费用或预算,或修改项目进度计划的变更,通常是在项目工作开展过程中确定的。变更请求可以直接或间接、内部或外部提出,可以是可选择的,也可以是法律或合同强制要求的。

3. 实施的变更请求

由项目管理团队在项目执行过程中实施的批准的变更请求。

4. 实施的纠正措施

由项目管理团队为了保证项目将来的实施结果符合项目管理计划的要求而付诸实施的批准的纠正措施。

5. 实施的预防措施

由项目管理团队为了减小项目风险的后果而付诸实施的批准的预防措施。

6. 实施的缺陷补救

由项目管理团队在项目执行过程中实施的批准的产品缺陷补救。

7. 工作绩效信息

按常规收集有关为了完成项目工作而进行的项目活动工作状态的信息和数据,属于执行项目管理计划的一部分。工作绩效信息包括但不限于以下内容:

(1)表明进度绩效的状态信息。
(2)已经完成与尚未完成的可交付成果。
(3)已经开始与已经完成的计划活动。
(4)质量标准满足的程度。
(5)批准与已经开销的费用。
(6)对完成已经开始的计划活动的估算。
(7)绩效过程中的计划活动实际完成百分比。
(8)吸取并已记录且转入经验教训知识库的教训。
(9)资源利用的细节。

4.6 监视与控制项目工作

4.6.1 监视与控制项目工作的概念

监视与控制(即监控)项目工作过程是监视和控制启动、规划、执行和结束项目所需的各个过程,采取纠正或预防措施控制项目的实施效果。监视是贯穿项目始终的项目管理的一个方面。监视包括收集、测量和发布绩效信息，并评价测量结果和实施过程改进的趋势。连续的监视使项目管理团队能够洞察项目的状态是否正常，并识别任何可能需要特别注意的事项。监控项目工作过程的对象有以下几种。

(1) 对照项目管理计划比较项目的实际表现。

(2) 评价项目的绩效，判断是否出现了需要采取纠正或预防措施的迹象，并在必要时提出采取行动的建议。

(3) 分析、跟踪并监视项目风险，及时识别风险，报告其状态，执行适当的应对计划。

(4) 建立有关项目产品以及有关文件的准确和及时的信息库，并保持到项目完成。

(5) 为状态报告、绩效测量和预测提供信息支持。

(6) 为更新当前的费用和进度信息提供预测。

(7) 在实施批准的变更时进行监视。

监控项目工作的依据、工具与技术和成果如图 4.5 所示。

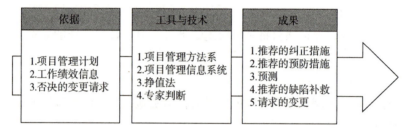

图 4.5　监控项目工作的依据、工具与技术和成果

4.6.2　监控项目工作的依据

(1) 项目管理计划。

(2) 工作绩效信息。

(3) 否决的变更请求。

4.6.3　监控项目工作的工具与技术

1. 项目管理方法系

项目管理方法系确定了协助项目管理团队按照项目管理计划监控正在进行的项目工作的过程。

2. 项目管理信息系统

项目管理信息系统是一个自动化系统，项目管理团队利用项目管理信息系统监控项目管理计划和进度计划中的活动的执行。项目管理信息系统还在必要时用于做出新的预测。

3. 挣值法

挣值法从项目的启动开始一直到项目收尾结束始终测量项目的实施结果。挣值法还是根据过去的实施结果预测未来绩效的一种手段。

4. 专家判断

项目管理团队利用专家判断监控项目工作。

4.6.4 监控项目工作的成果

1. 推荐的纠正措施

纠正措施是为了保证项目将来的绩效符合项目管理计划而提出并形成了文件的建议。

2. 推荐的预防措施

预防措施是为了降低项目风险不良后果发生概率而提出并形成了文件的建议。

3. 预测

预测包括根据预测时可利用的信息和知识,对项目将来的状况和事件做出的估算或预先估计。预测根据执行项目时提供的工作绩效信息加以更新并重新发布。这一信息同能够影响项目未来的过去的绩效有关。例如,完成时估算与完成尚待估算。

4. 推荐的缺陷补救

对某些在质量检查与审计过程中发现的缺陷提出的纠正建议。

5. 请求的变更

4.7 整体变更控制

4.7.1 整体变更控制的概念

1. 内容

整体变更控制过程贯穿于项目的始终。由于项目很少会准确地按照项目管理计划进行,因而变更控制必不可少。项目管理计划、项目范围说明书,以及其他可交付成果必须通过不断地认真管理变更才能维持。否决或批准变更请求应保证将得到批准的变更反映到基准之中。整体变更控制过程包括下列变更管理活动,这些活动的详细程度由项目执行的完成情况决定。

(1)确定是否需要变更或者变更是否已经发生。

(2)对妨碍整体变更控制的因素施加影响,保证只实施经过批准的变更。

(3)审查和批准请求的变更。

(4)控制申请变更的流程,在发生变更时管理批准的变更。

(5)仅允许将被批准的变更纳入项目产品或服务之中,维护基准的完整,并维护与项目产品或服务有关的配置和规划文件。

(6)审查与批准所有的纠正和预防措施建议。

(7)根据批准的变更控制与更新范围、费用、预算进度和质量要求,协调整个项目的变更。例如,提出的进度变更通常会影响到费用、风险、质量与人员配备。

(8)将请求的变更的全部影响记录在案。

(9)确认缺陷补救。

(10)根据质量报告并按照标准控制项目质量。

提出的变更可能要求编制新的费用预算或者修改费用预算,重新安排计划活动的顺序，确定新的进度日期，提出新的资源要求，以及重新分析风险应对办法。这些变更可能要求调整项目管理计划、项目范围说明书，或其他项目可交付成果。附带变更控制的配置管理系统是集中管理项目内变更的标准过程，且效率高、效果好。附带变更控制的配置管理包括识别、记录和控制基准的变更。施加变更控制的程度取决于应用领域、具体项目的复杂程度、合同要求，以及实施项目的环境与内外联系。

2. 目标

在整个项目范围内的应用配置管理系统，包括变更控制各过程，以实现三个主要目标。

(1) 建立方法，始终识别与提出对既定基准的变更，并估计这些变更的价值与有效性。

(2) 通过考虑每一项变更的影响，不断地确认与改进项目的机会。

(3) 为项目管理团队提供将所有的变更始终如一地通知项目相关方的机制。

3. 配置管理活动

整体变更控制过程中的配置管理活动包括以下几个。

(1) 配置识别。确定与核实产品配置、标识产品、管理变更，及保持信息公开。

(2) 配置状态核算。捕捉、存储和评价有效地管理产品和产品信息所需的配置信息。

(3) 配置核实与审计。查明配置文件中确定的性能与功能要求已经达到。

每一个记入文件的变更申请必须由项目管理团队内部的有权者，或者代表某一外部组织的发起人、赞助人或顾客认可或否决。许多时候，整体变更控制过程包括一个负责批准或否决变更请求的变更控制委员会。配置控制与变更控制程序明确规定了这些委员会的角色与责任，并得到了赞助人、顾客和其他项目相关方的同意。许多大组织设立了多层次变更控制委员会的结构，分清了各委员会的责任。如果项目是根据合同进行的，则提出的某些变更必须由顾客批准。

整体变更控制的依据、工具与技术和成果如图4.6所示。

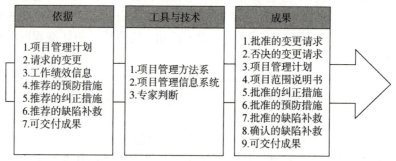

图4.6 整体变更控制的依据、工具与技术和成果

4.7.2 整体变更控制的依据

(1) 项目管理计划。

(2) 请求的变更。

(3) 工作绩效信息。

(4) 推荐的预防措施。

(5) 推荐的纠正措施。

(6)推荐的缺陷补救。
(7)可交付成果。

4.7.3 整体变更控制的工具与技术

1. 项目管理方法系

项目管理方法系确定了协助项目管理团队实施项目整体变更控制的过程。

2. 项目管理信息系统

项目管理信息系统是一个自动化系统,项目管理团队将项目管理信息系统当作实施项目整体变更控制的一个辅助工具,促进项目反馈和控制整个项目变更。

3. 专家判断

项目管理团队利用在变更控制委员会具有专家判断的项目相关方,控制与批准项目各个方面的所有变更请求。

4.7.4 整体变更控制的成果

(1)批准的变更请求。
(2)否决的变更请求。
(3)项目管理计划(更新)。
(4)项目范围说明书(更新)。
(5)批准的纠正措施。
(6)批准的预防措施。
(7)批准的缺陷补救。
(8)确认的缺陷补救。
(9)可交付成果。

4.8 项目收尾

4.8.1 项目收尾的概念

项目收尾过程是实施项目管理计划中的项目收尾部分。这一过程包括最后了结所有项目管理过程组完成的所有活动,正式结束项目或项目阶段,移交已完成或取消的项目。项目收尾过程还建立某些程序,用以协调核实项目可交付成果的各项活动并形成文件,协调并与顾客或赞助人联系和沟通,使其正式验收这些可交付成果,并调查在项目未能完成就终止时采取行动的理由并将其形成文件。以下两个程序用于确定实施整个项目或一个项目阶段各项收尾活动时需要的配合关系。

(1)行政收尾程序。本程序详细规定了项目团队成员与参加执行项目行政收尾的其他项目相关方的所有活动及关系,以及对应的角色与责任。实施行政收尾过程还将收集项目记录、分析项目成败、收集吸取的教训,以及将项目信息存档供本组织将来使用等活动统一为一个整体。

(2)合同收尾程序。该程序包括结清与了结项目的所有合同协议,以及确定配合项目正式行政收尾的有关活动时需要的所有活动及关系。这一程序既涉及产品核实(所有的工作均正确而又满意地完成了),又涉及行政收尾(更新合同记录,反映最后的结果,将信息存档供将来使用)。合同条款与条件也可能对合同收尾做具体规定,若有规定,则必须成为本程序的一部分。合同的提前终止属于合同收尾的特例,例如,可能是无力提交产品,预算超支,或缺少必要的资源。本程序属于合同收尾的依据。

项目收尾的依据、工具与技术和成果如图 4.7 所示。

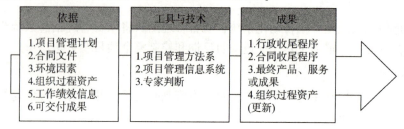

图 4.7 项目收尾的依据、工具与技术和成果

4.8.2 项目收尾的依据

(1)项目管理计划。

(2)合同文件。合同文件是实施合同收尾过程的依据之一,包括合同本身,以及合同变更和其他文件(如技术方法、产品说明书,或可交付成果验收准则与程序)。

(3)环境因素。

(4)组织过程资产。

(5)工作绩效信息。

(6)可交付成果。

4.8.3 项目收尾的工具与技术

1. 项目管理方法系

项目管理方法系确定了协助项目管理团队实施项目行政与合同收尾程序的过程。

2. 项目管理信息系统

项目管理团队利用项目管理信息系统实施整个项目行政与合同收尾程序。

3. 专家判断

项目管理团队利用专家判断,制定与实施项目行政与合同收尾程序。

4.8.4 项目收尾的成果

1. 行政收尾程序

本程序包含参与执行行政收尾程序的项目团队成员的所有活动与有关的角色和责任,是制定和建立将项目产品或服务移交生产或运营的程序。该程序是一种逐步完成的行政收尾方法,处理的对象有以下三个。

(1)确定项目相关方批准变更和所有级别可交付成果要求的行动与活动。

(2)确认项目已满足所有赞助人、顾客和其他项目相关方的要求,核实所有可交付成果已经提供并验收,以及确认完成与出口准则已经遵循所需要的行动与活动。

(3)满足项目完成与出口准则所需要的行动与活动。

2. 合同收尾程序

制定这一程序是为合同收尾提供一种逐步、顺序处理合同条款与条件,以及任何必要的完成与出口准则的方法。其中包括项目团队成员、顾客,以及参与合同收尾过程的其他项目相关方的所有活动和有关的责任。正式采取的行动了结已完成项目的所有合同。

3. 最终产品、服务或成果

正式验收与移交授权项目提交的最终产品、服务或成果。验收时收到正式说明书,说明已经满足了合同条款的要求。

4. 组织过程资产(更新)

收尾包括利用配置管理系统为项目文件编制一份索引。

(1)正式验收文件。顾客或赞助人已经正式确认,顾客的要求及项目产品、服务或成果的技术规定已经满足。这份确认文件正式表明,顾客或赞助人已经正式验收了可交付成果。

(2)项目档案。项目活动产生的文件,如项目管理计划、范围、费用、进度和质量基准,项目日历,风险登记册,规划的风险应对行动,以及风险后果。

(3)项目收尾文件。项目收尾文件包括表明项目已经完成,完成的项目可交付成果已移交给诸如某运营单位等其他人的正式文件。当项目尚未完成就提前终止时,这份正式文件就指明了项目终止的原因,并履行正式程序,将取消项目的已完成与未完成可交付成果移交他人。

(4)历史信息。历史与吸取的教训信息转移到吸取的教训知识库,供将来的项目使用。

本章小结

项目整体管理从全局性的观点出发,有机地协调项目的各个方面和要素之间的关系,消除了项目各单项管理的局限性。本章首先介绍了项目整体管理的基本概念、作用、特征以及工作过程,然后分别介绍了制定项目章程、制作项目初步范围说明书、制订项目管理计划、指导与管理项目执行、监视与控制项目工作、整体变更控制和项目收尾七个项目整体管理过程的概念、依据、工具与技术、成果。

习 题

一、判断题

1. 项目整体管理的目的就是最大化地实现项目相关方的利益,甚至可以不惜牺牲项目单项管理的目标。   (   )

2. 项目的进度、项目成本费用和项目质量之间的关系是对立统一的。   (   )

3. 项目变更申请可以由项目业主提出，也可以由项目团队提出，但不能由其他项目相关方提出。（   ）

二、单选题

1. 若项目预算第1年是15亿元，第2年是30亿元，第3年是2亿元，第4年是6亿元，你认为项目预算的大部分用在(   )阶段。
   A. 项目计划的执行　　　B. 项目启动　　　C. 项目整体变更控制　　　D. 项目收尾

2. 在(   )情况下，当项目变更控制委员会还没有介入时即可自动认可。
   A. 由项目发起人建议的变更　　　B. 由客户建议的变更
   C. 由承包商建议的变更　　　D. 因紧急情况引起的变更

3. 下列表述正确的是(   )。
   A. 项目成本随着进度的减少而增加
   B. 项目成本随着进度的拖延而减少
   C. 项目质量标准的提高会增加项目的成本
   D. 在对项目进度、成本和质量整体管理时，应该同时协调这三个方面

4. 你是一家谷物食品公司的项目经理，你正在开发一种动物饲料，该饲料包含预防口蹄疫的疫苗。你的项目主办人最近完成了华盛顿大学的项目管理硕士学位的学习，她要求你向她描述项目的整体产品范围。你告诉她这是(   )。
   A. 项目整合管理控制计划的总和
   B. 由工作分解结构中的非项目管理要素构成的工作包
   C. 工作分解结构和项目活动列表
   D. 有关各方批准的项目要求

5. 你负责管理一个大项目，涉及20个内部主要相关方，他们代表7个大公司。这个大项目涉及8个不同的承包商，它们的工作必须相互协调。你直接管理的项目团队有6个团队领导，每个团队领导各带领一支由15人组成的团队。因此，你认识到必须投入大量的精力进行有效的整体变更控制。这意味着你主要关心(   )。
   A. 引发变更的影响因素，判断变更发生以及变更发生后对实际变更的管理
   B. 保持基准线的整体性，整合产品和项目的范围，在各个不同的知识领域之间协调变更
   C. 整合来自项目的不同职能部门的可交付成果
   D. 建立一个变更委员会来监视所有的项目变更

6. 你是一个项目经理，负责完成一个新的计算机系统。管理层希望项目能在低成本的情况下实现高收益。你希望能够将时间、成本和产品的功能很好地结合起来，这样从长远的角度来看是增加了项目的价值。但是，项目的一个承包商雇用了高级编程员，这使得该承包商比其他几个承包商的成本高。当与相关方一起工作时，你应该(   )。
   A. 把相关方分成容易辨别的几类
   B. 对于那些会给项目带来反面影响的相关方，提早对其行为进行干预
   C. 要认识到不同的相关方往往持有不同的目标，而这也使得相关方的管理工作非常困难
   D. 认识到角色和义务可能会出现交叠

7. 某个项目第一年的预算是150万元，第二年的预算是300万元，第三年的预算是

300万元，第四年的预算是80万元。在哪个阶段项目的预算成本最高？（　　）
   A. 项目计划编制阶段　　　　　　　B. 项目计划实施阶段
   C. 全面变更控制阶段　　　　　　　D. 项目启动阶段

8. 你正在编制一个项目计划。目前有一个专家对本项目的顺利完成具有非常重要的价值，但是你不知道她什么时候能来支持你的项目。因此，你只能先假设了项目的开始时间。这表明假设一般也会包含一些风险因素，因为它们（　　）。
   A. 是根据过去的经验做出的假设
   B. 可能没有已有数据或信息的支持
   C. 包括了一些限制项目管理团队选择空间的因素
   D. 包括了一些假定为正确、实际或者确定的因素

9. 你管理着一个电子设备的项目，需要建立一个变更控制委员会来负责项目变更建议的审查和处理工作。在你成立这个委员会的时候，你还确立了支配其运作的具体程序和规则。这个程序要求所有得到批准的变更都要在下列哪一项中得到反映（　　）？
   A. 业绩衡量基准线　　B. 变更管理计划　C. 质量保证计划　　D. 项目计划

三、多选题

1. 项目整体管理和其他的项目单项管理相比，具有（　　）。
   A. 综合性　　　　　B. 全局性　　　　　C. 总体性　　　　　D. 系统性
2. 下列选项中，能提高价值系数的途径有（　　）。
   A. 增加功能，提高成本费用　　　　B. 功能不变，成本费用增加
   C. 功能不变，成本费用下降　　　　D. 增加功能，降低成本费用
3. 项目整体计划在执行时所需要的依据有（　　）。
   A. 各种计划性文件　　　　　　　　B. 项目组织的政策和规定
   C. 纠偏行动信息　　　　　　　　　D. 整体计划的修订信息
4. 在项目变更的整体控制时，应该（　　）。
   A. 不改变项目业绩衡量的指标体系　B. 使项目的工作结果与项目的计划一致
   C. 遵循成本效益原则　　　　　　　D. 协调好项目各个方面的变化

四、思考题

1. 项目整体管理的概念和内容有哪些？
2. 项目整体计划的作用有哪些？
3. 简述项目整体计划的作用。
4. 简述执行项目整体计划的工作内容。

案例分析题

张宏是A企业资源优化项目的项目经理，王伟是该项目的技术负责人，客户需求框架已经完成，张宏打算和客户签订合同，他想让王伟先估算一下该项目开发所需要的时间，客户要求在本年年末交付使用。

但王伟说，他无法知道该项目开发所需要的具体时间，即使现在定了时间，年末也不可能按时完成。他的理由是：首先，客户的需求不够明确；其次，项目的变更无

法预见；最后，项目的技术风险不能估算。他说必须要等做完技术试验才可以确定工期。

讨论：

1. 你认为该项目的项目经理张宏是一个合格的项目经理吗？
2. 如果你是项目经理，你认为该项目的问题出在哪里？下一步应该如何改进？
3. 你认为该项目的技术负责人王伟处理问题的方式正确吗？为什么？应如何改进？

第 5 章 项目范围管理

教学目标

1. 理解项目范围管理的概念、意义；
2. 掌握工作分解技术，并做出工作分解结构(WBS)；
3. 掌握项目范围变更控制的方法和技术；
4. 掌握五个工作过程的依据、工具与技术和成果。

案例导读

陈伟明是公司的项目经理，在项目 A 筹备阶段就作为项目经理助理参与该项目，项目正式实施后被公司任命为项目经理。但使陈感到恼火的是：其他职能部门的经理虽然为该项目安排了时间和人手，但他们更热衷于其他项目。同时，陈还被告知不要干涉部门经理对资源的调度和费用的预算。

半年之后，陈借向公司管理层汇报项目进度的机会，向管理层说明了由于职能经理不合作而造成的项目严重拖期情况，这次汇报引起了公司管理层的注意，投入了更多的资源以使项目回到正常轨道，陈不得不花费很多时间来准备文案、报告和投影及各种各样的会议。

公司管理层还为陈指定了一个项目经理助理，该助理认为应该通过计算机程序把各种问题程序化，于是公司又投入了 12 个人来开发这个程序，在花费了巨额资金之后，陈发现这个程序并不能实现其目标，他向一个软件供应商进行了咨询，得知若要完成该程序，还需要多花费数倍的资金和两个月的时间，无奈之下，陈只好放弃了该程序。这个时候项目已经很困难了，时间滞后了三个月，但还没有完成成形的单元，客户对项目拖期问题非常关注，陈不得不花大量时间向客户解释存在的问题和补救计划。

三个月之后，项目仍然没有大的进展，客户开始不耐烦了，尽管陈进行了大量的解释和说明，但客户仍然不能接受，于是指派了客户代表到项目现场监督工作。

客户代表要求找出问题并持续更新，继而试图参与进来解决问题，陈和客户代表在一些问题上产生了激烈的冲突，导致两人关系恶化。

公司管理层最后撤换了陈伟明，项目 A 在超期一年之后，以预计费用的 140% 最终完成。陈伟明在项目 A 中遇到了很多项目经理都曾经遇到的困难，为什么他被撤换下来，他应该为这些问题负责吗？

5.1 项目范围管理概述

项目范围管理就是对一个项目从立项到完结的全过程所涉及的项目工作的范围进行的管理和控制活动。这里的项目范围包括且只包括完成该项目、实现项目目标、获得项目产出物所"必需"的全部工作。项目的工作范围既不应超出生成既定项目产出物和实现既定项目目标的需要，也不能少于这种需要。本章将全面介绍项目范围管理的理论、工具、技术、方法和程序。

5.1.1 项目范围管理的概念

项目范围是指为了成功实现项目目标所必须完成的全部且最少的工作。在这个定义中有如下两层含义。

(1) 全部的——是指实现该项目目标所进行的"所有工作"，任何工作都不能遗漏，否则将会导致项目范围"萎缩"。

(2) 最少的——是指完成该项目目标所规定的"必要的、最少量"的工作，不进行此项工作就无法最终完成项目，工作范围不包括那些超出项目可交付成果需求的多余工作，否则将导致项目范围"蔓延"。

通过对项目范围的界定，项目组织就能明确项目所要完成的各项工作了。

在此还要注意区分产品范围和项目范围的概念，产品范围是指客户对项目最终产品或服务所期望包含的特征和功能的总和，项目范围是为了交付满足产品范围要求的产品或服务所必须完成的全部工作的总和。项目范围最终是以产品范围为基础而确定的，产品范围对产品要求的深度和广度决定了项目工作范围的深度和广度。产品范围的完成情况是参照客户的要求来衡量的，而项目范围的完成情况则是参照计划来检验的。

项目范围管理实质上是一种功能管理，它是确保项目成功完成所需的全部工作，但又只包括必须完成的工作的各个过程。其主要任务是确定与控制那些应该和不应该包括在项目之内的过程。

5.1.2 项目范围管理的主要内容

按照美国项目管理协会(PMI)的说法，项目范围管理的主要内容有以下一些。

1. 项目起始工作

项目起始工作是指项目的业主/客户向某个内部或外部组织授权，委托其开始一个新项目的筹备工作，或者委托其分析与决策是否可以开始一个项目阶段的工作。项目范围管理中的项目起始工作的主要内容包括：拟定项目(或项目阶段)说明书，分析和决策项目

(或项目阶段)是否继续开展,选派合格的项目经理等。

2. 界定项目范围

界定项目范围是指根据项目产出物的要求与描述和项目的目标,全面界定一个项目的工作和任务的项目范围管理工作。项目范围界定可以将一个项目的任务范围予以明确并将一个项目的任务进一步细分为更为具体和更便于管理的部分和活动。

3. 确认项目范围

确认项目范围是指由项目的业主/客户或者其他项目决策者,确认并接受通过项目范围界定工作而给出的项目范围和任务,以及将这种对于项目范围的确认编制成正式文件的项目范围管理工作。项目范围的确认可以使项目的任务范围获得正式的认定。

4. 编制项目范围计划

编制项目范围计划是指由项目组织编写和制定一个书面项目范围描述文件的工作。一个项目的范围计划文件规定了项目的产品范围和工作范围,以及项目范围所规定任务的计划和安排,它是未来项目各阶段起始工作的决策基础和依据。

5. 项目范围变更控制

项目范围变更控制是指对于那些由项目业主/客户、项目组织或团队等项目相关利益者提出的项目范围变更所进行的控制与管理工作。这是一项贯穿于整个项目实施过程中的项目范围管理活动。

这些项目范围管理工作对整个项目的管理是有决定作用和影响的。一般情况下,在项目的不同阶段都需要开展项目范围管理。

5.1.3 项目范围管理的作用

项目范围管理在项目管理中具有十分重要的作用,主要体现在下述几个方面。

(1)为项目实施提供工作范围的边界和框架。项目范围管理最重要的作用就是为项目实施提供了一个项目工作范围的边界和框架,并通过该边界和框架去规范项目组织的行动。在澄清了项目工作范围和条件之后,人们就可以放弃不必要的工作和各种不切合实际的想法。

(2)提高资金、时间、人力和其他资源估算的准确性。项目的具体工作内容明确以后,项目组可以依据各项具体工作来规划其所需的资金、时间、人力和其他资源,这样对整体和各项工作的需求估计就容易多了。

(3)确定进度测量和控制的基准,便于对项目的实施进行有效的控制。项目范围是项目计划的基础,项目范围为项目进度计划的执行和控制确定了基准,从而可以采取相应的纠偏行动。

(4)有助于清楚地分派责任。一旦项目范围界定了,也就确定了项目的具体工作任务,为进一步分派任务奠定了基础。

5.1.4 项目范围管理的工作过程

项目范围管理主要有五个工作过程,具体如图 5.1 所示。

这些过程不仅彼此之间,还与其他知识领域过程存在交互作用。根据项目需要,每个过程可能涉及一个或多个人所付出的努力。每个过程在每个项目或在多阶段项目中的每一阶段至少出现一次。

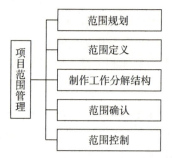

图 5.1　项目范围管理的五个工作过程

5.2　项目范围规划

5.2.1　项目范围规划的概念

项目的范围是对项目的界限进行的定义。从利益相关者的角度来看，范围是指项目中的交付物的总和。范围的确定是逐渐进行的，从最初对于项目最终交付物的概念，到在项目发展中对于交付物越来越细节的描述的文件，逐步深入。范围和交付物就是包含在项目中的全部内容（功能的、技术的、界面特征）。项目应该交付所有在项目范围内所描述的内容。范围内不包括的任何工作都不应该在项目中开展。在某些类别的项目中，范围包括地理和用户的环境，由项目产生或改变的系统将在这个环境中运行。

项目范围规划是一种规划工具，说明项目团队如何确定项目范围，制作详细的项目范围说明书，确定与制作工作分解结构，确认项目范围，以及控制项目范围。制定项目范围规划与确定项目范围的细节是从分析项目章程、项目初步范围说明书、最新的项目管理计划，组织过程资产中涵盖的历史信息，以及任何有关的环境因素开始的。

项目范围规划的依据、工具与技术、成果如图 5.2 所示。

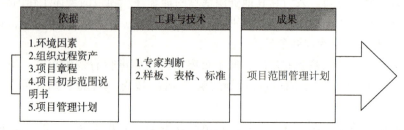

图 5.2　项目范围规划的依据、工具与技术、成果

5.2.2　项目范围规划的依据

（1）环境因素。环境因素包括组织文化、基础设施、工具、人力资源、人事方针，以及市场状况。所有这些因素都会影响项目范围的管理方式。

(2)组织过程资产。组织过程资产是能够影响项目范围管理方式的正式与非正式的方针、程序和指导原则。对项目范围规划有具体关系的过程资产包括以下几个。

①与项目范围规划和管理有关的组织方针。
②与项目范围规划和管理有关的组织程序。
③可能存放于吸取的教训知识库中的历史信息。

(3)项目章程。
(4)项目初步范围说明书。
(5)项目管理计划。

5.2.3 项目范围规划的工具与技术

1. 专家判断

在制订项目范围管理计划时,利用专家就以往同等项目的范围管理方式所做出的判断。

2. 样板、表格、标准

样板可能包括工作分解结构样板、范围管理计划样板与项目范围变更控制表格。

5.2.4 项目范围规划的成果

成果即项目范围管理计划。

项目范围管理计划是项目管理团队确定、记载、核实、管理和控制项目范围的指南。项目范围管理计划的内容有以下一些。

(1)根据项目初步范围说明书编制详细项目范围说明书的过程。
(2)能够根据详细的项目范围说明书制作工作分解结构,并确定如何维持与批准该工作分解结构的过程。
(3)规定如何正式核实与验收项目已完成可交付成果的过程。
(4)控制详细项目范围说明书变更请求处理方式的过程。该过程同整体变更控制过程有直接联系。

项目范围管理计划包含在项目管理计划之内,也可作为其中一项辅助计划。项目范围管理计划可以是正式或非正式的,极为详细或相当概括的,具体视项目的需要而定。

5.3 项目范围定义

5.3.1 项目范围定义的概念

项目范围定义就是把项目的初步范围说明书细化成详细的项目范围说明书,并以此为依据,把项目的主要可交付成果划分为较小的、更易管理的单元,形成工作分解结构的过程。

项目范围说明书的详细程度关系到项目的成败。在项目规划阶段,随着信息的逐渐丰富，项目范围变得更加具体和细化。此时，项目相关方的需要、期望转化成项目需求；项目假设和制约因素也要考虑进来，必要时可以添加。

项目范围定义的依据、工具与技术、成果如图5.3所示。

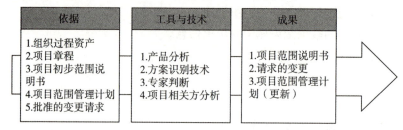

图 5.3　项目范围定义的依据、工具与技术、成果

5.3.2　项目范围定义的依据

（1）组织过程资产。

（2）项目章程。如果实施组织不使用项目章程，则应取得或提出类似的信息，并用于制定详细的项目范围说明书。

（3）项目初步范围说明书。如果实施组织不使用项目初步范围说明书，则应取得或提出类似的信息，包括产品范围说明书，并用于制定详细的项目范围说明书。

（4）项目范围管理计划。

（5）批准的变更请求。批准的变更请求可能会改变项目范围、项目质量、费用估算或项目进度。变更通常是在项目工作的进行过程中识别和批准的。

5.3.3　项目范围定义的工具与技术

1. 产品分析

将项目目标变成有形的可交付成果和要求说明书，每一应用领域都有一个或多个公认的方法。产品分析包括产品分解、系统分析、系统工程、价值工程、价值分析和功能分析等技术。

2. 方案识别技术

方案识别技术是提出执行与实施项目的不同方案的一种技术。本章通常使用各种各样的通用管理技术，最常用的是头脑风暴法与侧面思考法。

3. 专家判断

4. 项目相关方分析

项目相关方分析识别各种各样项目相关方的影响和利益，并将其需要、愿望与期望形成文件。分析之后，对这些需要、愿望与期望进行选择，确定重要性大小顺序，加以量化，并编写出要求说明书。不能量化的期望通常具有主观性，如顾客的满意程度，这些期望能被满足存在较大的风险。项目相关方的利益可能受到项目执行或完成的影响（有利或不利的），因此他们也会对项目及其可交付成果施加影响。

5.3.4 项目范围定义的成果

1. 项目范围说明书

项目范围说明书详细说明了项目的可交付成果和为提交这些可交付成果而必须开展的工作。项目范围说明书还是所有项目相关方对项目范围的共同理解，说明了项目的主要目标。项目范围说明书还使项目团队能够实施更详细的规划，在执行过程中指导项目团队的工作，并构成了评价变更请求或增加的工作是否超出了项目边界的基准。

项目范围说明书对于哪些工作要做和不要做的明确程度和水平，决定了项目管理团队控制整个项目范围的好坏。管理项目范围进一步决定了项目管理团队规划、管理和控制项目执行的好坏。详细的项目范围说明书可能直接或以引用其他文件的形式间接包括如下事项。

(1) 项目目标。项目目标包括可测量的项目成功标准。项目可能有各种各样的运营方式、费用、进度、技术和质量目标。项目目标可能还包括费用、进度和质量指标。每一个项目目标都有属性，如费用目标以元为计量单位，并有绝对或相对数值，例如，少于150万元。

(2) 产品范围说明书。产品范围说明书说明了项目应创造的产品、服务或成果的特征。这些特征通常在早期阶段不够详细，而在以后的阶段，随着产品的特征逐步明确，产品范围说明书也就逐步详细起来。虽然这些特征的形式与实质彼此之间悬殊，但范围说明书应提供足够的细节配合后来的项目范围规划。

(3) 项目要求说明书。项目要求说明书说明了项目可交付成果为满足合同、标准、技术规定说明书或其他正强制性文件的要求，而必须满足的条件或必须具备的能力。对项目相关方所有需要、愿望和期望所做的项目相关方分析结果，要按照轻重缓急和重要性大小反映在项目要求说明书中。

(4) 项目边界。项目边界通常明确哪些事项属于项目的内容。如果某项目相关方认为某一具体产品、服务或成果是项目的组成部分，则项目边界清楚地说明了哪些事项不包括在项目之内。

(5) 项目可交付成果。可交付成果既包括由项目产品、服务或成果组成的结果，也包括附带结果，如项目管理报告和文件。可以概括，也可以详细说明可交付成果，具体视项目范围说明书的情况而定。

(6) 产品验收准则。产品验收准则确定了验收已完成产品的过程和原则。

(7) 项目制约因素。项目制约因素列出并说明同项目范围有关并限制项目团队选择的具体项目制约因素。例如，顾客或实施组织签发事先确定的预算或任何强加的日期（进度里程碑）。当项目根据合同实施时，合同的条文一般是制约因素。详细的项目范围说明书列出的制约因素，一般比项目章程列出的多而详细。

(8) 项目假设。项目假设列出并说明同项目范围有关的具体项目假设，以及其在不成立时可能造成的潜在后果。项目团队经常识别、记载并验证假设，这项工作属于项目团队规划过程的一部分。详细的项目范围说明书列出的假设一般比项目章程列出的多而详细。

(9) 项目初步组织。识别了项目团队的成员与项目相关方，项目的组织也形成了文件。

(10)初步确定的风险。识别了已知风险。

(11)进度里程碑。顾客或实施组织可能识别里程碑,并为这些里程碑规定强制性日期。这些日期可以当作进度制约因素看待。

(12)资金限制。说明了置于项目基金上的所有限制,包括总金额或规定的时间。

(13)费用估算。项目的费用估算分解为项目的预期总费用,而且一般在前面加一个修饰词,指明估算的准确性,如概念(估算)或确定(估算)。

(14)项目配置管理要求。说明了项目实施的配置管理和变更控制水平。

(15)项目技术规定说明书。它识别了项目应当遵守的技术规定文件。

(16)批准要求。识别项目目标、可交付成果、文件和工作等事项的批准要求。

2. 请求的变更

对项目管理计划及其补充计划请求的变更可以在范围定义过程中提出。通过整体变更控制过程提交审查或处置。

3. 项目范围管理计划(更新)

项目范围管理计划是项目管理计划的组成部分,可能需要更新,以便将项目范围定义过程产生并批准的变更请求纳入其中。

5.4 制作工作分解结构

5.4.1 工作分解结构的概念

工作分解结构(Work Breakdown Structure,WBS)以可交付成果为对象,由项目团队为实现项目目标、创造必要的可交付成果而执行的工作分解之后得到的一种层次结构。工作分解结构确定了项目整个范围,并将其有条理地组织在一起。工作分解结构把项目工作分成较小和更便于管理的多项工作,每下降一个层次意味着对项目工作更详尽的说明。属于工作分解结构底层组成部分的计划工作叫作"工作包",可以安排在进度计划中,进行费用估算、项目监视和控制。工作分解结构阐述了当前批准的项目范围说明书规定的工作。构成工作分解结构的各个组成部分有助于项目相关方理解项目的可交付成果。制作工作分解结构的依据、工具与技术和成果如图5.4所示。

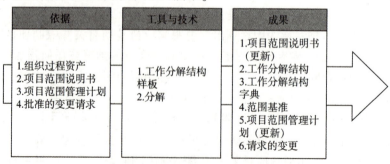

图5.4 制作工作分解结构的依据、工具与技术和成果

5.4.2 制作工作分解结构的依据

(1) 组织过程资产。
(2) 项目范围说明书。
(3) 项目范围管理计划。
(4) 批准的变更请求。

5.4.3 制作工作分解结构的工具与技术

1. 工作分解结构样板

虽然每个项目都是独特的，但以前项目的工作分解结构往往可以成为新项目的样板，因为某些项目与以前的某一项目总有某种程度的相似之处。许多应用领域或实施组织都有标准的工作分解结构样板。

项目管理协会工作分解结构实用标准是制作、深化和应用工作分解结构的指南。该文件包含有针对行业的工作分解结构样板的例子，可以在针对行业特点进行修改之后用于具体应用领域的具体项目。图5.5表示的是某工作分解结构实例的一部分，其中若干分支已经向下分解到工作包水平。

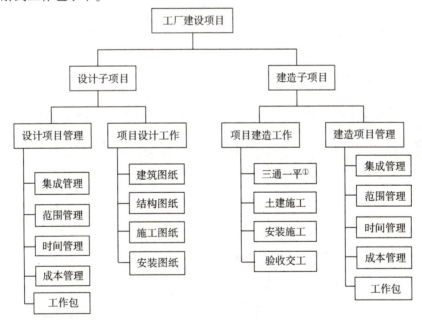

图 5.5 工作分解结构(WBS)实例

2. 分解

分解就是把项目可交付成果分成较小的、便于管理的组成部分，直到工作和可交付成果定义到工作细目水平。工作细目水平是工作分解结构中的最低层，是能够可靠地估算工作费用和持续时间的位置。工作细目的详细程度因项目大小与复杂程度而异。

要在很远的将来完成的可交付成果或子项目，可能就无法分解。项目管理团队一般要

---

① "三通一平"中，"三通"指通电、通水、通路，"一平"指地面平整。

等到可交付成果或子项目经过阐明并可以提出工作分解结构细节的时候。这叫"滚动式"规划。

不同的可交付成果会有不同的分解水平。为了达到易于管理的工作包，创造某些可交付成果的工作只需分解到下一层次，而另外一些则需分解到更下一层次。当工作分解到下一层次时，就加大了规划、管理和控制该工作的精力，导致管理精力的无效耗费，资源利用效率不高，甚至降低实施该工作的效率。管理团队需要权衡工作分解结构的规划详细程度，既不能太粗，也不能太细。

分解整个项目工作一般需要下列活动。
（1）识别可交付成果与有关工作。
（2）确定工作分解结构的结构与编排。
（3）将工作分解结构的上层分解到下层的组成部分。
（4）为工作分解结构组成部分提出并分配标识编码。
（5）核实工作的分解程度是否必要而又足够。

要识别项目主要可交付成果和为此而必须进行的工作，就必须有分析详细的项目范围说明书。这项分析需要有某种程度的专家判断，才能识别所有的工作，包括项目管理可交付成果，以及合同要求的可交付成果。

把可交付成果和有关的项目工作，组织与编排在一个可以满足项目管理团队控制和管理要求的工作分解结构之内，是一种可以利用工作分解结构样板完成的分析技术。最后得到的工作分解结构可以采取若干形式。

如图5.5所示，把主要可交付成果和子项目当作分解的第一层，其中子项目可能是由项目团队之外的组织提出的；在某些应用领域，项目工作分解结构可能分成多个部分来确定和制定。项目的总工作分解结构可以有多个发包出去的子项目，这样一来卖主就可能为承包的工作制定辅助性合同工作分解结构。

如图5.6所示，把项目生命期的各个阶段当作分解的第一层，将项目可交付成果放在第二层。

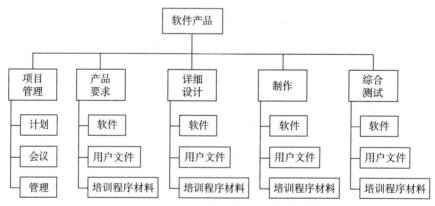

图5.6 基于项目阶段的工作分解结构

如图5.7所示，在工作分解结构每一分支内使用不同的方法，其中试验和评估是一个阶段，飞行器是产品，而培训是一种辅助性服务。

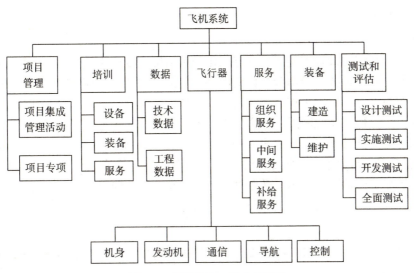

图 5.7　国防物资工作分解结构

分解工作分解结构上层的组成部分要求将每一可交付成果或子项目分解为基本的组成部分，工作分解结构的组成部分代表可核实的产品、服务或成果。每一组成部分的确定都应清楚而完整，并分配给实施组织内、接受完成这一工作分解结构组成部分责任的具体单位。工作分解结构组成部分根据项目工作实际如何执行与控制确定。例如，项目管理的状态报告这一组成部分可以包括每周一次的状态报告，而应制造的产品可能包括几个单独的部件加上最后组装。

核实分解是否正确，要求工作分解结构下层的组成部分不仅是为完成上层对应的可交付成果所必需的，而且是充分的。

5.4.4　制作工作分解结构的成果

1. 项目范围说明书（更新）

如果制作工作分解结构过程有批准的变更请求，则将批准的变更纳入项目范围说明书，使之更新。

2. 工作分解结构

制作工作分解结构过程中生成的关键文件是实际的工作分解结构。一般都为工作分解结构每一组成部分（包括工作细目与控制账户），赋予一个唯一的账户编码标识符。这些标识符形成了一种费用、进度与资源信息汇总的层次结构。

工作分解结构不应与其他用来表示项目信息的"分解"结构混为一谈。在某些应用领域或其他知识领域使用的结构包括以下几种。

（1）组织分解结构（Organizational Breakdown Structure，OBS）。按照层次将工作细目与组织单位形象地、有条理地联系起来的一种项目组织安排结构。

（2）材料清单（Bill of Materials，BOM）。将制造产品所需的实体部件、组件和组成部分按照组成关系以表格形式表现出来的正式文件。

（3）风险分解结构（Risk Breakdown Structure，RBS）。按照风险类别形象而又有条理地说明已经识别的项目风险的层次结构的一种结构。

（4）资源分解结构（Resource Breakdown Structure，RBS）。按照种类和形式而对各用于

项目的资源进行划分的层级结构。

3. 工作分解结构字典

制作工作分解结构过程中生成的并与工作分解结构配合使用的文件，叫作工作分解结构字典。工作分解结构各组成部分的详细内容，包括工作细目与控制账户可以在工作分解结构字典中说明。对于每个工作分解结构组成部分，工作分解结构字典都相应地列入一个账户编码号码、一份工作说明书、一个负责的组织，以及一份进度里程碑清单。工作分解结构组成部分的信息可能有合同信息、质量要求，以及有助于实施工作的技术参考文献。控制账户的其他信息可能是一个收费编号。工作细目的其他信息会是一份有关的计划活动、所需资源与费用估算的清单。必要时，每个工作分解结构组成部分都可以与工作分解结构字典中其他工作分解结构组成部分相互查阅。

4. 范围基准

批准的详细项目范围说明书与对应的工作分解结构和工作分解结构字典都是项目的范围基准。

5. 项目范围管理计划（更新）

如果在制作工作分解结构的过程中有批准的变更请求，则项目范围管理计划可能需要更新，以便将批准的变更纳入其中。

6. 请求的变更

在制作工作分解结构的过程中可能对项目范围说明书及其组成部分提出变更请求，并通过整体变更控制过程进行审查与批准。

5.5 项目范围确认

5.5.1 项目范围确认的概念

范围确认是指项目相关方对已完成的项目范围及相应的可交付成果进行正式验收的过程。确认项目范围包括审查可交付成果，确保每一项结果都令人满意。如果项目提前终止，则项目范围确认过程应当查明并记载完成的水平与程度。范围确认与质量控制的不同之处在于，此过程主要关心验收可交付成果，而质量控制主要关心满足为可交付成果规定的质量要求。质量控制一般先于范围确认进行，但两者也可以同时进行。项目范围确认的依据、工具与技术和成果如图5.8所示。

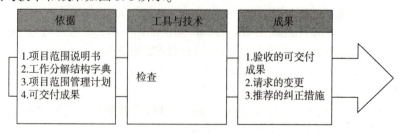

图 5.8 项目范围确认的依据、工具与技术和成果

5.5.2 项目范围确认的依据

1. 项目范围说明书

项目范围说明书包括说明待审项目产品的产品范围说明书和产品验收原则。

2. 工作分解结构字典

工作分解结构字典是详细的项目范围定义的一个组成部分，用于核实已提交并验收的可交付成果是否已列入批准的项目范围之内。

3. 项目范围管理计划

4. 可交付成果

可交付成果是已经全部或部分完成的，因而是指导与管理项目执行过程的成果的事项和物品。

5.5.3 项目范围确认的工具与技术

项目范围确认的工具与技术主要是检查。

检查包括通过诸如测量、仔细检查与核实等过程判断工作和可交付成果是否符合要求与产品验收原则的各项活动。检查有评审、产品评审、审计与演练等各种名称。在某些应用领域中，这些不同名称具有较窄、较具体的含义。

5.5.4 项目范围确认的成果

1. 验收的可交付成果

范围核实过程记载了已完成并经过验收的可交付成果。已经完成但尚未验收的可交付成果也记载下来，并附有未验收的理由。范围核实包括收到的顾客或赞助人证明文件，并记载项目相关方验收项目可交付成果的事实。

2. 请求的变更

在范围核实过程中可能提出变更请求，并通过整体变更控制过程进行审查与批准。

3. 推荐的纠正措施

项目范围确认完成后，参加项目范围确认的项目班子和接收人员应当在事先准备好的文件上签字，表示接受已正式认可并验收全部或阶段性成果。一般情况下，这种认可和验收可以附有条件。如在软件开发项目的移交和验收时，可规定以后发现软件有问题可以寻求软件项目开发人员的帮助。

5.6 项目范围控制

5.6.1 项目范围控制的概念

项目范围控制的概念包含以下三个方面的内容。

（1）使项目朝着有益的方向发展，变动和调整某些方面的因素，引起项目范围发生变化的过程。

（2）确定项目范围变化情况的活动。

（3）当项目范围发生变化或已经发生变化时对其采取纠正措施的过程。

项目范围控制关心的是对造成项目范围变更的因素施加影响，并控制这些变更造成的后果。项目范围控制确保所有请求的变更与推荐的纠正，通过项目整体变更控制过程进行处理。项目范围控制也在实际变更出现时，用于管理这些变更并与其他控制过程结合为整体。未得到控制的变更通常称为项目范围潜变。变更不可避免，因而必须强制实施某种形式的变更控制过程。项目范围控制的依据、工具与技术和成果如图5.9所示。

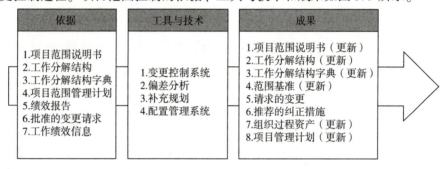

图5.9 项目范围控制的依据、工具与技术和成果

5.6.2 项目范围控制的依据

1. 项目范围说明书

项目范围说明书与对应的工作分解结构和工作分解结构字典一起确定了项目的范围基准和产品范围。

2. 工作分解结构

3. 工作分解结构字典

4. 项目范围管理计划

5. 绩效报告

绩效报告提供了项目工作绩效的信息，如已经完成的中间可交付成果。

6. 批准的变更请求

批准的变更请求是对由批准的项目范围说明书、工作分解结构与工作分解结构字典共同确定的，并经各方面同意的项目范围基准的任何一种修正。

7. 工作绩效信息

5.6.3 项目范围控制的工具与技术

1. 变更控制系统

项目范围变更控制系统，记载于项目范围管理计划，规定了项目范围与产品范围变更所应遵循的程序。该系统包括文字工作、追踪制度，以及核准变更所需通过的审批层次。

范围变更控制应当与任何综合项目管理信息系统结合为整体，共同控制项目范围。在项目按合同实施时，该变更控制系统还必须符合合同条款中所有的有关规定。

2. 偏差分析

项目实施结果测量数据用于评价偏差的大小。判断造成偏离范围基准的原因，以及决定是否应当采取纠正措施，都是范围控制的重要组成部分。

3. 补充规划

影响项目范围的变更请求批准后可能要求对工作分解结构与工作分解结构词汇表、项目范围说明书与项目范围管理计划进行修改。批准的变更请求有可能成为更新项目管理计划组成部分的原因。

4. 配置管理系统

正式的配置管理系统是可交付成果状态的程序，确保对项目范围与产品范围的变更请求是经过全面透彻考虑并形成文件后，再交由整体变更控制过程处理的。

5.6.4 项目范围控制的成果

1. 项目范围说明书（更新）

如果批准的变更请求对项目范围有影响，则项目范围说明书在修改之后重新发出，以便反映该批准的变更。更新的项目范围说明书变成了将来变更的新项目范围基准。

2. 工作分解结构（更新）

如果批准的变更请求对项目范围有影响，则工作分解结构在修改之后重新发出，以便反映该批准的变更。

3. 工作分解结构字典（更新）

如果批准的变更请求对项目范围有影响，则工作分解结构字典在修改之后重新发出，以便反映该批准的变更。

4. 范围基准（更新）

5. 请求的变更

项目范围控制的结果可能会提出变更请求，这些变更请求按照项目整体变更控制过程审查与处置。

6. 推荐的纠正措施

推荐的纠正措施就是为了使项目未来预期的实施结果与项目管理计划和项目范围说明书保持一致而推荐的任何步骤。

7. 组织过程资产（更新）

偏差产生的原因、选定纠正措施的理由，以及从项目范围控制中吸取的其他类型的教训，均在组织过程资产历史数据库中记载并更新。

8. 项目管理计划（更新）

如果批准的变更请求对项目范围有影响，则相应的部分文件与项目管理计划的费用基准和进度基准在修改之后重新发出，以便反映该批准的变更。

本章小结

项目组织要想成功地完成某个项目，在明确了项目的预定目标后，必须开展一系列的工作或活动，这些必须开展的工作构成了项目的工作范围。本章首先对项目范围管理进行了阐述，主要有项目范围管理的概念、项目范围管理的作用和项目范围管理的工作过程等，然后分别就项目范围管理的五个过程即范围规划、范围定义、制作工作分解结构、范围确认和范围控制展开了讨论，比较详尽地介绍了各个过程的依据、可采用的工具与技术以及各自的成果。

习 题

一、判断题

1. 项目只能在进行了一系列正规的可行性研究之后才可以正式启动。（ ）
2. 项目执行时只要出现偏差就要采取纠偏措施。（ ）
3. 项目范围的变化一般不会影响项目的成本、进度、质量或其他项目目标。（ ）
4. 在项目范围定义过程中，要对项目的工作任务进行分解。（ ）
5. 项目范围确认可以针对一个项目整体的范围进行确认，也可以针对某一个项目阶段的范围进行确认。（ ）
6. 项目范围说明书是项目范围定义的工作结果。（ ）

二、单选题

1. 有关项目范围的正确表述是(   )。
   A. 确定项目施工地点的范围　　　　B. 确定项目相关方和施工地点的范围
   C. 确定项目都要做什么工作的范围　D. 确定项目产品的范围
2. 项目范围定义时经常使用的工具是(   )。
   A. 工作分解结构　　B. 需求分析　　C. 可行性研究　　D. 网络图
3. 项目范围变更申请可以是(   )。
   A. 口头的或书面的　　　　　　　　B. 直接的或间接的
   C. 由外部或内部引发的　　　　　　D. 以上各项皆是
4. 项目范围确认关心的是(   )。
   A. 改善项目成本和进度的精确性
   B. 检查项目交给客户前的最后活动
   C. 记录项目产品或服务的特征
   D. 接受而不是纠正项目范围定义的工作结果
5. 一个项目的目标变更已经完成，现在项目经理正在更新项目技术文件，下一步需要做的工作是(   )。
   A. 通知适当的项目相关方
   B. 通知公司的管理系统
   C. 从该项目的发起人和客户那里得到正式的认可

D. 准备一份业绩报告

6. 你是一名项目经理，管理着一个分布于五个不同国家的虚拟团队。根据以往的经验，你知道：这些团队成员对于他们的职能经理的要求回应要积极得多。考虑到这个问题，你决定要准备（　　）。

   A. 针对团队成员的备忘录，以提醒他们现在是为项目经理工作
   B. 项目章程
   C. 针对职能经理的备忘录，以提醒他们你有权支配他们的员工
   D. 人力资源管理计划

7. 一个项目是实施目标管理技术的理想环境，因为（　　）。

   A. 项目管理包括设定组织目标
   B. 通常对项目使用的是矩阵式的管理环境
   C. 项目经理的责任是根据公司目标定义的
   D. 所有项目都应该以目标为导向

8. 你的公司是一家鸡肉食品公司，目前正在实施一个项目，目的是完全消除产品中沙门氏菌的威胁。你是该项目的项目经理。你已经完成了项目的构思阶段。构思阶段的成果是（　　）。

   A. 项目计划　　　B. 工作说明　　　C. 项目章程　　　D. 资源电子数据表

9. 一家很有名望的项目管理公司委派你去帮助一个主要客户选择项目方案。客户公司的工程师们认为工程计算的方案最好，然而，销售人员认为利润分析的方案更好，同时也比较容易计算。你是一个刚刚毕业的大学生，原来的专业与动物学有关，与项目管理没有丝毫关系。你对这些问题并不熟悉，但是客户方要为你每天的服务向你的公司支付2 000元，因此，你必须在下一次会议上有所作为。你拿出你的PMBOK（Project Management Bode of Knowledge，项目知识、管理体系，是一本项目管理指南），想要准备一份漂亮的陈述报告，列举每一个方案的优点和缺点。你以一个小问题结束了你的报告，这个问题的项目是（　　）。

   A. 层次分析过程　　B. 逻辑框架分析　　C. 经济模型结构　　D. 多元目标计划

10. 你们团队设计了一个材料清单来定义项目的工作构成，而没有采用你推荐的工作分解结构（WBS）。一个客户注意到这个清单中没有涵盖项目范围变更的需求，后这一变更需求被补充了进去。这是一个由下列哪项引起的变更要求的具体事例？（　　）

    A. 一个外部事件　　　　　　　　B. 产品范围定义中的错误或疏漏
    C. 一项增值变更　　　　　　　　D. 项目范围定义中的错误或疏漏

11. 上个星期你还舒舒服服地在海边休假，今天你却不得不埋头于工作。有个项目经理的位置目前空缺，因为前任项目经理决定退休并且要在阿肯色开一个鲶鱼农场，而你接管了这个项目，现在要检查一堆关于这个项目的范围变更请求。为了评估这个项目将在什么程度上变更，你需要将这些变更要求跟哪一个项目文件的要求作比较？（　　）

    A. 范围说明　　　B. 工作分解结构　　　C. 项目计划　　　D. 管理计划范围

12. 你公司的项目审查委员会每个季度召开会议审查所有预算超过200万元的项目。你最近被提升为高级项目经理，并承担了最大的项目之一，即开发下一代计算机辅助生产流程。审查委员会要求你在下次会议上说明项目的目标、工作内容和成果。为此，你需要准备以下哪个文件？（　　）

A. 项目章程　　　　B. 产品描述　　　　C. 范围说明　　　　D. 工作分解结构

13. 你所在的公司是一家在业内处于领先地位的制药公司。你们有很多项目有待开发，但是目前还没有足够的实力来完成所有的这些项目。而你正率领着一个团队从事开发项目筛选方法的工作，你们最终要建立一个项目筛选的模型。你们已经将经济回报、市场份额和公司的公众形象等多个方面的因素纳入筛选标准的考虑范围。在所有的筛选标准中，最重要的一条标准应该是(　　)。

A. 公司所具有的完成该项目的实际能力

B. 该项目是否具有可行性，是否符合现实情况

C. 易用性

D. 项目成本的大小

14. 通过重提你们的公司在"千年虫"发作期间资料系统的遭遇，你最终说服了公司的管理层在项目一开始就考虑对系统进行维护。然而，除了要考虑系统设计的问题外，系统维护还应该(　　)。

A. 是在项目收尾阶段始终要进行的一项工作

B. 在系统开发项目的生命周期中独自占有一段时间，因为计算机系统整个生命周期成本的60%~70%是花在系统维护上

C. 不被算在项目生命周期内

D. 被看作一个独立的项目

15. 你正在为一家汽车公司管理一个开发新产品的项目。起初，这个产品被定义为"艺术型的个人交通工具"。后来，它又被描述为"不需要汽油的艺术型个人交通工具"。最后，经过与设计工程师的详细讨论后，又将其描述为"不需要汽油，花费低于15 000元而且没有任何噪声的艺术型个人交通工具"。这表明了产品特征的逐步细化。但是，尽管产品的特征得到了不断的细化，它们还是必须按照下列哪项内容来进行仔细调整？(　　)

A. 适当的项目范围定义　　　　　　B. 项目相关方

C. 项目范围变更控制系统　　　　　D. 客户战略计划

三、多选题

1. 项目范围定义对于(　　)是十分必要的。

A. 项目完工时的评价　　　　　　　B. 改善成本进度及资源估计的准确性

C. 确定项目的计量及控制基准　　　D. 明确责任分派

2. 下列关于项目计划的表述中错误的有(　　)。

A. 项目计划提供了范围变更控制的基准

B. 项目计划可以提醒项目团队将来可能发生的问题

C. 项目计划提供了项目绩效方面的信息

D. 项目计划一旦确定，不能随意更改

3. 下列选项中属于项目范围变更控制的工具和方法的有(　　)。

A. 项目范围变更控制系统　　　　　B. 核检表

C. 绩效测量　　　　　　　　　　　D. 范围计划调整

4. 项目范围变更的原因有(　　)。

A. 在项目范围计划出现了遗漏　　　B. 项目团队提出了新的技术

C. 项目外部环境发生了变化　　　　D. 客户需求发生了变化

5. 项目范围说明书包括(　　)。
A. 项目的合理性说明　　　　　　B. 项目范围的稳定性
C. 项目目标的实现程度　　　　　D. 项目成果的定量标准

四、思考题

1. 项目范围管理有哪些主要的工作？为什么要开展这些工作？
2. 项目范围管理有哪些主要作用？为什么项目范围管理会有这些作用？
3. 项目范围管理有哪些基本原则？为什么要贯彻这些原则？
4. 项目范围变更控制与项目变更总体控制是什么关系？项目范围变更控制的主要内容是什么？

案例分析题

伟业公司两年前承建了一个公路大桥项目，合同规定工期为3年，工期若有延迟，则每延迟一个月需要支付约为客户付款额2%的罚金。该项目的记录表明，目前项目进度计划只完成了50%，而且存在很多问题。该公司的上级部门鉴于可能发生的损失，对该项目进行了深入调查，调查结果发现：该项目工程设计的变更次数太多；项目专业技术人员不足；工作不合格的比率非常高。

讨论：

1. 作为项目经理，你认为导致该项目延迟的原因是什么？
2. 该项目在范围管理方面存在哪些问题？症结何在？
3. 你认为该项目现在是否需要做出范围变更？如果需要，应该在哪些方面做出变更？
4. 你认为该项目的前景如何？

第 6 章　项目时间管理

> **教学目标**
>
> 　　1. 理解项目时间管理的概念，掌握项目时间管理的工作过程；
> 　　2. 熟悉项目工期计划、工期控制技术和方法，包括活动分解与界定方法、活动排序方法、活动工期估算方法、工期计划制订方法以及工期计划的控制方法。

案例导读

　　某系统集成公司现有员工50多人，业务部门分为销售部、软件开发部、系统网络部等。今年1月份，销售部直接与某银行签订了一个银行前置机软件系统的项目。合同规定，6月28日之前系统必须投入试运行。合同签订后，销售部将此合同移交给了软件开发部进行项目的实施。项目经理小丁做过5年的系统分析和设计工作，但这是他第一次担任项目经理。小丁兼任系统分析工作，此外项目还有2名有1年工作经验的程序员，1名测试人员，2名负责组网和布线的系统工程师。项目组成的成员均全程参加项目。在承担项目之后，小丁组织大家制定了项目的WBS，并依照经验制订了本项目的进度计划，简单描述如下。

1. 应用子系统
(1) 1月5日—2月5日，需求分析。
(2) 2月6日—3月26日，系统设计和软件设计。
(3) 3月27日—5月10日，编码。
(4) 5月11日—5月30日，系统内部测试。
2. 综合布线
2月20日—4月20日，完成调研和布线。
3. 网络子系统
4月21日—5月21日，设备安装、联调。
4. 系统内部调试、验收
(1) 6月1日—6月20日，试运行。

(2)6月28日，系统验收。

春节后，在2月17日小丁发现系统设计刚刚开始，由此推测3月26日很可能完不成系统设计。请问问题发生的可能原因是什么？小丁应该如何保证项目整体进度不拖延？

专家点评：

问题一：主要有如下两方面的可能原因。

(1)小丁在进行进度计划安排时，没有考虑春节法定假日的情况，工作安排不合理。

(2)小丁对项目的监控力度不够，如果真有进度延误，这个问题应该在放假前被发现。

问题二：小丁可以采用如下的措施来保证项目整体进度不被拖延。

(1)在编码阶段和测试阶段适当增加资源或安排加班，将工期适当缩短(建议最好不要通过增加设计人员的办法来缩短设计工期)。

(2)将试运行时间往后挪一点(因为从目前的计划来看，试运行的截止时间和系统验收时间中间有一周的可"活动"时间)，因此可以在这方面也做一点文章。

6.1 项目时间管理概述

6.1.1 项目时间管理的概念

项目时间管理是项目管理的重要组成部分之一，它和项目费用管理、项目质量管理并称为项目管理的"三大管理"。项目的时间管理又叫项目工期管理或项目进度管理。项目的时间管理是为确保项目按时完工所开展的一系列管理活动与过程。这包括项目活动的界定和确认(即分析确定为达到项目目标所必须进行的各种作业活动)，项目活动内容的排序(即分析确定工作之间的相互关联关系并形成项目活动排序的文件)，估算项目活动工期(即对项目各项活动所需时间做出估算)，估算整个项目的工期，制订项目工期计划，对作业顺序、活动工期和所需资源进行分析，制订项目工期进度计划；管理与控制项目工期进度等。这些项目时间管理的过程与活动既相互影响，又相互关联，它们在理论上是分阶段展开的，但在实际项目实施和管理中，它们却是相互交叉和重叠的。本章将分别讨论这些项目时间管理过程与活动的内容。

6.1.2 项目时间管理的过程

对项目开展时间管理就是要在规定的时间内，制订出合理、经济的进度计划，然后在该计划的执行过程中，检查实际进度是否与进度计划相一致，若出现偏差，便要及时找出原因，采取必要的补救措施，如有必要，还要调整原进度计划，从而保证项目按时完成。项目时间管理的过程如图6.1所示。

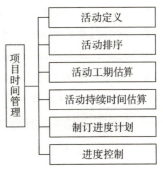

图6.1 项目时间管理的过程

6.2 活动定义

6.2.1 活动定义的概念

项目活动的界定是指识别实现项目目标所必须开展的项目活动,定义为生成项目产出物及其组成部分所必须完成的任务,这样一项特定的项目时间管理工作。

活动定义过程识别处于工作分解结构(WBS)最下层的可交付成果,也称工作包。项目工作包被有计划地分解为更小的组成部分,叫作计划活动,其为估算、安排进度、执行,以及监控项目工作奠定基础。活动定义的依据、工具与技术和成果如图 6.2 所示。

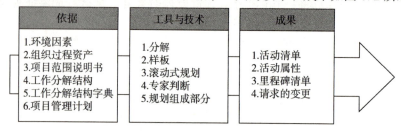

图 6.2 活动定义的依据、工具与技术和成果

6.2.2 活动定义的依据

1. 环境因素

可以考虑的环境因素包括是否有可利用的项目管理信息系统与进度安排工具软件。

2. 组织过程资产

组织过程资产包括同活动规划有关的正式与非正式方针、程序与原则,需要在活动定义中给予考虑。吸取的教训知识库藏有以前类似项目用过的有关活动清单的历史信息,在确定项目计划活动时可以考虑。

3. 项目范围说明书

在定义活动时显然要考虑项目范围说明书中记载的项目可交付成果、制约因素与假设。制约因素是限制项目管理团队选择的因素,例如,反映高层管理人员或合同要求的强制性完成日期的进度里程碑。假设是在项目进度规划时视为真的因素,如每周的工作时间或一年当中可用于施工的时间。

4. 工作分解结构

工作分解结构是计划活动定义的基本依据。

5. 工作分解结构字典

工作分解结构字典也是计划活动定义的基本依据。

6. 项目管理计划

项目管理计划包含进度管理计划。进度管理计划是制定与规划计划活动和项目范围管理计划的指南。

6.2.3 活动定义的工具与技术

1. 分解

就活动定义过程而言，分解技术是指把项目工作包进一步分解为更小、更易于管理的组成部分，称为计划活动。活动定义的最终成果是计划活动，而不是制作工作分解结构过程的可交付成果。活动清单、工作分解结构与工作分解结构字典既可以先后完成，亦可同时制定，均为编制最终活动清单的基础。工作分解结构中的每一个工作包都分解成为计划活动以产生可交付成果。活动定义通常由负责这一工作包的项目团队成员完成。

2. 样板

标准的或以前项目活动清单的一部分，往往可当作新项目的样板使用。样板中的有关活动属性信息还可能包含资源技能，以及所需时间的清单、风险识别、预期的可交付成果和其他文字说明资料。样板还可以用来识别典型的进度里程碑。

3. 滚动式规划

工作分解结构与工作分解结构字典反映了随着项目范围一直具体到工作包的程度而变得越来越详细的演变过程。滚动式规划是规划逐步完善的一种表现形式，近期要完成的工作在工作分解结构最下层详细规划，而计划在远期完成的工作分解结构组成部分的工作，在工作分解结构较高层规划。最近一两个报告期内要进行的工作应在本期工作接近完成时详细规划。所以，项目计划活动的详细程度在项目生命期内可以处于不同的水平。在信息不够确定的早期战略规划期间，活动的详细程度可能仅达到里程碑的水平。

4. 专家判断

擅长制作详细项目范围说明书、工作分解结构和项目进度计划并富有经验的项目团队成员或专家，可以提供活动定义方面的专业知识。

5. 规划组成部分

当项目范围说明书不够充分，不能将工作分解结构某分支向下分解到工作包级别时，该分支最后分解到的组成部分可用来制订这一组成部分的高层次项目进度计划。项目团队选择并利用这些规划组成部分来规划处于工作分解结构较高层次的各种未来工作的进度。这些规划组成部分的计划活动可以是无法用于项目工作详细估算、进度安排、执行、监控的概括性活动。规划有以下两个组成部分。

（1）控制账户(Control Account)。管理控制点可以设在工作分解结构工作包层次以上选定的管理点(选定水平上的具体组成部分)上。对于尚未规划的工作包，这些控制点用作规划的基础。在控制账户内完成所有工作与付出的所有努力，记载于某一控制账户计划中。

（2）规划包(Planning Package)。规划包是在工作分解结构中控制账户以下，但在工作包以上的工作分解结构组成部分。这个组成部分的用途是规划无详细计划活动的已知工作内容。

6.2.4 活动定义的成果

1. 活动清单

活动清单内容全面，包括项目将要进行的所有计划活动。活动清单不包括任何不必成为项目范围一部分的计划活动。活动清单应当有活动标志，并对每一计划活动工作范围给予详细的说明，以保证项目团队成员能够理解如何完成该项工作。计划活动的工作范围可有实体数量，如应安装的管道长度、在指定部位浇筑的混凝土、图纸张数、电脑程序语句行数或书籍的章数。活动清单在进度模型中使用，属于项目管理计划的一部分。计划活动是项目进度计划的单个组成部分，不是工作分解结构的组成部分。

2. 活动属性

此处的活动属性是活动清单中的活动属性的扩展，它指出每一计划活动具有的多属性。每一计划活动的属性包括活动标志、活动编号、活动名称、先行活动、后继活动、逻辑关系、提前与滞后时间量、资源要求、强制性日期、制约因素和假设。活动属性还可以包括工作执行负责人、实施工作的地区或地点，以及计划活动的类型，如投入的水平、可分投入与分摊的投入。这些属性用于制订项目进度计划，在报告中以各种各样的方式选择列入计划的计划活动，确定其顺序并将其分类。属性的数目因应用领域而异。活动属性用于进度模型。

3. 里程碑清单

计划里程碑清单列出了所有的里程碑，并指明里程碑具有强制性（合同要求）、选择性（根据项目要求或历史信息）。里程碑清单是项目管理计划的一部分，里程碑用于进度模型。

4. 请求的变更

活动定义过程可能提出影响项目范围说明与工作分解结构的变更请求。请求的变更通过整体变更控制过程审查与处置。

6.3 活动排序

6.3.1 活动排序的概念

在活动定义完成后，项目时间管理的下一个步骤就是活动排序。活动排序指识别与记载计划活动之间的逻辑关系，并据此对项目各项活动的先后顺序进行合理安排与确定的项目时间管理工作。在按照逻辑关系安排计划活动顺序时，可考虑适当的紧前关系，亦可加入适当的时间提前与滞后量，只有这样在以后才能制订出符合实际和可以实现的项目进度计划。排序可用项目管理软件，也可用手工，还可以手工和电脑结合起来。

为制订项目时间（工期）计划，必须科学合理地安排一个项目各项活动的顺序关系。一般较小的项目或项目阶段的活动排序可以通过人工排序的方法完成，但是复杂项目的活动排序要借助计算机信息系统完成。为了制订项目时间（工期或进度）计划，必须准确和合理地安排项目各项活动的顺序并依据这些活动顺序确定项目的各种活动路径，以及由这些项目活动路径构成的项目活动网络，这些都属于项目活动排序工作的范畴。活动排序的依据、工具与技术和成果如图6.3所示。

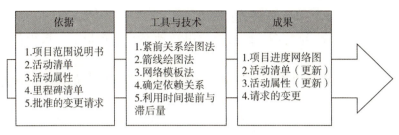

图 6.3　活动排序的依据、工具与技术和成果

6.3.2　活动排序的依据

1. 项目范围说明书

项目范围说明书中有产品说明书，产品说明书中的产品特征常常影响活动顺序，如待建厂房的空间布局或软件项目的子系统界面。这些影响虽然可在活动清单中看出，但为了准确，通常审查产品范围说明书。

2. 活动清单

3. 活动属性

4. 里程碑清单

5. 批准的变更请求

6.3.3　活动排序的工具与技术

项目活动排序需要根据上述项目活动之间的各种关系、项目活动清单和项目产出物的描述以及项目的各种约束和假设条件，通过反复的试验和优化去编排出项目的活动顺序。通过项目活动排序确定出的项目活动关系，需要用网络图或文字描述的方式给出。通常安排和描述项目活动顺序关系的方法有下述几种。

1. 紧前关系绘图法（单代号网络图）

紧前关系绘图法（Precedence Diagramming Method，PDM）也叫活动节点网络图法（Activity on Node，AON），是一种单代号网络图。这是一种通过编制项目网络图给出项目活动顺序安排的方法，它用节点(方格或矩形)表示一项活动，用节点之间的箭线表示项目活动之间的相互关系。图 6.4 是一份使用顺序图法给出的项目活动排序结果的节点网络图。这种项目活动排序和描述的方法是大多数项目管理中使用的方法。这种方法既可以用人工方法实现，也可以用计算机软件系统实现。

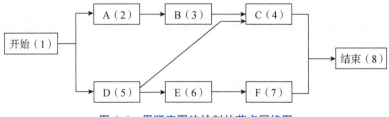

图 6.4　用顺序图法绘制的节点网络图

在这种网络图中,有四种项目活动的顺序关系。

其一是"结束—开始"的关系,即前面的甲活动必须结束以后,后面的乙活动才能开始;

其二是"结束—结束"的关系,即只有甲活动结束以后,乙活动才能够结束;

其三是"开始—开始"的关系,即甲活动必须在乙活动开始之前就已经开始了;

其四是"开始—结束"的关系,即甲活动必须在乙活动结束之前就开始。

在节点网络图中,最常用的逻辑关系是前后依存活动之间具有的"结束—开始"的相互关系,而"开始—结束"的关系很少用。在现有的项目管理软件中,多数使用的也是"结束—开始"的关系,甚至有些软件,只有这种"结束—开始"活动关系的描述方法。

在用节点表示活动的网络图中,每项活动由一个方框表示,对活动的描述(命名)一般直接写在框内。每项活动只能用一个框表示,如果采用项目活动编号,则每个框只能指定一个唯一的活动号。项目活动之间的顺序关系则可以使用连接活动框的箭线表示。

例如,对于"结束—开始"的关系,箭线箭头指向的活动是后序活动(后期开展的活动),箭头离开的活动是前序活动(前期开展的活动)。一项后序活动只有在与其联系的全部前序活动完成以后才能开始,这可以使用箭线连接前后两项活动方法表示。例如,在信息系统开发项目中,只有完成了"用户调查"后,"系统分析"工作才能开始。这可以用图6.5给出示意。

图 6.5 用节点和箭线表示的项目活动顺序示意

另外,有些项目活动可以同时进行,虽然它们不一定同时结束,但是只有它们全部结束以后下一项活动才能够开始。例如,在信息系统开发项目中,各方面用户(如企业计划部门、销售部门等信息用户)的信息需求调查可以同时开始,但是不一定同时结束。然而只有所有的用户需求调查完成以后,才能够开展项目的系统分析工作。这些项目活动之间的关系可以由图6.6给出示意。

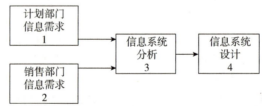

图 6.6 信息系统分析与设计项目活动顺序关系示意

2. 箭线绘图法(双代号网络图)

箭线图法(Arrow Diagramming Method,ADM)也是一种描述项目活动顺序的网络图方法,是一种双代号网络图。这一方法用箭线代表活动,而用节点代表活动之间的联系和相互依赖关系。图6.7是用箭线图法绘制的一个简单项目的网络图。这种方法虽然没有紧前关系绘图法流行,但是在一些应用领域中仍不失为一项可供选择的项目活动顺序关系描述方法。在箭线图法中,通常只描述项目活动间的"结束—开始"的关系。当需要给出项目活动的其他逻辑关系时,就需要借用"虚活动"(Dummy Activity)来描述了。箭线图法同样既可以由人工完成，也可以使用计算机专用软件系统完成。

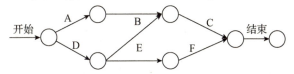

图 6.7 用箭线图法绘制的项目网络图

在箭线图中，一项活动由一条箭线表示，有关这一活动描述（命名）可以写在箭线上方。描述一项活动的箭线只能有一个箭头，箭线的箭尾代表活动的开始，箭线的箭头代表活动的结束。箭线的长度和斜度与项目活动的持续时间或重要性没有任何关系。在箭线图法中，代表项目活动的箭线通过圆圈而连接起来，这些连接用的圆圈表示具体的事件。箭线图中的圆圈既可以代表项目的开始事件，也可以代表项目的结束事件。当箭线指向圆圈时，圆圈代表该活动的结束事件，当箭线离开圆圈时，圆圈代表活动的开始事件。在箭线图法中，需要给每个事件确定唯一的代号。例如，图 6.8 中给出的项目活动网络图中，"用户信息需求调查"和"信息系统分析"之间就存在一种顺序关系，二者由"事件 2"联系起来。"事件 2"代表"用户信息需求调查"活动结束和"信息系统分析"活动开始这样一个事件。

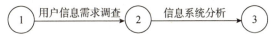

图 6.8 箭线图法中的"活动"与"事件"示意

项目活动的开始事件（箭尾圆圈）也叫作该项活动的"紧前事件"，项目活动的结束事件（箭头圆圈）也叫作该活动的"紧随事件"。例如，对于图 6.8 中的项目活动"用户信息需求调查"而言，它的紧前事件是圆圈 1，而它的紧随事件是圆圈 2；但是对于项目活动"信息系统分析"而言，它的紧前事件是圆圈 2，它的紧随事件是圆圈 3。在箭线图法中，有两个基本规则用来描述项目活动之间的关系。

其一是图中的每一个事件（圆圈）必须有唯一的事件号，图中不能出现重复的事件号；

其二是图中的每项活动必须由唯一的紧前事件和唯一的紧随事件组合来予以描述。

图 6.9 中的项目活动 A 和 B 具有相同的紧前事件（圆圈 1）和紧随事件（圆圈 2），这在箭线图法中是绝对不允许的，因为这种方法要求每项活动必须用唯一的紧前事件和紧随事件的组合来表示。

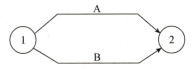

图 6.9 项目活动描述错误的示意

为了解决图 6.9 中出现的问题，在箭线图法中规定有一种特殊的活动，被称为"虚活动"。这种活动并不消耗时间，所以它在网络图中用一个虚线构成的箭线来表示。这种"虚活动"用来描述项目活动之间的一种特殊的先后关系，以满足每项活动必须用唯一的紧前事件和紧随事件的组合来确定的要求。例如，图 6-7 中给出的活动 A 和活动 B，合理地描述它们就需要插入一项虚活动（如图 6.10 所示），这样就可以使活动 A 和 B 由唯一的紧前事件和紧随事件组合来描述了，在图 6.10 中有两种描述方法。

其一是活动 A 由事件 1 和事件 3 的组合来描述，活动 B 由事件 1 和事件 2 的组合来表示，如图 6.10(a)所示；

其二是活动 A 由事件 1 和事件 2 的组合来表示，而活动 B 用事件 1 和事件 3 的组合来表示，如图 6.10(b)所示。

这两种方法都是可行的。

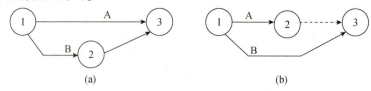

图 6.10　加入虚活动后的箭线图
(a)描述方法一；(b)描述方法二

根据项目活动清单等信息和上述网络图方法的原理就可以安排项目活动的顺序，绘制项目活动的网络图了。这一项目时间管理工作的具体步骤是：首先选择是使用顺序图法还是使用箭线图法去描述项目活动的顺序安排，然后按项目活动的客观逻辑顺序和人为确定的优先次序安排项目活动的顺序，最后使用网络图法绘制出项目活动顺序的网络图。在决定以何种顺序安排项目活动时，需要对每一个项目活动明确回答以下三个方面的问题。

一是，在该活动可以开始之前，哪些活动必须已经完成？

二是，哪些活动可以与该活动同时开始？

三是，哪些活动只有在该活动完成后才能开始？

明确每项活动的这三个问题后，就可以安排项目的活动顺序并绘制出项目网络图，从而全面描述项目所需各项活动之间的相互关系和顺序了。

另外，在决定一个项目网络图的详细程度时，还应考虑下列三个准则。

准则一：项目不但需要有工作分解结构，而且必须有明确的项目活动界定。

准则二：先根据项目工作分解结构绘制一份概括性的网络图，再根据项目活动界定结果把它扩展成详细的网络图。有些项目只要概括性的网络图就可以满足项目管理的要求。

准则三：项目网络图的详细程度可以由项目实施的分工或项目产出物的性质决定。例如，如果一个小组负责装配，另一个小组负责包装，那么就应该将这些任务划分成两项独立的项目活动；如果一项项目活动的结果是一个有形的、可交付的产出物，那么该活动就必须被界定为项目的一项活动。

不管最初的项目活动网络图详细程度如何，项目活动界定应该随着项目的开展逐步细化。因为界定项目近期开展的活动，要比界定项目远期开展的活动容易。所以随着项目的展开，项目网络图需要不断更新，添加更多细节。

3. 网络模板法

在某些情况下，一个项目组织可能给不同的客户做相似的项目，此时新项目的许多活动可能与历史项目活动具有相同的逻辑关系安排。因此，人们有可能用过去完成项目的网络图作为新项目网络图的模板，并通过增删项目活动去修订这种模板，从而获得新项目的活动网络图。这种网络模板法有助于尽快生成项目网络图，它可以用于对整个项目或项目的某个局部的项目活动排序和网络图的编制。对于有些项目，网络模板法是非常有效的。例如，安居工程的民用住宅建设项目。

在编制项目计划活动网络时，可以利用标准化的项目进度网络图以减少工作量并加快速度。这些标准网络图可以包括整个项目或其中一部分。项目进度网络图的一部分往往称为子网络或者网络片段。当项目包括若干相同或者几乎相同的可交付成果，例如高层办公楼的楼层、药品研制项目的临床试验、软件项目的程序模块，或者开发项目的启动阶段时，子网络就特别有用。

4. 确定依赖关系

在确定活动之间的先后顺序时有三种依赖关系。

(1) 强制性依赖关系。项目管理团队在确定活动先后顺序的过程中，要明确哪些依赖关系属于强制性的。强制性依赖关系指工作性质所固有的依赖关系。它们往往涉及一些实际的限制。例如，在施工项目中，只有在基础完成之后，才能开始上部结构的施工；在电子项目中，必须先制作原型机，然后才能进行测试。强制性依赖关系又称硬逻辑关系。

(2) 组织关系。组织关系是指那些无逻辑关系。由于其活动先后关系具有随意性、人为性，活动组织关系的确定一般比较难，它通常取决于项目管理人员的知识和经验，因此项目管理人员必须科学、合理地确定项目活动的组织关系。

(3) 外部依赖关系。项目管理团队在确定活动先后顺序的过程中，要明确哪些依赖关系属于外部依赖。外部依赖关系指涉及项目活动和非项目活动之间关系的依赖关系。例如，软件项目测试活动的进度可能取决于来自外部的硬件是否到货；施工项目的场地平整进度，可能要在环境听证会之后才能动工。活动排序的这种依据要依靠以前类似的项目历史信息，或者卖方合同或建议。

5. 利用时间提前与滞后量

项目管理团队要确定可能要求加入时间提前与滞后量的依赖关系，以便准确地确定逻辑关系。时间提前与滞后量，以及有关的假设要形成文件。

利用时间提前量可以提前开始后继活动。例如，技术文件编写小组可以在写完长篇文件初稿(紧前活动)之前 15 天着手第二稿(后继活动)。

利用时间滞后量可以推迟后继活动。例如为了保证混凝土有 10 天养护期，可以在完成先行关系中加入 10 天的滞后时间，这样一来，后继活动就只能在先行活动完成之后开始。

6.3.4 活动排序的成果

1. 项目进度网络图

项目进度网络图就是展示项目各计划活动及逻辑关系(依赖关系)的图形。图 6.4 和图 6.7 是绘制项目进度网络图的两种不同的方法。项目进度网络图可用手工或项目管理软件制作。该图既可以包括项目的全部细节，也可以只有一项或若干项概括性活动。项目进度网络图应附有简要的文字，说明活动排序使用的基本方法，凡不寻常的活动序列均应再加以详细说明。

2. 活动清单(更新)

活动排序过程中可能批准变更请求，如果批准，就应将其列入活动清单，使之更新。

3. 活动属性（更新）

将确定了的逻辑关系，以及所有有关的时间提前与滞后量都列入活动属性，使之更新。活动排序过程中可能批准的变更请求如果影响到活动清单，则应将批准的变更加入活动属性，更新活动属性的有关事项。

4. 请求的变更

确定项目逻辑关系及时间提前与滞后量时，可能会遇到对活动清单或活动属性提出变更请求的事例。例如，当可以分解或由于其他原因重新定义计划活动时，就要细化依赖关系，或者调整时间提前与滞后量，以便绘制充分反映正确逻辑关系的图形。活动定义过程可能提出影响项目范围说明与工作分解结构的变更请求。请求的变更通过整体变更控制过程审查与处置。

6.4 活动工期估算

6.4.1 活动工期估算的概念

项目活动工期估算是对项目已确定的各种活动所做的工期（或时间）可能长度的估算工作，包括对每一项完全独立的项目活动时间的估算和对整个项目的工期估算。这项工作通常由团队中对项目各种活动的特点熟悉的人来完成，也可以由计算机进行模拟和估算，再由专家审查确认。对一项项目活动所需时间的估算，通常要考虑项目活动的作业时间和延误时间。例如，"混凝土浇铸"会因为下雨、公休而出现延误时间。通常，在输入各种依据参数之后，绝大多数项目计划管理软件能够处理这类问题。活动工期估算的依据、工具与技术和成果如图6.11所示。

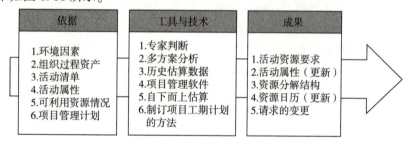

图 6.11 活动工期估算的依据、工具与技术和成果

6.4.2 活动工期估算的依据

项目活动工期估算的主要依据有如下几个方面。

1. 环境因素

活动资源估算过程利用环境因素中包含的有关基础设施资源有无或是否有可利用的信息。这是指项目在工期估算方面的各种约束条件和假设前提条件。其中，约束条件是项目工期计划面临的各种限制因素；假设前提条件是为项目工期估算假定的各种可能发生的情况。

2. 组织过程资产

组织过程资产提供了实施组织有关活动资源估算过程所考虑的人员配备，以及物资与设备租用或购买的各种方针。如果有历史信息，则要审查以前项目类似工作曾要求使用何种类型的资源。

3. 活动清单

从活动清单可知需估算资源对应的计划活动。项目活动清单是在"项目活动界定"阶段得到的一份计划工作文件。项目活动清单列出了项目所需开展的全部活动，它是对项目工作分解结构细化后的项目计划文件。

4. 活动属性

在活动定义过程中提出的活动属性是估算活动清单中每一计划活动所需资源时依靠的基本数据。绝大多数项目活动的工期还受项目资源质量的影响。例如，一项活动需要两个"五级技工"工作两天，但是如果只有"三级工"可能就需要 4 个人工作两天了。一般而言，项目资源质量水平也是决定项目活动工期长短的重要参数之一。

5. 可利用资源情况

可利用资源情况是指在估算资源类型时，有哪些相关资源(如人员、设备和物资)可供本项目使用的信息。对这种信息的了解包括考虑这些资源来源地的地理位置，以及可利用的时间。例如，在工程设计项目的早期阶段，可供使用的资源可能包括大量的初级与高级工程师，而在同一项目的后期阶段，可供使用的资源可能仅限于因为参与过项目早期阶段而熟悉本项目的个人。绝大多数项目活动工期受项目所能得到资源多少的影响。例如，两个人工作一整天的项目活动，如果只有一个人作业就需要两天时间。一般情况下，项目资源数量的多少是决定项目活动工期长短的重要参数之一。

6. 项目管理计划

进度管理计划是项目管理计划中用于活动资源估算的部分。

6.4.3 活动工期估算的工具与技术

1. 专家判断

在评价本过程同资源有关的依据时，经常要求利用专家判断。任何具有资源规划与估算专门知识的集体或个人都可以提供这方面的专业知识。专家评价法是由项目时间管理专家运用他们的经验和专业特长对项目活动工期做出估计和评价的方法。由于项目活动工期受许多因素的影响，所以使用其他方法计算和推理的方法是很困难的，但专家评估法却十分有效。

2. 多方案分析

很多计划活动都可利用多种方法完成。其中，包括利用各种水平的资源能力或技能、各种大小或类型的机器、各种工具(手工操作或自动化工具)，以及有关资源自制或购买的决策。类比法是以过去相似项目活动的实际活动工期为基础，通过类比的办法估算新项目活动工期的一种方法。当项目活动工期方面的信息有限时，可以使用类比法来估算项目的工期，但是这种方法的结果比较粗，一般用于最初的项目活动工期估算。

3. 历史估算数据

有许多公司定期更新并出版不同国家与各国不同地理位置资源的生产率和单价，这些数据涉及门类众多的各工种劳动力、材料与设备。在估算和确定项目活动工期中，还需要参考有关项目活动工期的历史信息，这类信息包括：相似项目的实际项目活动工期文件，商业性项目工期估算数据库(一些商业管理咨询公司收集的同类项目历史信息)，项目团队有关项目工期的知识和经验等。

4. 项目管理软件

项目管理软件能够协助规划、组织与管理备用资源，并提出资源估算。软件的复杂程度彼此悬殊，不仅可用来确定资源日历，还可以用来确定资源分解结构、资源的有无与多寡，以及资源单价。

5. 自下而上估算

当估算计划活动无足够把握时，应将其范围内的工作进一步分解。然后，估算下层每个更具体的工作资源需要，接着将这些估算按照计划活动需要的每一种资源汇集出总量。计划活动之间可能存在也可能不存在影响资源利用的依赖关系。如果存在，资源的这种利用方式反映在计划活动的要求估计之中，并形成文件。

6. 制订项目工期计划的方法

项目工期计划是项目专项计划中最为重要的计划之一，这种计划的编制需要反复试算和综合平衡，因为它涉及的影响因素很多，而且它的计划安排会直接影响项目集成计划和其他专项计划。所以这种计划的编制方法比较复杂，使用的主要方法有如下几种。

(1)系统分析法。系统分析法是通过计算所有项目活动的最早开始和结束时间、最晚开始和结束时间，然后统一安排项目活动，获得项目工期计划。这些时间的计算要反映出项目工期计划对于资源限制和其他约束条件的考虑，以及对于各种不确定因素的综合考虑。由于这种方法考虑了多种因素的影响，所以系统分析法在项目工期计划编制中运用得较多。这种方法的几个基本概念如下。

①项目的开始时间和结束时间。为建立一个项目所有活动的工期计划安排的基准，就必须为整个项目选择一个预计的开始时间(Estimated Start Time)和一个要求的完工时间(Required Completion Time)。这两个时间的间隔规定了项目完成所需的时间周期(或叫项目的时间限制)。整个项目的预计开始时间和结束时间通常是项目的目标之一，需要在项目合同或项目说明书中明确规定。然而，在一些特殊情况下可能会使用时间周期的形式来表示项目的开始和结束日期(如，项目要在开始后90天内完成)。

②项目活动的最早开始和结束时间、最迟开始和结束时间。为了使项目在要求的时间内完成，还必须根据项目活动的工期和先后顺序来确定出各项活动的时间。这需要给出每项活动的具体时间表，并在整个项目预计开始和结束的时间基础上确定每项活动能够开始和完成的最早时间和最迟时间。其中，一项活动的最早开始时间是根据整个项目的预计开始时间和所有紧前活动的工期估计得来的；一项活动的最早结束时间是用该活动的最早开始时间加上该活动的工期估计得来的。项目活动的最迟完工时间是用项目的要求完工时间减去该项目活动所有紧随活动的工期估计计算出来的，而项目活动的最迟开始时间是用该活动最迟结束时间加上活动的工期估计出来的。

③关键路径法。在项目的工期计划编制中,目前广为使用的系统分析法主要有:项目计划评审技术(添加 PERT)和关键路径法添加两种方法。其中,最重要的是关键路径法。关键路径法是一种运用特定的、有顺序的网络逻辑和估算出的项目活动工期,确定项目每项活动的最早与最晚开始和结束时间,并做出项目工期网络计划的方法。关键路径法关注的核心是项目活动网络中关键路径的确定和关键路径总工期的计算,其目的是使项目工期达到最短。关键路径法通过反复调整项目活动的计划安排和资源配置方案使项目活动网络中的关键路径逐步优化,最终确定出合理的项目工期计划。因为只有时间最长的项目活动路径完成之后,项目才能够完成,所以一个项目最长的活动路径被称为关键路径(Critical Path)。

在项目工期计划编制过程中,找出了项目的关键路径和关键路径上各项活动的估计工期,就可以确定整个项目的工期估算和项目工期计划了。在这一方法中,一个项目的最早结束时间等于项目计划开始时间加上项目关键路径上前期各项活动的期望工期之和。例如,图 6.12 中给出的是一个只有三项活动的项目案例,项目的最早结束时间是 36 天,项目最可能的结束时间是 39 天,而项目的最迟结束时间是 42 天。项目的最早、最迟完工时间是根据三项项目具体活动的工期估算的,它们的发生概率符合图 6.12 给出的正态分布。

图 6.12 案例项目完工时间发生概率的正态分布示意

(2)模拟法。模拟法是以一定的假设条件为前提去进行项目活动工期估算的一种方法。常见的这类方法有蒙特卡罗模拟法、三角模拟法等。这种方法既可以用来确定每项项目活动工期的统计分布,也用来确定整个项目工期的统计分布。其中,三角模拟法相对比较简单,这种方法的具体做法如下。

①单项活动的工期估算。对于活动持续时间存在高度不确定的项目活动,需要给出活动的三个估计的时间:乐观时间 t_o(这是在非常顺利的情况下完成某项活动所需的时间)、最可能时间 t_m(这是在正常情况下完成某活动最经常出现的时间)、悲观时间 t_p(这是在最不利情况下完成某项活动的时间),以及这些项目活动时间所对应的发生概率。通常对于设定的这三个时间还需要假定它们都服从 β 概率分布(取值为 6)。然后,用每项活动的三个时间估计时间就可以确定每项活动的期望(平均数或折中值)工期了。这种项目活动工期期望值 t_e 的计算公式如下:

$$t_e = \frac{t_0 + 4(t_m) + t_p}{6} \tag{6.1}$$

例如,假定一项活动的乐观时间为 1 周,最可能时间为 5 周,悲观时间为 15 周,则该项活动工期的期望值为:

$$t_e = \frac{1 + 4 \times 5 + 15}{6} = 6(\text{周})$$

②总工期期望值的计算方法。在项目的实施过程中,一些项目活动花费的时间会比它

们的期望工期少，另一些会比它们的期望工期多。对于整个项目而言，这些多于期望工期和少于期望工期的项目活动耗费的时间有很大一部分是可以相互抵消的。因此所有期望工期与实际工期之间的净总差额值同样符合正态概率分布规律。这意味着，在项目活动排序给出的项目网络图中关键路径（工期最长的活动路径）上的所有活动的总概率分布也是一种正态分布，其均值等于各项活动期望工期之和，方差等于各项活动的方差之和。依据这些就可以确定出项目总工期的期望值了。

③项目工期估算实例。现有一个项目的活动排序及其工期估计数据如图 6.13 所示。假定项目的开始时间为 0 并且必须在第 40 天之前完成。

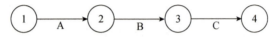

图 6.13 项目活动排序及工期估计示意

图 6.13 中每个活动工期的期望值计算如下：

A 活动　　$t_e = \dfrac{2 + 4 \times 4 + 6}{6} = 4$ 天

B 活动　　$t_e = \dfrac{5 + 4 \times 13 + 15}{6} = 12$ 天

C 活动　　$t_e = \dfrac{13 + 4 \times 18 + 35}{6} = 20$ 天

把这三个项目活动估算工期的期望值加总，可以得到一个总平均值，即项目整体的期望工期 t_e。具体做法如表 6.1 所示。

表 6.1　项目活动工期估算汇总

单位：天

活　动	乐观时间 t_o	最可能时间 t_m	悲观时间 t_p	期望工期 t_e
A	5	4	6	4
B	5	13	15	12
C	13	18	35	20
项目整体	20	35	56	36

由表 6.1 可以看出，三项活动的乐观时间为 20 天，最可能时间为 35 天，而悲观时间为 56 天，据此计算出的项目整体期望工期与根据三项活动的期望值之和（4+12+20=36）的结果是相同的，这表明对整个项目而言，那些多于期望工期和少于期望工期的项目活动所耗时间是可以相互抵消的，因此项目整体工期估算的时间分布等于三项活动消耗时间平均值或期望值之和。另外，这一工期估算中的方差有如下关系：

A 活动　　$\delta^2 = \left(\dfrac{6-2}{6}\right)^2 = 0.444$

B 活动　　$\delta^2 = \left(\dfrac{15-5}{6}\right)^2 = 2.778$

C 活动　　$\delta^2 = \left(\dfrac{35-13}{6}\right)^2 = 13.444$

由于总分布是一个正态概率分布，所以它的方差是三项活动的方差之和，即 16.666。总分布的标准差 δ 是：

$$\delta = \sqrt{\delta^2} = \sqrt{16.666} = 4.08 \text{ 天}$$

图 6.14 给出了总概率曲线与其标准差的图示。

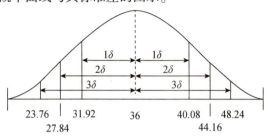

图 6.14 项目实例总概率曲线与其标准差的图示

图 6.14 是一个正态曲线，其在 ±1δ 的范围内(即在 31.92 与 40.08 天之间)包含的总面积是 68%，在 ±2δ 的范围内(即在 27.84 天与 44.16 天之间)包含的总面积是 95%，在 ±3δ 的范围内(即在 23.76 天与 48.24 天之间)包含了总面积的 99%。对于这些概率分布可以解释如下：在 23.76 天到 48.24 天之间完成项目的可能性为 99%(概率为 0.99)；在 27.84 天到 44.16 天之间完成项目的可能性为 95%(概率为 0.95)；在 31.92 天到 40.08 天之间完成项目的可能性为 68%(概率为 0.68)。

(3)资源水平法。使用系统分析法制订项目工期计划的前提是项目的资源充足，但是在实际中多数项目存在有资源限制，因此有时需要使用资源水平法去编制项目的工期计划。这种方法的基本指导思想是"将稀缺资源优先分配给关键路线上的项目活动"。这种方法制订出的项目工期计划常常比使用系统分析法编制的项目工期计划的工期要长，但是更经济和实用。这种方法有时又叫作"基于资源的项目工期计划方法"。

(4)甘特图法。这是由美国学者甘特发明的一种使用条形图编制项目工期计划的方法，是一种比较简便的工期计划和进度安排方法。这种方法是在 20 世纪早期发展起来的，因为它简单明了，所以到今天人们仍然广泛使用。甘特图把项目工期和实施进度安排两种职能组合在一起，项目活动纵向排列在图的左侧，横轴则表示活动与工期时间，每项活动预计的时间用线段或横棒的长短表示。另外，在甘特图中也可以加入一些表明每项活动由谁负责等方面的信息。简单项目的甘特图如图 6.15 所示。

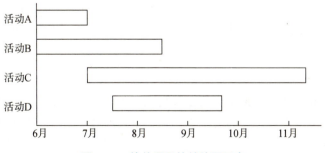

图 6.15 简单项目的甘特图示意

(5)项目管理软件法。项目管理软件法是广泛应用于项目工期计划编制的一种辅助方法。使用特定的项目管理软件就能够运用系统分析法的计算方法和对于资源水平的考虑，快速编制出多个可供选择的项目工期计划方案,最终选定一个满意的方案。这对于优化项目工期计划是非常有用的。当然,尽管使用项目管理软件,最终决策还是需要由人来做出。

6.4.4 活动工期估算的成果

1. 活动资源要求

活动资源估算过程的成果就是识别与说明工作细目中每一计划活动需要使用的资源类型和数量。可以在汇总这些要求之后,确定每一工作细目的资源估算量。资源要求说明书细节的数量与具体和详细程度,因应用领域而异。每一计划工作的资源要求文件可能包括每一资源估算的根据,以及在确定资源类型、有无与多寡和使用量时所做的假设。制订进度计划过程确定何时需用资源。

2. 活动属性(更新)

每一计划活动必须使用的资源类型与数量都反映到活动属性之中。如果在活动资源估算过程中批准变更请求,则应将批准的变更加入活动清单与活动属性,更新活动清单与活动属性。项目的活动工期估算是对完成一项活动所需时间及其可能性的定量计算,根据项目各项活动的工期估算可以进一步估算出整个项目所需工期。估算出的项目活动工期应包括对项目活动工期可能变化范围的评估。例如:"项目活动需要 2 周±2 天的时间",这表示项目活动的时间至少需要 8 天,而且不会超过 12 天,最可能的是 10 天(每周 5 天工作日)。

3. 资源分解结构

资源分解结构是按照资源种类和形式而划分的资源层级结构。在项目活动估算的过程中可能会发现项目工作分解结构和项目活动清单中存在的各种问题,因此需要对它们进行修订和更新。如果有这种情况发生就需要更新原有的项目活动清单,从而获得更新后的项目活动清单和工作分解结构,并且将其作为项目工期估算的工作文件,与其他项目工期估算正式文件一起作为项目工期估算的工作结果而输出。

4. 资源日历(更新)

项目综合资源日历记录了确定使用某种具体资源(如人员或是物资)日期的工作日,或不使用某种具体资源日期的非工作日。项目资源日历一般根据资源的种类标识各自的节假日,以及可以使用资源的时间。项目资源日历标识出资源每一可供使用期间、可供使用的数量。

5. 请求的变更

在活动资源估算过程中可能会提出变更请求,要求在活动清单内添加或删除列入计划的计划活动。请求的变更通过整体变更控制过程审查与处置。这是有关项目工期估算的依据与支持细节的说明文件。其中,项目工期估算的依据给出了项目工期估算中所使用的各种约束条件和假设前提条件、各种参照的项目历史信息,以及项目活动清单、资源需求数量与质量等方面的依据资料和文件。项目工期估算的支持细节包括所有与项目工期估算结果有关的文件和说明。

6.5 活动持续时间估算

6.5.1 活动持续时间估算的概念

活动持续时间估算是项目计划制订的一项重要的基础工作，它直接关系到各事项、各工作网络时间的计算和完成整个项目任务所需要的总时间。若工作持续时间估算太短，则会在工作中造成被动紧张的局面；相反，若工作持续时间估算得太长，就会使整个项目的完工期延长。因此，对活动持续时间的估算要做到客观准确。这就要求在对工作做出时间估算时，不应受到工作重要性及工程完成期限的影响，要在考虑到各种资源、人力、物力、财力的情况下，把工作置于独立的正常状态下进行估算，要做到全盘考虑，不可顾此失彼。

活动持续时间估算过程要求估算为完成计划活动而必须付出的工作努力数量，估算为完成计划活动而必须投入的资源数量，并确定为完成该计划活动而需要的工作时间。对于每一活动持续时间估算，所有支持持续时间估算的数据与假设都要记载下来。活动持续时间估算的依据、工具与技术和成果如图 6.16 所示。

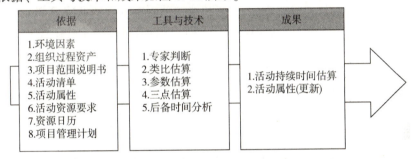

图 6.16　活动持续时间估算的依据、工具与技术和成果

6.5.2 活动持续时间估算的依据

1. 环境因素

参与项目的一个或多个组织可能会有持续时间估算数据库与其他历史参考数据。这种类型的参考资料也可以在市场上买到。这些数据库在活动持续时间不受实际工作内容影响时，往往特别有用(例如，混凝土养护需要的时间，政府机构对于某类申请一般要多长时间给予回答)。

2. 组织过程资产

有关许多类型活动的可能持续时间的历史资料通常容易找到。参与项目的一个或多个组织可能会保留过去项目结果的记录，其详细程度足以帮助提出活动持续时间估算。在某些应用领域中，团队个别成员也可能会保留此类记录。

实施组织的组织过程资产会有可用于活动持续时间估算的某些事项，如项目日历(编排开展计划活动的工作日或轮流班次，以及不开展计划活动的非工作日的日历)。

3. 项目范围说明书

在估算计划活动持续时间时，考虑项目范围说明书提供的制约因素与假设。假设的例子有，项目的报告时间长短可能决定计划活动持续时间的上限。制约因素的例子有，文件的提交与审查，以及其他经常具有由合同或实施组织方针所规定的频率与持续时间的类似非可交付成果计划活动。

4. 活动清单

(1)项目网络图是在活动排序阶段所得到的项目各项活动以及它们之间逻辑关系的示意图。

(2)项目活动工期的估算文件。这也是项目时间管理前期工作得到的文件，这是对于已确定项目活动的可能工期估算文件。

(3)项目的资源要求和共享说明。这包括有关项目资源质量和数量的具体要求以及各项目活动以何种形式与项目其他活动共享何种资源的说明。

5. 活动属性

(1)项目作业制度安排。项目作业制度安排也会影响到项目的工期计划编制。例如，一些项目的作业制度规定可以是在白班作业一个班次，也可以是三班倒进行项目作业。

(2)项目作业的各种约束条件。在制订项目工期计划时，必须考虑两类主要的项目作业约束条件：强制的时间(项目业主/用户或其他外部因素要求的特定日期)、关键时间或主要的里程碑(项目业主/用户或其他投资人要求的项目关键时间或项目工期计划中的里程碑)。

(3)项目活动的提前和滞后要求，任何一项独立的项目活动都应该有关于其工期提前或滞后的详细说明，以便准确地制订项目的工期计划。例如，对项目订购和安装设备的活动可能会允许有一周的提前或两周的延期时间。

6. 活动资源要求

活动的估算资源要求对计划活动的持续时间有影响，因为分配给计划活动的资源，以及这些资源能否用于项目，将大大影响大多数活动的持续时间。例如，如果某计划活动要求两名工程师共同工作，提高设计活动的工作效率，但是只有一名工程师实际投入了设计工作，因此一般至少要花两倍的时间才能完成这项设计活动。然而，当某些计划活动添加了资源或使用了技能不高的资源时，项目就可能降低效率。效率的降低反过来又造成工作产量的增加量大大低于资源增加的百分比。

7. 资源日历

制作综合资源日历，属于活动资源估算过程的一部分。资源日历包括人力资源的有无、能力与技能。对于计划活动持续时间有很大影响的设备、物资的类型、数量、能否使用，以及能力也给予考虑。例如，初级和高级人员都全时投入工作，则在完成给定的计划活动时一般可指望高级人员使用的时间比初级人员少。

8. 项目管理计划

项目管理计划包含风险登记册与活动费用估算两个内容。

(1)风险登记册。风险登记册中包含有关项目团队提出活动持续时间估算，并在考虑风险之后加以调整时所考虑的已识别项目风险的信息。对于每一计划，项目团队都考虑在基准持续时间估算中加入的风险后果大小,特别是发生概率或后果评定分数高的那些风险。

(2)活动费用估算。项目费用估算如果已经完成,就可以进一步详细编制,为项目活动清单中每一计划活动提供资源需求量估算数。

6.5.3　活动持续时间估算的工具与技术

1. 专家判断

由于影响活动持续时间的因素太多,如资源的水平或生产率,所以常常难以估算。只要有可能,就可以利用以历史信息为根据的专家判断。各位项目团队成员也可以提供持续时间估算的信息,或根据以前的类似项目提出有关最长持续时间的建议。如果无法请到这种专家,则持续时间估计中的不确定性和风险就会增加。

2. 类比估算

持续时间类比估算就是以从前类似计划活动的实际持续时间为根据,估算将来的计划活动的持续时间。当有关项目的详细信息数量有限时,在项目的早期阶段就可经常使用这种办法估算项目的持续时间。类比估算利用历史信息和专家判断。

当以前的活动事实上而不仅仅是表面上类似,而且准备这种估算的项目团队成员具备必要的专业知识时,持续时间类比估算最可靠。

3. 参数估算

将应当完成的工作量乘以生产率,就可以估算出活动持续时间的基数。例如,对于设计项目,将图纸的张数乘以每张图用的工时,或者对于电缆敷设项目,将电缆的长度乘以敷设每米需要的工时,就可以估算出生产率。总的资源数量乘以每个工作班次的工时或每个工作班次的生产能力,然后除以使用的资源数目,就可以确定各个工作班次的活动持续时间。

4. 三点估算

考虑原有估算中风险的大小,可以提高活动持续时间估算的准确性。三点估算就是在确定三种估算的基础上做出的。

(1)最可能持续时间。最可能持续时间是在为计划活动分派的资源、资源生产率、可供该计划活动使用的现实可能性,对其他参与者的依赖性,以及可能的中断都已给定时,该计划活动的持续时间。

(2)乐观持续时间。当估算最可能持续时间依据的条件形成最有利的组合时,估算出来的持续时间就是活动的乐观持续时间。

(3)悲观持续时间。当估算最可能持续时间依据的条件形成最不利的组合时,估算出来的持续时间就是活动的悲观持续时间。

利用上述三种估算的活动持续时间的平均值,就可以估算出该活动的持续时间。这个平均值常常比单点估算的最可能持续时间准确。

5. 后备时间分析

为应对项目进度中的风险,项目团队可以在总的项目进度计划中以"应急时间""时间储备"或"缓冲时间"为名称增加一些时间。应急时间可取活动持续时间估算值的某一百分比，或某一固定长短的时间，或根据定量风险分析的结果确定。应急时间可能全部用完，也可能只使用一部分，还可能随着项目更准确的信息增加和积累而到后来减少或取消。这样的应急时间应当连同其他有关的数据和假设一起形成文件。

6.5.4 活动持续时间估算的成果

1. 活动持续时间估算

活动持续时间是对完成计划活动所需时间的可能长短所做的定量估计。活动持续时间估算的结果中应当指明变化范围。例如：2周±2天指明计划活动至少要用8天，但最多不超过12天（假定每周工作5天）；超过3周的概率为15%，也就是说，该计划活动需要3周或更短时间的概率为85%。

项目工期计划编制工作的结果是给出了一系列的项目工期计划文件，主要包括以下一些。

（1）项目工期计划书。通过项目工期计划编制而给出的项目工期计划书，至少应包括每项活动的计划开始日期和计划结束日期等信息。一般在项目资源配置得到确认之前，这种项目工期计划只是初步计划，在项目资源分配得到确认之后才能够得到正式的项目工期计划。项目工期计划文件可以使用摘要的文字描述形式给出，也可使用图表的形式给出。表6.2就是用里程碑表的形式给出的一份项目工期计划书。

表6.2 项目工期计划书（里程碑表）

事件（里程碑）	1月	2月	3月	4月	5月	6月	7月	8月
分包合同签订			△▼					
规格书完成			△	▽				
设计审核					△			
子系统测试						△		
第一单元提交							△	
全部项目完成								△

（2）项目工期计划书的支持细节。这是关于项目工期计划书各个支持细节的说明文件，包括所有已识别的假设前提和约束条件说明，具体计划实施措施的说明等。例如，在一个建设工程项目中，项目工期计划书的支持细节可以包括项目资源配置的说明、项目现金流量表、项目的物料采购计划和其他一些项目工期计划的保障措施等。

（3）项目进度管理的计划安排。项目进度管理的计划安排是有关如何应对项目工期计划变更和有关项目实施的作业计划管理安排。这一部分内容既可以整理成正式的项目进度计划管理文件，也可以作为项目工期计划正式文件的附件，或者只是做一个大体上的框架说明即可。但是无论使用什么方式，它都应该是整个项目工期计划的一个组成部分。

（4）更新后的项目资源需求。在项目工期计划编制中会出现对于项目资源需求的各种改动，因此在工期计划制订过程中要对所有项目资源需求改动进行必要整理，并编制成一份更新后的项目资源需求文件。这一文件将替代旧的项目资源需求文件并在项目工期计划管理、集成管理和资源管理中使用。

2. 活动属性(更新)

活动属性更新后应包括每一计划活动的持续时间、假设,以及应急时间。

6.6 制订进度计划

6.6.1 进度计划的概念

进度计划是依据项目的工作分解结构、活动排序、资源估算以及持续时间估算对项目各项工作的开始和结束时间进行安排。制订项目进度计划要定义出项目的起止日期和具体的实施方案与措施。在制订出项目进度计划之前必须同时考虑这一计划所涉及的其他方面问题和因素,尤其是对于项目工期估算和成本预算的集成问题,必须予以考虑。制订进度计划的依据、工具与技术和成果如图 6.17 所示。

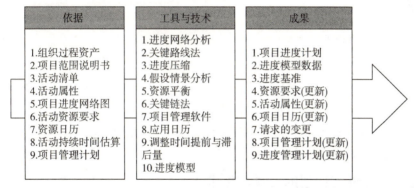

图 6.17　制订进度计划的依据、工具与技术和成果

制订进度计划是一个反复多次的过程,可能要求对持续时间估算与资源估算进行审查与修改,以便进度计划在批准之后能够当作跟踪项目绩效的基准使用。制订进度计划过程随着工作的绩效、项目管理计划的改变,以及预期的风险果然发生或消失,或识别出新风险而贯穿于项目的始终。

6.6.2 制订进度计划的依据

1. 组织过程资产

组织在实施过程资产时可能有用于制订进度计划的某些事项,如项目日历(编排开展计划活动的工作日或轮流班次,以及不开展计划活动的非工作日的日历)。

2. 项目范围说明书

项目范围说明书中含有可能影响制订进度计划的制约因素与假设。假设就是记载与文件中同进度有关,就制订进度计划而言视其为正确、真实或肯定的因素。制约因素就是在项目管理团队进行进度网络分析时限制其选择的因素。

在制订进度计划期间考虑两种主要类型的时间制约因素。

（1）强加于活动开始与完成的日期可用于限制活动的开始或完成，从而使活动既不早于也不晚于某个事先规定的日期。一般项目管理软件虽然都考虑了若干种限制，但最常用的是"不早于开始"和"不迟于结束"。日期制约因素包括诸如双方商定的合同日期、技术项目的市场窗口、室外活动的天气限制、遵守有关环境治理的强制规定，以及由项目进度计划未表示的有关方面负责的物资供应等状况。

（2）项目发起人、项目顾客或其他项目相关方经常对影响必须在规定日期前完成某些可交付成果的关键事件或里程碑发号施令。这些日期一旦确定，就希望如期实现，要想变动，必须以变更形式获得批准。里程碑还可用于指明同项目外工作的交接关系。这类工作一般不在项目数据库内，而且受日期制约的里程碑可能就是适当的进度界面。

3. 活动清单

4. 活动属性

5. 项目进度网络图

6. 活动资源要求

7. 资源日历

8. 活动持续时间估算

9. 项目管理计划

项目管理计划包括进度管理计划、费用管理计划、项目范围管理计划和风险管理计划。这些计划不但对制订进度计划过程，而且对直接配合制订进度计划过程的组成部分都有指导作用。这些组成部分之一就是风险登记册。风险登记册记载了为配合制订进度计划而需要的项目风险，以及相应的风险应对计划。

6.6.3 制订进度计划的工具与技术

1. 进度网络分析

进度网络分析是提出与确定项目进度计划的一种技术。进度网络分析使用一种进度模型和多种分析技术，如关键路线法、局面应对分析，以及资源平衡来计算最早、最迟开始和完成日期，包括项目计划活动未完成部分的计划开始与计划完成日期。如果模型中使用的进度网络图含有任何网络回路或网络开口，则需要对其加以调整，再选用上述分析技术。某些网络路线可能含有路径汇聚或分支点，在进行进度压缩分析或其他分析时可以识别出来并加以利用。

2. 关键路线法

关键路线法是利用进度模型时使用的一种进度网络分析技术。关键路线法沿着项目进度网络路线进行正向与反向分析，从而计算出所有计划活动理论上的最早开始与完成日期、最迟开始与完成日期，不考虑任何资源限制。由此计算而得到的最早开始与完成日期、最迟开始与完成日期不一定是项目的进度计划，它们只不过指明计划活动在给定的活动持续时间、逻辑关系、时间提前与滞后量，以及其他已知制约条件下应当安排的时间段与长短。

由于构成进度灵活余地的总时差可能为正、负或零值，最早开始与完成日期、最迟开始与完成日期的计算值可能在所有的路线上都相同，也可能不同。在任何网络路线上，进度灵活余地的大小由最早日期与最迟日期两者之间正的差值决定，该差值叫作"总时差"。关键路线有零或负值总时差，在关键路线上的计划活动叫作"关键活动"。为了使路线总时差为零或正值，有必要调整活动持续时间、逻辑关系、时间提前与滞后量或其他进度制约因素。一旦路线总时差为零或正值，则还能确定自由时差。自由时差就是在不延误同一网络路线上任何直接后继活动最早开始时间的条件下，计划活动可以推迟的时间长短。

3. 进度压缩

进度压缩在不改变项目范围，满足进度制约条件、强加日期或其他进度目标的前提下，缩短项目的进度时间。进度压缩的技术有以下两个。

(1)赶进度。对费用和进度进行权衡，确定如何在尽量少增加费用的前提下最大限度地缩短项目所需时间。赶进度并非总能产生可行的方案，反而常常增加费用。

(2)快速跟进。这种进度压缩技术通常同时进行按先后顺序的阶段或活动。例如，建筑物在所有建筑设计图纸完成之前就开始基础施工。快速跟进往往造成返工，并通常会增加风险。这种办法可能要求在取得完整、详细的信息之前就开始进行，如工程设计图纸。其结果是以增加费用为代价换取时间，并因缩短项目进度时间而增加风险。

4. 假设情景分析

假设情景分析就是对"情景X出现时应当如何处理"这样的问题进行分析。进度网络分析是利用进度模型计算各种各样的情景，如推迟某大型部件的交货日期、延长具体设计工作的时间，或加入诸如罢工或申请许可证过程的变化的外部因素。假设情景分析的结果可用于估计项目进度计划在不利条件下的可行性，用于编制避免由于出乎意料的局面造成的后果的应急和应对计划。模拟指对活动做出多种假设，计算项目多种持续时间。最常用的技术是蒙特卡罗分析，这种分析为每一计划活动确定一种活动持续时间概率分布，然后利用这些分布计算出整个项目持续时间可能结果的概率分布。

5. 资源平衡

资源平衡是一种进度网络分析技术，用于已经利用关键路线法分析过的进度模型之中。资源平衡的用途是处理时间安排需要满足规定交工日期的计划活动，处理只有在某些时间才能动用或只能动用有限数量的必要的共用或关键资源的局面，或者用于在项目工作具体时间段按照某种水平均匀地使用选定资源。这种均匀使用资源办法可能会改变原来的关键路线。

资源平衡的结果经常是项目的预计持续时间比初步项目进度计划长。这种技术也称为"资源决定法"，当利用进度优化项目管理软件进行资源平衡时尤其如此。将资源从非关键活动重新分配到关键活动的做法，是使项目自始至终尽可能接近原来为其设定的整体持续时间而经常采用的方式。也可以考虑根据不同的资源日历，利用延长工作时间、周末或选定资源多班次工作的办法，缩短关键活动的持续时间。提高资源生产率是另外一种缩短或延长项目初步进度时间的持续时间的办法。不同的技术或机器，如电脑源程序的重用、自动焊接、电子管材切割机，以及自动化生产线都是为了提高资源的生产率。某些项目可能拥有数量有限但关键的项目资源。遇到这种情况，资源可以从项目的结束日期开始反向安排，这种做法叫作按资源分配倒排进度法，但不一定能制订出最优项目进度计划。资源平衡技术提出的资源限制进度计划，有时候叫作资源制约进度计划，开始日期与完成日期都是计划开始日期与计划完成日期。

6. 关键链法

关键链法是另一种进度网络分析技术，可以根据有限的资源对项目进度计划进行调整。关键链法结合了确定性与随机性办法。开始时，利用进度模型中活动持续时间的非保守估算，根据给定的依赖关系与制约条件来绘制项目进度网络图，然后计算关键链。在确定关键链之后，将资源的有无与多寡情况考虑进去，确定资源制约进度计划。这种资源制约进度计划经常改变关键链。

为了保证活动计划持续时间的重点，关键链法添加了持续时间缓冲段，这些持续时间缓冲段属于非工作计划活动。一旦确定了缓冲计划活动，就按照最迟开始与最迟完成日期安排计划活动。这样一来，关键链法就不再管理网络路线的总时差，而是集中注意力管理缓冲活动持续时间和用于计划活动的资源。

7. 项目管理软件

项目管理进度安排软件已经成为普遍应用的进度计划制订手段。其他软件也许能够直接或间接地同项目管理软件配合起来，体现其他知识领域的要求，如根据时间段进行费用估算、定量风险分析中的进度模拟。这些产品自动进行正向与反向关键路线分析和资源平衡的数学计算，这样一来就能够迅速地考虑许多种进度安排方案。它们还广泛地用于打印或显示制订完毕的进度计划成果。

8. 应用日历

项目日历和资源日历标明了可以工作的时间段。项目日历影响到所有的活动，例如，因为天气原因，一年当中某些时间段现场工作是不可能进行的。资源日历影响到某种具体资源或资源种类。资源日历反映了某些资源是如何只能在正常营业时间工作的，而另外一些资源分三班整天工作，或者项目团队成员正在休假或参加培训而无法调用，或者某一劳动合同限制某些工人一个星期工作的天数。

9. 调整时间提前与滞后量

提前与滞后时间量使用不当会造成项目进度计划不合理，在进度网络分析过程中调整提前与滞后时间量，以便提出合理、可行的项目进度计划。

10. 进度模型

进度数据和信息经过整理，用于项目进度模型中。在进行进度网络分析和制订项目进度计划时，将进度模型工具与相应的模型数据同手工方法或项目管理软件结合在一起使用。

6.6.4 制订进度计划的成果

1. 项目进度计划

项目进度计划至少包括每项计划活动的计划开始日期与计划完成日期。如果在项目的初始阶段进行了资源规划，在资源分配未确认，计划开始与计划完成日期未确定之前，项目进度计划始终属于初步进度计划。这个过程一般发生在项目管理计划制订完成之前。

项目目标进度计划还可以对每一计划活动确定目标开始日期与目标完成日期。项目进度计划可以简要概括，亦可详细具体。虽然可用表格形式，但更常见的做法是用以下一种或多种格式的图形表示。

(1)项目进度网络图。加上活动日期资料的图形,一般既表示项目网络逻辑,又表示项目关键路径上的计划活动。进度网络图有活动节点表示法(单代号网络图),也可用时标网络图,时标网络图有时候叫作逻辑条形图。

(2)条形图。条形图用条形表示活动,注明了活动的开始与结束日期,以及活动的预期持续时间。条形图容易看懂,经常用于向管理层介绍情况。为了控制与管理沟通的方便,里程碑或多个互相依赖的工作细目之间加入内容更多、更综合的概括性活动,并在报告中以条形图的形式表现出来。这种概括性活动偶尔称为汇总活动。

(3)里程碑图。与条形图类似,但仅标示出主要可交付成果以及关键的外部接口的规定开始与完成日期。

2. 进度模型数据

项目进度计划的辅助数据至少应包括里程碑、计划活动、活动属性,以及所有已经识别的假设与制约因素的文字记载。此类数据的多寡因应用领域而异。经常当作辅助细节被列入进度模型数据中的信息,包括但不限于如下方面。

(1)按时段提出的资源要求,往往以资源直方图的形式显示。

(2)其他可供选择的进度计划,例如,最好的和最坏的情况,资源平衡或不平衡,有或无强制性日期。

(3)进度应急储备。

例如,在电子设计项目中,进度模型数据可能包括人力资源直方图、现金流量预测,以及订货与交货进度计划等。

3. 进度基准

进度基准是根据对进度模型进行的进度网络分析,而提出的一种特殊形式的项目进度计划。该进度计划在项目管理团队认可与批准之后,被当作进度基准使用,标明基准开始日期和基准完成日期。

4. 资源要求(更新)

资源平衡对于必要资源类型与数量的初步估算,有时候影响很大。如果资源平衡分析改变了项目资源要求,就要更新资源要求。

5. 活动属性(更新)

活动属性更新后,应列入修改的资源要求与所有其他在制订进度计划过程中提出且经过批准的变更。

6. 项目日历(更新)

项目日历就是编排确定开展计划活动日期的工作日或工作班次的日历。项目日历也确定了不开展计划活动的非工作日,如节假日、周末,以及无工作班次的时间。每一项目的日历可以根据不同的日历单位安排项目的进度。

7. 请求的变更

制定进度表过程中可能提出变更请求,这要经过整体变更控制过程的审查与处置。

8. 项目管理计划(更新)

更新项目管理计划,以便反映所有批准的变更,以及管理项目进度的方式与方法。

9. 进度管理计划(更新)

如果在项目时间管理的各过程中有批准的变更,则项目管理计划中进度管理计划部分就可能需要将这些批准的变更纳入其中。

6.7 进度控制

6.7.1 进度控制的概念

项目开始实施以后就必须严格控制项目的进程,以确保项目能够按项目进度完成。在这一工作中,必须及时定期地将项目实施的情况与项目计划进度进行比较,并找出二者的差距,一旦发现这种差距超过了控制标准就必须采取纠偏措施,以维持项目进度的正常发展。项目经理必须根据项目实际进度并结合其他发生的具体情况,定期改进项目的实际工作或更新项目进度计划,最终实现对整个项目工期的全面和有效控制。

项目进度控制是对项目工期计划的实施与项目工期计划的变更所进行的管理控制工作。项目进度控制的主要内容包括以下几项。

(1)对项目进度影响因素的控制(事前控制)。
(2)对项目进度完成情况的绩效度量。
(3)对项目实施中出现的偏差采取纠偏措施。
(4)对项目进度变更的管理控制等。

项目进度控制的依据、工具与技术和成果如图6.18所示。

图6.18 项目进度控制的依据、工具与技术和成果

6.7.2 进度控制的依据

项目工期计划控制的主要依据包括如下几个方面。

1. 进度管理计划

项目进度管理的计划安排给出了如何应对项目工期计划变动的措施和管理安排,包括项目资源方面的安排、应急措施方面的安排等。这些项目进度管理(或叫项目作业管理)的安排也是项目工期计划控制的重要依据。

2. 进度基准

项目工期计划文件是项目工期计划控制最根本的依据。项目工期计划文件提供了度量项目实施绩效和报告项目工期计划执行情况的基准和依据。

3. 绩效报告

这一报告提供了项目工期计划实施的实际情况及相关的信息。例如，哪些项目活动按期完成了，哪些未按期完成，项目工期计划的总体完成情况等。通过比较项目工期计划和项目工期计划实施情况报告可以发现项目工期计划实施的问题和差距。

4. 批准的变更请求

项目变更请求是对项目计划任务所提出的改动要求。它可以由业主/客户提出，也可以由项目实施组织提出，或者是法律要求的。项目的变更可能会要求延长或缩短项目的工期，也可能是要求增加或减少项目的工作内容。但是，无论哪一方面的项目变更都会影响到项目工期计划的完成，所以项目变更的请求也是项目工期计划控制的主要依据之一。

6.7.3 进度控制的工具与技术

1. 进度报告

进度报告及当前进度状态包括实际开始与完成日期，以及未完计划活动的剩余持续时间。如果还使用了挣值这样的绩效测量，则也可能含有正在进行的计划活动的完成百分比。为了便于定期报告项目的进度，组织内参与项目的各个单位可以在项目生命期内自始至终使用统一的样板。样板可以用纸张形式，亦可用电脑文件。

2. 进度变更控制系统

进度变更控制系统规定项目进度变更所应遵循的手续，包括书面申请、追踪系统以及核准变更的审批级别。进度变更控制系统的功能属于整体变更控制过程的一部分。

项目工期计划变更的控制方法是针对项目工期计划变更的各种请求，按照一定的程序对于项目工期计划变更进行全面控制的方法。这包括项目工期变更的申请程序、项目工期变更的批准程序和项目工期变更的实施程序等一系列的控制程序及相应的方法。

3. 绩效衡量

绩效衡量技术产生进度偏差（Schedule Variance，SV）与进度绩效指数（Schedule Performance Index，SPI）。进度偏差与进度绩效指数用于估计实际发生任何项目进度偏差的大小。进度控制的一个重要作用是判断已发生的进度偏差是否需要采取纠正措施。例如，非关键路径计划活动的重大延误对项目总体进度影响甚微，而关键路径或接近关键路径上的一个短得多的延误，却有可能要求立即采取行动。

4. 项目管理软件

用于制作进度表的项目管理软件能够追踪与比较计划日期和实际日期，预测实际的或潜在的项目进度变更所带来的后果，因此是进度控制的有用工具。对项目工期计划的管理控制而言，运用项目管理软件也是很有用的方法之一。这种方法可以用来追踪和对比项目实际实施情况与工期计划要求的差距，预测项目工期计划的变化及其影响和调整、更新与追加项目工期计划。

5. 偏差分析

在进度监视过程中，进行偏差分析是进度控制的一个关键职能。将目标进度日期同实际的或预测的开始与完成日期进行比较，可以获得发现偏差以及在出现延误时采取纠正措施所需的信息。在评价项目进度绩效时，总时差也是分析项目时间实施效果的一个必不可少的规划组成部分。

6. 进度比较条形图

为了节省分析时间进度的时间，使用比较条形图很方便。在这种图中每一计划活动都画两条条形，一条表示当前实际状态，另一条表示经过批准的项目进度基准状态，这样就可以直观地显示出何处绩效符合计划，何处已经延误。

6.7.4 进度控制的成果

1. 进度模型数据(更新)

项目进度表更新指对用于管理项目的项目进度模型资料所做出的任何修改。必要时，要通知有关的项目相关方。

重新绘制的项目进度网络图展示出得到批准的剩余持续时间和对工作计划所做的修改。有时，项目进度可能延误非常严重，需要修改目标开始与完成日期，制作新的目标进度表，才能为指导工作、测量绩效与绩效提供现实的数据。

2. 进度基准(更新)

修改进度表是一种特殊类型的项目进度表更新。修改指改变经过批准的进度基准的计划开始与完成日期。一般是在批准项目范围或费用估算方面的变更请求之后才改变上述日期。只有在批准变更时，才确定经过修改的进度基准。原来的进度基准和进度模型一直保存到确定出新的进度基准，以防丢失项目进度表的历史数据。这是根据项目进度实施中的各种变化和纠偏措施，对项目工期计划进行修订以后所形成的新的项目工期计划。它是对原有项目工期计划进行全面修订后给出的结果。

3. 绩效衡量

为各工作分解结构组成部分，特别是工作细目与控制账户计算得出的进度偏差(SV)和进度绩效指数(SPI)数值，记入文件并通知各项目相关方。

4. 请求的变更

进度偏差分析，连同对进度绩效报告的审查、绩效测量的结果，以及对项目进度模型的修正都会对项目进度基准提出变更请求。项目进度变更也可能不要求调整项目管理计划的其他组成部分。请求的变更是通过整体变更控制过程审查和处置的。

5. 推荐的纠正措施

纠正措施是指为使项目未来进度的绩效与批准的项目进度基准保持一致而采取的任何行动。时间管理领域的纠正措施通常涉及赶进度，即采取特殊行动以保证计划活动按时完成，或者至少把延误降到最低限度。纠正措施往往要求进行根本原因分析，查明造成偏差的原因。这种分析可能涉及并非实际造成偏差的计划活动。因此，可以利用项目进度表中排在后面的计划活动对项目进度出现偏差后的恢复进行规划和实施。纠偏措施是指为纠正项目工期计划实施情况与计划要求之间的偏差，所采取的具体行动方案。在项目工期管理中需要采取各种纠偏措施去保证项目的工期进度和项目按时完工，所以项目进度中要采取的纠偏措施也是项目进度控制的重要工作结果之一。

6. 组织过程资产(更新)

偏差的原因、选取纠正措施时的思考过程，以及从进度控制中汲取的其他教训均应形成文字，纳入组织过程资产之中，使其成为本项目和实施组织其他项目历史数据库的组成部分。有关项目进度控制方面的各种可供吸取的经验教训也是项目工期计划控制工作的结果之一。这方面的内容包括有关项目工期计划变动的原因、采取纠偏措施的理由，以及项目工期计划失控的经验和教训等。

本章小结

项目时间管理、项目费用管理、项目质量管理并称为项目的"三大管理"。项目时间管理涉及的主要过程包括活动定义、活动排序、资源估算、活动持续时间估算、进度计划制订和进度控制。本章较为详尽地阐述了项目时间管理各个过程的依据、采用的工具和方法以及各个过程产生的结果，并且介绍了许多方法，例如项目网络图、关键路径法、关键链等。

习 题

一、判断题

1. 在节点图中，箭线代表活动。 ( )
2. 在箭线图中，虚活动不占用时间和资源。 ( )
3. 项目活动时间估算仅考虑活动所消耗的实际工作时间。 ( )
4. 计划评审法的活动工期不是固定的，而是用期望值表示的。 ( )
5. 计划评审法的活动工期估算比关键路径法更符合实际。 ( )
6. 图形评审法是随机型的，非肯定型的。 ( )
7. CPM 和 PERT 在时间的估计和分析上是相同的。 ( )

二、单选题

1. 下列表述中正确的是( )。
 A. 活动排序就是把要完成的活动按工作量大小排好，以便一项一项地完成
 B. 活动排序就是确定各活动之间完成的先后顺序
 C. 活动排序就是按照各种计划一项一项地完成
 D. 活动排序是按照活动的必然依存关系进行的
2. 某项任务工期的乐观时间为3天，最可能时间为6天，悲观时间为9天，此任务的预期工期为( )。
 A. 3天 B. 6天 C. 9天 D. 8.5天
3. 应用进度变更控制系统的一个好处是它包含( )。

A. 进度变更所必须遵循的程序　　　　B. 对于报告进度执行情况的需要
C. 评估进度变更偏差的方法　　　　　D. 对于测量进度执行情况的需要

4. 在 CPM 网络中，A 为 B 的紧前活动，表示(　　)。
A. 活动 A 完工后 B 马上就要开始
B. 活动 A 完成是 B 开始的充分条件
C. 活动 B 在活动 A 完成后才能开始
D. 活动 A 和 B 同为关键路径或非关键路径

5. 项目进度计划控制过程将集中于哪个活动上?(　　)
A. 比计划开始早的　　　　　　　　　B. 比计划开始晚的
C. 与项目计划有偏离而无论早或晚的　　D. 只是关键路径上的

6. 网络图(　　)。
A. 说明了项目小组成员的沟通情况　　B. 提供了管理流程信息
C. 提供了有关进度的信息　　　　　　D. 是制定甘特图的一种工具

7. 活动逻辑关系中的"结束(A)—开始(B)"关系是指(　　)。
A. 活动 A 不结束，活动 B 不能开始
B. 活动 A 结束时，活动 B 必须已经开始
C. 只有活动 B 开始后，活动 A 才能结束
D. 活动 A 结束与活动 B 开始必须同时进行

8. 有关关键路径的正确描述是(　　)。
A. 关键路径是指在项目开始到完成的多条路径中耗时最多的那条路径
B. 关键路径是指在项目开始到完成的多条路径中耗时最少的那条路径
C. 网络图中最多存在一条关键路径
D. 关键路径上的某活动延误一天，不影响整个项目的完工时间

9. 某项活动 T 的工期为 5 天，其前置活动有 A、B、C 三个活动。如果活动 A、B、C 的最早完成时间分别为第 4、6、5 天，则下面正确的描述是(　　)
A. 活动 T 的最早完成时间是第 6 天　　B. 活动 T 的最早完成时间是第 11 天
C. 活动 T 的最迟开始时间是第 4 天　　D. 活动 T 的最迟完成时间是第 11 天

10. 你正在改造你的厨房并决定为此项目准备一个网络图，你必须购买好用具并于橱柜建成时准备安装，这种情况下购买用具与建橱柜的关系是(　　)
A. 开始—结束　　B. 开始—开始　　C. 结束—开始　　D. 结束—结束

三、多选题

1. 活动时间估算的主要工具和方法有(　　)。
A. 专家评审　　B. 类比估算　　C. 时间序列法预测　　D. 回归分析法

2. 下列表述中正确的有(　　)。
A. 最早完成时间可在这项活动最早开始时间的基础上加上这项活动的工期估计
B. 活动的最迟完成时间以项目预计完成时间为参照点进行逆向计算
C. 最迟完成时间可在后置活动的最迟开始时间基础上计算出来
D. 最迟开始时间可在该活动最迟完成时间的基础上加上该活动的工期得出

3. 在项目进度计划中，常用的工具有(　　)。
A. WBS　　　　B. 计划评审技术　　C. 甘特图　　　　D. 关键路径法

4. PERT 计划适用于( )。
A. 不可预知因素较多的项目　　B. 过去未做过的新项目
C. 复杂的项目　　D. 研制新产品的项目

5. ( )属于网络计划。
A. WBS　　B. CPM　　C. PERT　　D. 甘特图

6. 下列表述中正确的有( )。
A. 关键路径法主要应用于以往在类似项目中已取得一定经验的项目
B. 计划评审法更多地应用于研究与开发项目
C. 如果任务工期无法正确估计,一般采用计划评审法
D. 关键路径法属于非肯定型方法,计划评审法属于肯定型方法

7. 下列表述中错误的有( )。
A. 如果进度计划进行了修改,关键路径不会发生变化
B. 如果时差为负,表示将在预定时间内提前完成项目
C. 如果时差为正,表示将在预定时间内提前完成项目
D. 如果时差为正,表示在预定时间内无法完成项目

8. 下列选择关键路径的表述中,错误的有( )。
A. 在所有时差中,如果时差都是正的,则选择数值最大的活动
B. 在所有时差中,如果时差都是正的,则选择数值最小的活动
C. 在所有时差中,如果有时差是负的,则选择绝对值数值最小的活动
D. 在所有时差中,如果有时差是负的,则选择绝对值数值最大的活动

四、思考题

1. 项目时间管理与其他项目专项管理是什么关系?它们有什么不同之处?
2. 项目时间管理有哪些基本特性?什么决定了它会有这些特性?
3. 项目工期计划有哪些主要作用?为什么项目工期计划会有这些作用?
4. 项目工期计划文件有哪些主要内容?
5. 项目工期计划的支持细节有哪些主要内容?
6. 项目工期计划实施控制有哪些管理原则?为什么要贯彻这些管理原则?
7. 项目工期进度报告的周期为什么要在项目或项目环境出现问题时缩短?
8. 项目工期变更控制与项目变更总体控制是什么关系?如何把握这种关系?
9. 如何确定一个活动的最早开始和完成时间,以及最迟开始和完成时间,及其应该遵循的规则?
10. 假设一个项目有这样的活动排序:B、C 只有在 A 完成后才能进行,D 在 B、C 完成后可以立即开始,E 在 D 完成后才能开始。试用节点图和箭线图来表示该项目。

案例分析题

A 公司是 B 集团控股的子公司,专门制造打印机。现在 A 公司打算开发一种新型的打印机产品,已经在公司内部选定了一个项目经理,并从其内部职能部门抽调人员组建了项目团队。该项目团队十分重视制订进度计划,打算为项目选择一种适当的进度安排方法。

项目经理已经根据公司领导层对该项目的期望为选择过程订立了如下的原则：简单；能够显示事件的工期、工作流程和事件间的相对顺序；能够指明计划流程和实际流程，哪些活动可以同时进行，以及距离完工还有多长时间。生产部门代表偏好使用甘特图，财务方面的代表建议使用 PERT，而助理项目经理倾向使用 CPM。

讨论：

1. 你认为大家提出的各种进度安排方法对本项目来说各有什么优缺点？
2. 如果你是项目经理，你会采用哪种方法？为什么？

第 7 章　项目费用管理

> **教学目标**
>
> 1. 掌握项目费用管理的概念及理念；
> 2. 熟悉费用估算、预算、控制三个工作过程的依据、工具与技术和成果；
> 3. 掌握挣值技术在费用控制中的应用。

> **导读**
>
> 项目费用管理也即项目成本管理，是为了保障项目实际发生的成本不超过项目预算而开展的项目成本估算、项目预算编制和项目预算控制等方面的管理活动。项目成本管理也是为确保项目在既定预算内按时、按质、经济、高效地实现项目目标所开展的一种项目管理过程。
>
> 长期以来，我国在项目成本管理方面的认识基本上停留在对于工程项目的成本确定和控制上。随着现代项目管理对项目本身内涵的拓宽，人们开始认识各种其他项目的成本管理规律和方法，这对不断深化和发展项目成本管理的内涵起到了很大的推动作用。这种对于项目成本管理认识上的发展主要表现在两个方面。其一是现代项目成本管理包括各种各样项目的成本管理（工程建设项目的成本管理只是一个组成部分），其二是现代项目成本管理的方法与传统的工程项目成本管理方法有很大不同。

7.1　项目费用管理概述

7.1.1　项目费用管理的定义

项目成本的内涵为：在完成任何一个项目的过程中，必然要发生各种物化劳动和活劳动的消耗，这种耗费的货币表现就是项目成本。

狭义的项目成本指在为实现项目目标而开展的各种活动中所消耗资源而产生的各种费用。广义的成本还包括项目中涉及的税金与承包商利润等内容。所以项目成本在有些情况下也被称为项目造价或者项目费用。对于自我开发项目则没有税金和利润问题，因而称之为项目花费或者项目费用。

项目费用管理是指为保证项目实际发生的成本不超过项目预算成本所进行的项目资源计划编制、项目成本估算、项目成本预算和项目成本控制等方面的管理过程和活动。项目费用管理也可以理解为，它是为了确保完成项目目标，在批准的预算内，对项目实施所进行的按时、保质、高效的管理过程和活动。项目成本管理可以及时发现和处理项目执行中出现的成本方面的问题，达到有效节约项目成本的目的。

另外，在项目费用管理过程中，还应考虑以下因素。

(1) 项目费用管理首先考虑的是完成项目活动所需资源的成本，这也是项目费用管理的主要内容。

(2) 项目费用管理要考虑各种决策对项目最终产品成本的影响程度，如增加对每个零件检查的次数会增加该过程的测试成本，但是这样会减少项目客户的运营成本。在决策时，要比较增加的测试成本和减少的运营成本的大小关系，如果增加的测试成本小于减少的运营成本，则应该增加对每个零件检查的次数。

(3) 项目费用管理还要考虑到不同项目相关方对项目成本的不同需求，项目相关方会在不同的时间以不同的方式了解项目成本的信息，例如，在项目采购过程中，项目客户可能在物料的预定、发货和收货等阶段了解成本信息。

7.1.2 项目费用管理的理念

项目成本管理有许多不同的方法，每种方法都有自己的优缺点，都有自己的适用情况和条件。但是在现代项目成本管理中，能比较科学和客观地反映项目成本管理规律的理论与方法有三种：其一是全过程项目成本管理的理论与方法，其二是全生命周期项目成本管理的理论与方法，其三是全面项目成本管理的理论与方法。对于项目成本管理者来说，这些项目成本管理的理论与方法都是非常有用的。

1. 全过程项目成本管理的理论与方法

全过程成本管理理论与方法是自20世纪80年代中期开始，由我国项目成本管理领域的理论工作者和实际工作者提出的一种从项目全过程的角度来确定和管理项目成本的思想与方法。进入20世纪90年代以后，我国项目成本管理界的学者和实际工作者进一步地对全过程项目成本管理的思想与方法进行了进一步的完善和验证，这使得我国的项目成本管理理论和实践正在从简单的造价定额管理逐步走上全过程项目成本管理的道路。应该说，在项目成本管理科学中的全过程项目成本管理的理论和方法，是我国项目管理工作者提出和发展的，这是我们对项目成本管理科学所做的重要贡献之一。

2. 全生命周期项目成本管理的理论与方法

全生命周期项目成本管理理论(Life Cycle Costing，LCC)主要是由英美的一些学者和实际工作者于20世纪70年代末80年代初提出的。进入20世纪80年代，以英国成本管理界的学者与实际工作者为主的一批人，在全生命周期项目成本理论方面做了大量的研究并取得了突破。全生命周期项目成本管理的方法既是一种项目投资决策工具，又是一种分析和评价项目备选方案的方法与项目成本控制的一种指导思想和技术方法。全生命周期项目成本管理要求对一个项目的建设期和运营期的所有成本进行全面的分析和管理，以实现项目全生命周期(包括项目前期、建设期和使用期)总成本最小化的目标。

3. 全面项目成本管理的理论与方法

根据国际全面成本管理促进会(原美国造价工程师协会)前主席 R. E. Westney 先生的说法，全面项目成本管理的思想是他于 1991 年 5 月在美国休斯敦海湾海岸召开的春季研讨会上所发表的论文《90 年代项目管理的发展趋势》一文中提出的。这套方法借用"全面质量管理"的思想，提出了一套"全面成本管理"的理论和方法，以实现对所有的尚未发生的成本进行全面管理的目标。根据 R. E. Westney 的定义："全面成本管理就是通过有效地使用专业知识和专门技术去计划和控制项目资源、成本、盈利和风险。"当然，全面项目成本管理发展到今天在理论和具体技术方法上仍然还有许多地方需要进一步研究和开发，但它是 21 世纪项目成本管理的重要技术和方法。

由于不同项目在不同的时间、不同的场合由不同的组织实施，就可能会采用不同的项目成本管理方法，所以上述成本管理的方法都是需要学习和掌握的，项目成本管理工作者可以根据不同项目的需要而选用不同的项目成本管理理论与方法。

7.1.3 项目费用管理的过程

现代项目费用管理首先考虑的是以最低的成本完成项目的全部活动，但同时也必须考虑项目成本对于项目成果和质量的影响，这是现代项目成本管理与传统项目成本管理的重要区别。例如，在决策项目成本时，为了降低项目成本而限制项目辅助管理或项目质量审核工作的要求和次数，就会给项目成果和质量带来影响，甚至最终可能会提高项目的成本或增加项目用户的使用成本。同时，项目成本管理不能只考虑项目成本的节约，还必须考虑项目带来的经济收益的提高。特别是对一些特殊项目，如资本投资项目、新产品开发项目、信息系统建设项目等，预测和分析项目产出物未来的经济价值与收益是项目成本管理重要的核心工作之一。在项目成本管理中还需要运用投资回收期分析、现金流量表分析、收益回报分析等方法去管理好项目的成本和收益。

现代项目成本管理的主要内容包括以下一些。

1. 项目费用估算

项目费用估算是指根据项目资源需求和计划，以及各种资源的市场价格或预期价格等信息，估算和确定出项目各种活动的成本与整个项目全部成本的项目成本管理工作。项目费用估算最主要的任务是确定用于项目所需人、机、料、费等成本和费用的概算。

2. 项目费用预算

项目费用预算是一项制定项目成本控制基线或项目总成本控制基线的项目成本管理工作。这主要是根据项目的成本估算为项目各项具体活动或工作分配和确定其费用预算，以及确定整个项目总预算这两项工作。项目成本预算的关键是合理、科学地确定项目的成本控制基准(项目总预算)。

3. 项目费用控制

项目费用控制是指在项目的实施过程中，努力将项目的实际成本控制在项目成本预算范围之内的一项成本管理工作。这包括：依据项目成本的实施发生情况，不断分析项目实际成本与项目预算之间的差异，通过采用各种纠偏措施和修订原有项目预算的方法，使整个项目的实际成本能够控制在一个合理的水平。

事实上，上述这些项目费用管理工作相互之间并没有严格独立而清晰的界限，在实际工作中，它们常常相互重叠和相互影响。同时在每个项目阶段，上述项目费用管理的工作都需要积极地开展，只有这样项目团队才能够做好项目费用的管理工作。

7.1.4 项目费用管理计划

项目费用管理计划虽然并未列为项目费用管理的一个单独的过程，但是在开始执行项目费用管理的三个过程工作之前，还有一个由项目管理团队完成的规划过程，该规划过程是编制项目管理计划过程的一部分。其结果是生成费用管理计划。费用管理计划中列出了模板并确定了项目费用规划、结构、估算、预算和控制的标准。费用管理过程及其使用的工具与技术因应用领域的不同而变化，一般在项目生命期定义过程中对此进行选择，并在费用管理计划中记录。

例如，费用管理计划要确定以下内容。

(1) 精确等级。基于活动范围和项目规模，计划活动费用估算的数据将精确到规定的精度(如100元、1 000元)，并可以包含应急费用。

(2) 测量单位。定义每种资源的测量单位，如人·时、人·日、周、一次总付款额等。

(3) 组织程序链接。用于项目费用核算的WBS单元被称为控制账目(Control Account，CA)，每一个控制账目都被分配一个编码或账号，该编码或账号与实施组织的会计系统直接连接。如果计划工作包的费用估算包含在控制账目内，则计划工作包预算方法也包含在内。

(4) 控制下限。可定义项目执行的某一时间点的费用或其他指标(如人·日、产量)的偏差下限，以显示允许的偏差数值。

(5) 挣值规则。三个例子是：①定义了完成估算所使用的挣值管理计算公式；②建立挣值信用标准(如0~100、0~50~100等)；③定义了WBS中哪个级别应该进行挣值技术分析。

(6) 报告格式。定义了各种费用报告的格式。

(7) 过程说明。记录了每个费用管理过程的说明。

上述所有内容和其他信息都包含在费用管理计划中，可能在计划的正文内，也可能作为附录。费用管理计划包含在项目管理计划中，或是作为项目管理计划的从属计划。费用管理计划可以是正式的，也可以是非正式的，可以是非常详细的，也可以是概括性的，视项目需要决定。

费用管理规划工作在项目规划早期进行，并为每项费用管理过程设定了框架，以便确保过程实施的协调一致和有效率。

7.2 项目费用估算

项目成本估算是项目成本管理的一项核心工作,其实质是通过分析去估计和确定项目成本的工作。这项工作是确定项目成本预算和开展项目成本控制的基础与依据。

7.2.1 项目费用估算的概念

1. 项目费用估算的概念

费用估算是指估计完成项目各项工作所需资源的费用,包括但不限于人工、材料、设备、服务、设施和特殊条目,如通货膨胀准备金和应急准备金。费用估算是针对完成计划活动所需资源的可能费用进行的量化评估。

在项目进程中,可对费用估算进行逐步细化。在整个项目生命期内,项目估算的准确性随着项目的推进而提高。例如,在启动阶段,项目估算为粗略估算(Rough Order of Magnitude, ROM),估算范围为 $-50\% \sim +100\%$。在项目后期,因为了解了更多的信息,估算精度范围能缩小到 $-10\% \sim +15\%$。在一些应用领域,费用估算已形成指导方针,用于确定何时完成细化和期望达到何种精度。

如果实施组织没有受过正式训练的项目费用估算师,则项目团队需要提供资源和专业特长来完成项目费用估算活动。

项目成本估算是指根据项目的资源需求和计划,以及各种资源的价格信息,估算和确定项目各种活动的成本与整个项目总成本的项目管理工作。当项目有承发包合同时应仔细区分项目造价与项目成本这两个概念,因为项目造价中不仅包括项目的成本,还包括承包商的赢利部分。

项目成本估算根据估算精度的不同可分为多种项目估算。一般情况下有初步项目成本估算、技术设计后的成本估算和详细设计后的项目成本估算等几种不同精度的项目成本估算。因为在项目初始阶段许多项目的细节尚未确定,所以只能粗略地估计项目的成本;但是在项目完成了技术设计之后,就可以进行更详细的项目成本估算;而等到项目各种细节已经确定之后,就可以进行详细的项目成本估算了。因此,项目成本估算在一些大型项目的成本管理中都是分阶段进行不同精度的成本估算,而且这些成本估算是逐步细化和精确的。

项目成本估算既包括识别各种项目成本的构成科目,也包括估计和确定各种成本的数额大小。例如,在大多数项目应用领域中,人工费、设备费、管理费、物料费、开办费等都属于构成项目成本的科目(其下面可以进一步细分出二级科目);而项目各项工作需要发生的费用就是确定数额大小的工作了。项目成本估算也包括综合分析和考虑各种可选项目成本方案与估算的协调问题。例如,在许多项目应用领域,如果在设计阶段增加一些工作会提高项目设计成本,但是设计质量的提高可能会大大减少项目实施的成本。因此在项目成本估算过程中必须考虑项目设计成本与项目实施成本的这种关系,努力使项目预期的收益最大。

2. 项目费用构成与其影响因素

项目成本的构成是指项目总成本的构成成分,项目成本影响因素是指能够对项目成本的变化造成影响的因素。项目成本是指项目形成全过程所耗用的各种费用的总和,是由一系列的项目成本细目构成的。主要的项目成本细目包括如下一些。

(1)项目定义与决策成本。项目定义与决策是每个项目都必须要经历的第一个阶段,项目定义与决策的好坏对项目实施和项目建成后的经济效益与社会效益会产生重要影响。为了对项目进行科学的定义和决策,在这一阶段要进行各种调查研究,收集和掌握第一手信息资料,进行项目的可行性研究,最终进行抉择。要完成这些工作需要耗用许多人力、物力资源,需要花费许多资金,这些资金构成了项目成本中的项目定义与决策成本。

(2)项目设计成本。根据项目的可行性研究报告,通过分析、研究和试验等环节以后,项目就可以进入设计阶段了。任何一个项目都要开展项目设计工作,不管是工程建设项目(包括初步设计、技术设计和施工图设计),还是新产品开发项目(对新产品的设计),抑或是科学研究项目(对整个项目的技术路线和试验方案等方面的设计)。这些设计工作同样要发生费用,同样是项目成本的一个重要组成部分,这一部分通常被称为项目设计成本。

(3)项目采购成本。所谓项目采购成本是指为获得项目所需的各种资源(包括物料、设备和劳务等),项目组织必须开展询价、选择供应商、广告、承发包、招投标等一系列的工作。对于项目所需商品购买的询价、供应商选择、合同谈判与合同履约的管理需要发生费用,对于项目所需劳务的承发包,从发标、广告、开标、评标、定标、谈判到签约和履约同样也需要发生费用。这些就是项目为采购各种外部资源所需要花费的成本,即项目的采购成本。

(4)项目实施成本。在项目实施过程中,为生成项目产出物所耗用的各项资源构成的费用统一被称为项目实施成本。这既包括在项目实施过程中所耗费物质资料的成本(以转移价值的形式转到了项目产出物中),也包括项目实施中所消耗活劳动的成本(以工资、奖金和津贴的形式分配给了项目团队成员)。项目实施成本的具体科目包括如下一些。

①项目人工成本。这是给各类项目实施工作人员的报酬,包括项目施工、监督管理和其他方面人员(但不包括项目业主/客户)的工资、津贴、奖金等全部发生在活劳动上的成本。

②项目物料成本。这部分是项目组织或项目团队为项目实施需要所购买的各种原料、材料的成本。比如,油漆、木料、墙纸、灌木、毛毯、纸、艺术品、食品、计算机或软件等。

③项目顾问费用。当项目组织或团队缺少具有某项专门技术或能够完成某个项目任务的人力资源时,他们可以雇用分包商或专业顾问去完成这些任务,为此项目就要付出相应的顾问费用。

④项目设备费用。项目组织为实施项目会使用到某种专用仪器、工具,不管是购买这些仪器或设备,还是租用这种仪器和设备,所发生的成本都属于设备费用的范畴。

⑤项目其他费用。不属于上述科目的其他费用。例如,项目期间有关人员出差所需的差旅费、住宿费、必要的出差补贴,各种项目所需的临时设施费等。

⑥项目不可预见费。项目组织还必须准备一定数量的不可预见费(意外开支的准备金或储备),以便在项目发生意外事件或风险时使用。例如,由于项目成本估算遗漏的费用,由于出现质量问题需要返工的费用,发生意外事故的赔偿金,因需要赶工加班而增加的成本等。

项目实施成本是项目总成本的主要组成部分,在没有项目决策或设计错误的情况下,项目实施成本会占项目总成本的 90% 左右。因此项目成本管理的主要工作是对项目实施成本的管理与控制。

7.2.2 项目费用估算的依据

1. 耗用资源的数量和价格

项目成本自身(或叫狭义的项目成本)受两个因素的影响,其一是项目各项活动所消耗与占用的资源数量,其二是项目各项活动所消耗与占用资源的价格。这表明项目成本管理必须要管理好项目消耗与占用资源的数量和价格这两个要素,通过降低项目消耗与占用资源的数量和价格去直接降低项目的成本。在这两个要素中,资源消耗与占用数量是第一位的,资源价格是第二位的。因为通常资源消耗与占用数量是一个相对可控的内部要素,而资源价格是一个相对不可控的外部要素,主要是由外部市场条件决定的。

2. 项目工期

项目工期是整个项目或项目某个阶段或某项具体活动所需要或实际花费的工作时间周期。从这层意义上说,项目工期与时间是等价的。在项目实现过程中,各项活动消耗或占用的资源都是在一定的时期中发生的。所以项目的成本与工期是直接相关并随着工期的变化而变化。这种相关与变化的根本原因是因为项目所消耗的资金、设备、人力等资源都具有自己的时间价值,这表现为:等额价值量的资源在不同时间消耗或占用,其价值之间的差额。实际上,项目消耗或占用的各种资源都可以看成是对货币资金的一种占用。这种资金的占用,不管是自有资金还是银行贷款,都有其时间价值,这种资金的时间价值的根本表现形式就是资金占用所付的利息。这种资金的时间价值既是构成项目成本的主要科目之一,又是造成项目成本变动的重要影响因素之一。

3. 项目质量

项目质量是指项目能够满足业主或客户需求的特性与效用。一个项目的实现过程就是项目质量的形成过程,在这一过程中为达到质量要求需要开展两个方面的工作。其一是质量的检验与保障工作,其二是质量失败的补救工作。这两项工作都要消耗资源,从而都会产生项目的质量成本。其中,项目质量要求越高,项目质量检验与保障成本就会越高,项目的成本也就会越高。因此,项目质量也是项目成本最直接的影响因素之一。

4. 项目范围

任何一个项目的成本最根本取决于项目的范围,即项目究竟需要做些什么事情和做到什么程度。从广度上说,项目范围越大,显然项目的成本就会越高;而项目范围越小,项目的成本就会越低。从深度上说,如果项目所需完成的任务越复杂,项目的成本就会越高;而项目的任务越简单,项目的成本就会越低。因此,项目范围更是一个项目成本的直接影响因素。

从上述分析可以看出,要实现对项目成本的科学管理,还必须对项目资源耗用和价格,项目工期和质量及项目范围等要素进行集成的管理与控制。如果仅仅只对项目资源耗用量和价格要素进行管理和控制,无论如何也无法实现项目成本管理的目标。然而,这仍然是当今项目成本管理中存在的一种通病。

7.2.3 项目费用估算的工具与技术

1. 类比估算法

这是一种在项目成本估算精确度要求不高的情况下使用的项目成本估算方法。这种方法也称为自上而下法，是一种通过比照已完成的类似项目实际成本，估算出新项目成本的方法。类比估算法通常比其他方法简便易行，费用低，但它的精度也低。有两种情况可以使用这种方法，其一是以前完成的项目与新项目非常相似，其二是项目成本估算专家或小组具有必需的专业技能。类比估算法是最简单的成本估算技术，它将被估算项目的各个成本科目与已完成同类项目的各个成本科目的历史数据进行对比，从而估算出新项目的各项成本。这种方法的局限性在于很多时候没有真正类似项目的成本数据，因为项目的独特性和一次性使得多数项目之间不具备可比性。类比估算法的优点是这种估算是基于实际经验和实际数据的，所以可信度较高。

2. 参数估计法

参数估计法也叫参数模型法，是利用项目特性参数建立数学模型来估算项目成本的方法。例如，工业项目可以使用项目生产能力作参数，民用住宅项目可以使用每平方米单价等作参数去估算项目的成本。参数估计法很早就开始使用了，如赖特 1936 年在航空科学报刊中提出了基本参数的统计评估方法后，又针对批量生产飞机提出了专用的参数估计法的成本估算公式。参数估计法使用一组项目费用的估算关系式，通过这些关系式对整个项目或其中大部分的费用进行一定精度的估算。参数估计法重点集中在成本动因（即影响成本最重要因素）的确定上，这种方法并不考虑众多的项目成本细节，因为是项目成本动因决定了项目成本总量的主要变化。参数估计法能针对不同项目成本元素分别进行计算。参数估计法是许多国家规定采用的一种项目成本的估算和分析方法，它的优点是快速并易于使用，只需要一小部分信息，并且其准确性在经过模型校验后能够达到较高精度。这种方法的缺点是：如果不经校验，参数估计模型可能不精确，估算出的项目成本差距较大。

3. 工料清单法

工料清单法也叫自下而上法，这种方法首先要给出项目所需的工料清单，再对工料清单中各项物料和作业的成本进行估算，最后向上滚动加总得到项目总成本。这种方法通常十分详细而且耗时，但是估算精度较高，它可对每个工作包进行详细分析并估算其成本，然后统计得出整个项目的成本。这种方法的优点是使用工料清单，为项目成本估计提供了相对详细的信息，所以它比其他方式的成本估算更为精确。这种基于项目详细工料资源需求清单的项目成本估算方法能够给出一个项目最接近实际成本的成本估算。这种方法的缺点是要求有详细的工料消耗和占用量信息，这种信息本身就需要大量的时间和经费的支持。另外，这种成本估算方法所需的工料消耗与占用数据本身也需要有数据来源，而且这些数据经常是过时的数据，所以这种方法往往需要在成本估算中进行各种各样的项目成本费率调整。

4. 软件工具法

软件工具法是一种运用现有的计算机成本估算软件去确定项目成本的方法。项目管理技术的发展和计算机技术的发展是密不可分的，计算机的出现和运算速度的迅猛提升使得使用计算机估算项目成本变得可行，之后涌现出了大量的项目成本估算软件。经过近20年的发展，目前项目成本管理软件根据功能和价格水平被分为两个档次：一种是高档项目成本管理软件，这是供专业项目成本管理人士使用的软件，这类软件功能强大、价格高，能够较好地估算项目的成本；另一类是低档次的项目成本管理软件，这类软件虽功能不是很齐全，但价格较便宜，可用于一些中小型项目的成本估算。大部分项目成本管理软件都有项目成本估算的功能，但是这种功能很大程度上还要依靠人的辅助来完成，而且人的作用仍然占据主导地位，这是这种方法的关键缺陷。

5. 现有项目成本估算方法的问题

现有项目成本估算方法是按照基于资源消耗和基于部门的成本确定方法建立的，存在下列几个方面的问题。

（1）基于资源消耗的成本估算问题。现有项目成本估算方法是按照基于资源原理建立的，这种方法是从一个项目所需消耗和占用资源的多少入手，根据项目所需资源的消耗和占用量进行项目成本的估算。这种项目成本估算方法不是从消耗资源的具体活动和过程的分析入手，不是从确定项目要开展哪些活动和采用什么样方式方法去开展这些活动，以及采用哪些具体的项目组织管理技术和项目实施技术等事务的根源入手，而是使用基于项目资源消耗定额或项目消耗统计数据等办法，通过套用标准定额或比照历史统计数据来确定项目成本。这种方法不考虑项目所需活动、所用技术和方法，项目具体的时间和地点，千篇一律地套用标准定额或统计数据，具有很大的不科学性。最新的项目成本管理理论与方法研究证明，现有基于资源消耗的项目成本估算方法实际上存在着原因与结果倒置的问题。因为一个项目的具体活动以及具体活动的过程和方法是形成项目成本的根本动因，而资源消耗和占用数量只是开展项目活动的结果，要科学正确地确定项目成本就应该首先从分析项目具体活动的内容与过程入手，然后依据开展项目活动所用的技术与方法去确定项目的资源消耗和占用数量，最终才能科学地确定项目成本。但是，现有成本估算方法与此正好相反，所以存在着结果与原因颠倒的问题。

（2）基于部门的成本估算问题。现有项目成本估算方法还是一种基于部门的成本估算方法。这种项目成本估算方法将那些不直接形成项目实体的活动费用，按照以部门津贴发放和分摊的方式去估算和确定。例如，构成项目成本的企业管理费、其他费用等项目成本科目就属于此类。这类费用多数按照项目直接费乘上一个规定的取费比率的办法来确定。而且我国还规定，要根据不同施工单位的资质套用不同的取费比率去估算和确定这类费用。这种基于部门的成本估算方法存在两个方面的问题：其一，这种基于部门的估算项目间接费的办法不是依据项目真实需要开展的管理和其他辅助活动去估算和确定它们的费用；其二，这种办法根据一个规定的比率估算和确定项目的间接费用与其他费用，很难保证规定取费比率是科学和准确的。所以这种基于部门的成本估算方法是有问题的。同时，由于这种方法关于间接费用和其他费用多少的确定是直接费用的成本部分为基数，这样一方面会造成由于国家的干预而在取费比率和方法上形成对一些落后企业的保护或偏袒，从而破坏市场竞争；另一方面，这种方法还会鼓励各种项目组织（设计单位、承包商、分包商等）和部门（如承包商下属的各个部门）为了争取较高的间接费用取费绝对量，而对项目成本的直接费用部分进行高估冒算的问题。

（3）成本估算依据方面的问题。现行项目成本的估算和确定的依据有两种：第一种是由国家或地区统一制定的项目成本标准定额,现有我国和世界上其他一些国家仍在采用统一标准定额作为确定项目成本的依据。我们全国和各省市的成本管理部门仍在不断地制定和发布有关项目的作业量、项目成本、取费指标等方面的标准定额以及工料价格指数、取费调整指数等各种各样的定额修订参数等,这些都是我国官方规定的成本估算依据。世界其他国家多数是按照历史统计数据作为参考依据去确定具体项目的成本。例如,美国的项目成本估算主要是依据历史统计数据做出的,美国有许多项目咨询企业专门从事不同项目的成本数据收集、整理和加工,并将加工后的历史统计数据作为项目成本的确定依据。例如,设立在美国弗吉尼亚州的美国项目独立分析公司(Independent Project Analysis Corporation)就是一家专门从事化工工程项目的咨询公司,在该公司的项目成本数据库中有3 000多个化工项目的成本历史统计数据。另外,还有一些国家是标准定额和历史统计数据这两种依据混用的。例如,英国就有自己的工程量测量标准和政府性项目的标准定额。所有这些标准定额或历史统计数据作为估算和确定项目成本依据都存在一个问题,即估算和确定项目成本的依据在一定时间内相对固定不变。

7.2.4 项目费用估算的成果

1. 项目成本估算文件

项目成本估算文件是通过采用前述项目成本估算方法而获得的项目成本估算最终结果文件。项目成本估算文件是对完成项目所需费用的估计和计划安排,是项目管理文件中的一个重要组成部分。项目成本估算文件要对完成项目活动所需资源、资源成本和数量进行概略或详细的说明。这包括对于项目所需人工、物料、设备和其他科目成本估算的全面描述和说明。另外,这一文件还要全面说明和描述项目的不可预见费用等内容。项目成本估算文件中的主要指标是价值量指标,为了便于在项目实施期间或项目实施后进行对照,项目成本估算文件也需要使用其他的一些数量指标对项目成本进行描述。例如,使用劳动量指标(工时或工日)或实物量指标(吨、千克、米等)。在某些情况下,项目成本估算文件将必须以多种度量指标描述,以便于开展项目成本管理与控制。

2. 相关支持细节文件

相关支持细节文件是对于项目成本估算文件的依据和考虑细节的说明文件。这类文件的主要内容包括以下一些。

(1)项目范围的描述。因为项目范围是直接影响项目成本的关键因素,所以这一文件通常与项目工作分解结构和项目成本估算文件一起提供。

(2)项目成本估算的基础和依据文件。这包括:制定项目成本估算的各种依据性文件,各种成本计算或估算的方法说明,以及各种参照的国家规定等。

(3)项目成本估算各种假定条件的说明文件。这包括:在项目成本估算中所假定的各种项目实施的效率、项目所需资源的价格水平、项目资源消耗的定额估计等假设条件的说明。

(4)项目成本估算可能出现的变动范围的说明。这主要是关于在各种项目成本估算假设条件和成本估算基础与依据发生变化后,项目成本可能会发生什么样的变化及多大的变化的说明。

3. 项目成本管理计划

项目成本管理计划是关于如何管理和控制项目成本变动的说明文件,是项目管理文件的一个重要组成部分。项目成本管理计划文件可繁可简，具体取决于项目规模和项目管理主体的需要。一个项目开始实施后可能会发生各种无法预见的情况，从而危及项目成本目标的实现。为了防止、预测或克服各种意外情况，就需要对项目实施过程中可能出现的成本变动，以及相应需要采取的措施进行详细的计划和安排。项目成本管理计划的核心内容就是这种计划和安排，以及有关项目不可预见费的使用管理规定等。

7.3 项目费用预算

7.3.1 项目费用预算的概念

项目费用预算是进行项目成本控制的基础，是项目成功的关键因素，项目费用预算的中心任务是将成本预算分配到项目的各活动上，估计项目各活动的资源需要量。具体说来，项目费用预算是一项将项目成本估算在各具体的活动上进行分配，确定项目各活动的成本定额，同时也确定项目意外开支准备金的标准和使用规则，从而为测量项目实际绩效提供标准和依据的项目管理工作。

项目费用预算的内容主要包括直接人工费用预算、咨询服务费用预算、资源采购费用预算和意外开支准备金预算。

在项目成本预算的构成中必须关注意外开支准备金预算。意外开支准备金是指为项目在实施过程中发生意外情况而准备的保证金。提高意外开支准备金估计的准确性可以减轻项目中意外事件的影响程度。在项目实际过程中，意外开支准备金的储备是非常必要的，特别是中、大型项目，必须要准备充足的意外开支准备金。意外开支准备金有以下两种类型。

（1）显在的意外开支准备金，通常在项目成本文件中明确标明。
（2）潜在的意外开支准备金，通常在项目成本文件中没有标明。

由于我们把因成本预算中的不确定性所产生的风险作为确定意外开支准备金水平的基础，所以意外开支准备金也经常充当成本预算的底线。如果在每个项目条款中都能清楚地确定意外开支准备金的水平，那么确定项目实际的意外开支准备金的水平将会变得更容易，其最终的结果是将所有条款中意外开支准备金的数量加以汇总，从而确定其占整个项目成本预算的比重。费用预算的依据、工具与技术和成果如图7.1所示。

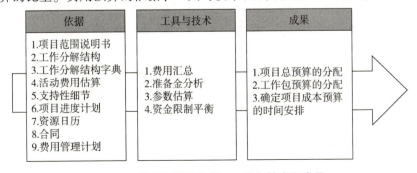

图7.1 费用预算的依据、工具与技术和成果

7.3.2 项目费用预算的依据

1. 项目范围说明书

可在项目章程或合同中正式规定项目资金开支的阶段性限制。这些资金的约束在项目范围说明书中反映，是由于买方组织和其他组织(如政府部门)需要对年度资金进行授权。

2. 工作分解结构

项目工作分解结构(WBS)确定了项目的所有组成部分和项目可交付成果之间的关系。

3. 工作分解结构字典

工作分解结构字典和相关的详细的工作说明书，确定了可交付成果及完成每个交付成果所需 WBS 组件内各项工作的说明。

4. 活动费用估算

汇总一个工作包内每个计划活动的费用估算，从而获得每个工作包的费用估算。

5. 支持性细节

6. 项目进度计划

项目进度计划包括项目计划活动的计划开始和结束日期、进度里程碑、工作包、计划包和控制账目。根据这些信息，将费用按照其拟定发生的日历期限汇总。

项目进度计划是一种有关项目各项工作起始与终结时间的文件。依据文件，可以安排项目的资源与成本预算方面的投入时间。项目进度计划通常是项目业主/客户与项目组织共同商定的，它规定了项目范围必须完成的时间与每项任务所需时间和资源，也是项目预算编制的依据之一。

项目成本预算计划是按照时间分阶段给出的项目成本预算的计划安排，是项目成本控制的基线，一般这种分阶段的成本预算基线是呈"S"曲线分布的。

项目成本预算及其不同情况示意如图 7.2 所示，项目的成本预算包括两个因素，一个是项目成本预算的高低，另一个是项目成本的投入时间。

图 7.2 中的 $Tc1$、$Tc2$、$Tc3$ 给出了三种不同的项目成本预算方案，在实际应用中项目成本预算并不是越低越好，因为这样会造成由于成本预算过低而出现项目实施资源供给不足，从而使项目的质量或效率下降。

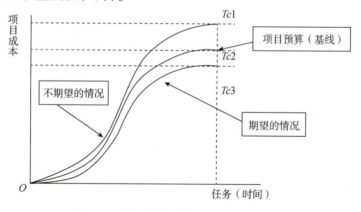

图 7.2 项目成本预算及其不同情况示意

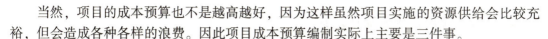

当然，项目的成本预算也不是越高越好，因为这样虽然项目实施的资源供给会比较充裕，但会造成各种各样的浪费。因此项目成本预算编制实际上主要是三件事。

(1) 确定项目总的预算。
(2) 确定项目各项活动的预算。
(3) 确定项目各项活动预算的投入时间。

7. 资源日历

8. 合同

在编制预算时将依据采购的产品、服务或成果及其费用等合同信息。

9. 费用管理计划

在编制费用预算时将考虑项目管理计划的费用管理从属计划和其他从属计划。

7.3.3 项目费用预算的工具与技术

1. 费用汇总

计划活动费用估算是将 WBS 汇总到工作包，然后将工作包的费用估算汇总到 WBS 中的更高一级(如控制账目)，最终形成整个项目的预算。

2. 准备金分析

通过准备金分析形成应急准备金，如管理应急准备金，该准备金用于应对还未计划但有可能需要的变更。风险登记册中确定的风险可能会导致这种变更。

管理应急准备金是为应对未计划但有可能需要的项目范围和费用变更而预留的预算。它们是"未知的未知"，并且项目经理在动用或花费这笔准备金之前必须获得批准。管理应急准备金不是项目费用基准的一部分，但包含在项目的预算之内。因为它们不作为预算分配，所以也不是挣值计算的一部分。

3. 参数估算

参数估算是指在一个数学模型中使用项目特性来预测总体项目费用。模型可以是简单的(如居民房屋所花费的费用，按每平方米居住面积花费的费用计算)，也可以是复杂的(如软件编制费用的参数估算模型，使用 13 个独立的调整系数，每个系数有 5~7 个点)。

参数模型的费用和准确度起伏变化很大。它们在下列情况下最有可能是可靠的。

(1) 用于建立模型的历史信息是准确的。
(2) 在模型中使用的参数是很容易量化的。
(3) 模型是可以扩展的，对于大项目和小项目都适用。

4. 资金限制平衡

对组织运行而言，不希望资金的阶段性花销经常发生大的起伏。因此，资金的花费在由用户或执行组织设定的项目资金支出的界限内进行平衡。需要对工作进度安排进行调整，以实现支出平衡，这可通过在项目进度计划内为特定工作包、进度里程碑或工作分解结构组件规定时间限制条件来实现。进度计划的重新调整将影响资源的分配。如果在进度计划的制订过程中将资金作为限制性资源，则可根据新规定的日期限制条件重新进行该过程。经过这种交叠的规划过程形成的最终结果是费用基准。

7.3.4 项目费用预算的成果

项目成本预算计划编制一般包括三个步骤：第一是分摊项目的总成本预算，即将项目成本预算分配到项目工作分解结构中的各个工作包上；第二是把每个工作包分配到的预算成本分配到工作包中的各项活动上；第三是确定项目成本预算时间安排。

1. 项目总预算的分配

项目成本总预算的分摊是指根据项目成本估算，在确定出项目的总预算以后，将项目总预算分配到项目工作分解结构中的各个工作包上，并为每一个工作包建立自己的总预算成本这样一项管理工作。这是一种自上而下分配项目预算的方法，它将项目总预算按照项目工作分解结构和每个工作包的实际需要进行合理的分配。

2. 工作包预算的分配

工作包预算的分配是指根据项目工作包的预算确定出一个项目工作包的各项活动具体预算定额的工作。这是一种将工作包预算按照构成工作包的各项活动内容和资源需求进行成本预算分配的工作，可以采用自上而下的预算分配方法，也可以采取自下而上的预算分配方法。其中，自下而上法是先分析和确定一个项目工作包中的各项具体活动，然后详细分析和说明这些具体活动的资源需求，最终根据资源需求确定各项活动的成本预算，从而分配一个工作包的预算成本。

3. 确定项目成本预算的时间安排

项目预算编制的第三步就是从时间上分配和安排整个项目的预算，即确定项目成本预算的时间安排，最终形成项目总预算的累计时间分布（"S"曲线）。通常将项目各工作包的成本预算分配到项目工期的各个时段以后就能确定项目在何时需要多少成本预算和项目从起点开始累计的预算成本了，这是项目资金投入与筹措和项目成本控制的重要依据。

7.4 项目费用控制

7.4.1 项目费用控制的概念

项目费用控制是按照事先确定的项目成本预算基准计划，通过运用多种恰当的方法，对项目实施过程中所消耗的成本费用的使用情况进行管理控制，以确保项目的实际成本限定在项目成本预算范围内的过程。项目费用控制实现的是对项目成本的管理，其主要目的是对造成实际成本与成本基准计划发生偏差的因素施加影响，保证其向有利的方向发展，同时对与成本基准计划已经发生偏差和正在发生偏差的各项成本进行管理，以保证项目的顺利进行。项目费用控制主要包括如下方面的内容。

（1）对造成费用基准变更的因素施加影响。
（2）确保变更请求获得同意。
（3）当变更发生时，管理这些实际的变更。
（4）保证潜在的费用支出不超过授权的项目阶段资金和总体资金。

(5) 监督费用绩效，找出与费用基准的偏差。

(6) 准确记录所有与费用基准的偏差。

(7) 防止错误的、不恰当的或未批准的变更被纳入费用或资源使用报告中。

(8) 就审定的变更，通知项目干系人。

(9) 采取措施，将预期的费用支出控制在可接受的范围内。

项目成本控制的过程必须和项目的其他控制过程（如项目范围的变更、进度计划变更和项目质量控制等）紧密结合，防止单纯控制项目成本而出现项目范围、进度、项目质量等方面的问题。费用控制的依据、工具与技术和成果如图 7.3 所示。

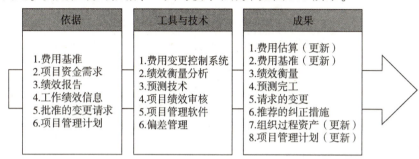

图 7.3 费用控制的依据、工具与技术和成果

项目成本控制涉及对那些可能引起项目成本变化的影响因素的控制（事前控制），项目实施过程中的成本控制（事中控制）和项目实际成本发生以后的控制（事后控制）三个方面的工作。要实现对于项目成本的全面控制，最根本的任务是要控制项目各方面的变动和变更，以及项目成本的事前、事中和事后控制。

项目成本控制的具体工作包括：监视项目的成本变动，发现项目成本控制中的偏差，采取各种纠偏措施防止项目成本超过预算，确保实际发生的项目成本和项目变更都能够有据可查；防止不正当或未授权的项目变更所发生的费用被列入项目成本预算，以及采取相应的成本变动管理措施等。

有效控制项目成本的关键是要经常及时分析项目成本的实际状况，尽早发现项目成本出现的偏差和问题，以便在情况变坏之前能够及时采取纠正措施。一旦项目成本失控是很难挽回的，所以只要发现项目成本的偏差和问题就应该积极地着手去解决它，而不是寄希望于随着项目的展开一切都将会变好。项目成本控制问题越早发现和处理，对项目范围和项目进度的冲击会越小，项目越能够达到整体的目标要求。

7.4.2 项目费用控制的依据

1. 费用基准

2. 项目资金需求

3. 绩效报告

绩效报告提供实际工作绩效中项目费用和资源绩效的信息。它反映了项目预算的实际执行情况，其中包括哪个阶段或哪项工作的成本超出了预算，哪些未超出预算，究竟问题出在什么地方等。这种绩效报告通常要给出项目成本预算额、实际执行额和差异数额。其中，差异数额是评价、考核项目成本管理绩效好坏的重要标志。编制项目成本实效报告是一件细致而严肃的工作，要充分注意报告的准确性、及时性和适用性。这种项目成本实效报告是项目成本控制的主要依据之一。

4. 工作绩效信息

工作绩效信息收集正在执行的项目活动的相关信息（包括状态和费用信息）。这些信息包括但不限于：①已完成的和还未完成的可交付成果。②授权和发生的费用。③完成计划活动的完成尚需费用估算。④计划活动的完成工作量百分比。

5. 批准的变更请求

批准的变更请求出自整体变更控制过程的审定变更请求中，可包括对合同的费用条款、项目范围、费用基准或费用管理计划的修改。项目的变更请求既可以是项目业主/客户提出的，也可以是项目实施者或其他方面提出的。任何项目的变更都会造成项目成本的变动，所以在项目实施过程中提出的任何变更都必须经过业主/客户同意。如果项目实施者不经过业主同意，或是仅仅获得项目业主/客户组织中的非权威人士的口头赞同，就做了项目变更和项目成本预算的变动，那么他会面临着这类变更收不到款项的风险。

6. 项目管理计划

项目管理计划是关于如何管理项目成本的计划文件，是项目成本控制工作的一份十分重要的依据文件。特别值得注意的是，这一文件给出的内容很多是项目成本事前控制的计划和安排，这对于项目成本控制工作是很有指导意义的。当执行费用管理控制过程时，应考虑项目管理计划及其费用管理计划和其他从属计划。

7.4.3 项目费用控制的工具与技术

项目成本控制的方法包括两类，一类是分析和预测项目各要素变动与项目成本发展变化趋势的方法；另一类是如何控制各种要素的变动从而实现项目成本管理目标的方法。这两个方面的具体技术方法将构成一套项目成本管理的方法。这套方法的主要技术和工具有如下一些。

1. 费用变更控制系统

费用变更控制系统在费用管理计划中记录。它规定费用基准变更应遵循的程序，包括表格、文档、跟踪系统和核准变更的审批级别。费用变更控制系统与整体变更控制过程紧密联系。这是一种通过建立项目变更控制体系，对项目成本进行控制的方法，包括从项目变更的请求，到变更请求批准，一直到最终变更项目成本预算的项目变更全过程控制体系。项目变更是影响项目成败的重要因素。一般可以通过两方面的工作去解决项目变更这个问题。

（1）规避。在项目定义和设计阶段通过确保项目业主/客户和全体项目相关利益者的充分参与，真正了解项目的需求；在项目定义和设计结束后通过组织评审，倾听各方面的意见；同时保持与项目业主/客户沟通渠道的畅通，及时反馈，避免项目后期发生大的变更或返工，从而规避项目成本的变动。

（2）控制。建立严格的项目变更控制系统和流程，对项目变更请求不要简单地拒绝或同意，而是先通过一系列评估确定该变更会带来的成本和时间代价，再由项目业主/客户判断是否接受这个代价。简单说就是项目可以变更的前提是项目业主/客户必须接受项目成本会发生变更的代价。在这里需要强调一点，有些项目变更是由于设计缺陷或人们不可预见的原因造成的，这样的项目变更是必需的。

2. 绩效衡量分析

绩效衡量分析技术有助于评估必将出现的偏差及其大小。挣值技术（Earned Value Technology，EVT）是将已完工作的预算费用（挣值，即按原先分配的预算值进行累加获得的累加值）与计划工作的预算费用（计划值）和已完工作的实际费用（实际值）进行比较。这个技术对费用控制、资源管理和生产特别有用。

费用控制的一个重要部分，是确定偏差产生的原因、量级和决定是否需要采取行动纠正偏差。挣值技术利用项目管理计划中的费用基准来评估项目绩效和发生的任何偏差的量级。

挣值技术需要为每项计划活动、工作包或控制账目确定这些重要数值。

(1) 计划价值（Planned Value，PV）。PV 是到既定的时间点前计划完成活动或 WBS 组件工作的预算费用。

(2) 挣值（Earned Value，EV）。EV 是在既定的时间段内计划活动或 WBS 组件的实际完工工作的预算费用。

(3) 实际费用（Actual Cost，AC）。AC 是在既定的时间段内完成计划活动或 WBS 组件的工作发生的总费用。AC 在定义和内容范围方面必须与 PV 和 EV 相对应（例如，仅包含直接时间，仅包含直接费用，或包括间接费用在内的全部费用）。

(4) 完工尚需估算（Estimate To Complete，ETC）和完工时估算（Estimate At Complete，EAC），见 ETC 和 EAC 编制。有关此点，将在以下介绍的预测技术中描述。

综合使用 PV、EV、AC 值能够衡量在某一给定时间点是否按原计划完成了工作。最常用的测量指标是费用偏差（Cost Variance，CV）和进度偏差（Schedule Variance，SV）。由于已完成工作量的增加，CV 和 SV 的偏差值随着项目接近完工时趋向减少。可在费用管理计划中预先设定随项目朝完工方向绩效而不断减少的可接受偏差值。

(1) 费用偏差（CV）。CV 等于 EV 减 AC。项目竣工的费用偏差将等于完成时预算（Budget at Completion，BAC）和实际花费两者之间的差值，公式如下：

$$CV = EV - AC$$

(2) 进度偏差（SV）。SV 等于 EV 减 PV。当项目完工时，因为所有的计划价值都已实现，因此进度偏差最后等于零，公式如下：

$$SV = EV - PV$$

(3) CV 和 SV 能够转化为反映任何项目费用和进度绩效的效率指标。

(4) 费用绩效指数（Cost Performance Indexm，CPI）。CPI 值若小于 1.0，则表示费用超出预算；CPI 值若大于 1.0，则表示费用低于预算。CPI 等于 EV 和 AC 的比值。CPI 是最常用的费用效率指标，公式如下：

$$CPI = EV/AC$$

(5) 累加 CPI（CPI^c）。它被广泛用来预测项目完工费用。等于阶段挣值的总和（EV^c）除单项实际费用的总和（AC^c），公式如下：

$$CPI^c = EV/AC^c$$

(6) 进度绩效指标（Schedule Performance Index，SPI）。除进度状态外，SPI 还预测完工日期。有时和 CPI 结合使用来预测项目完工估算。SPI 等于 EV 和 PV 的比值，公式如下：

$$SPI = EV/PV$$

项目成本挣值分析方法示意如图 7.4 所示，使用 S 曲线来反映一个预算超支和进度滞后的项目的累加 EV。

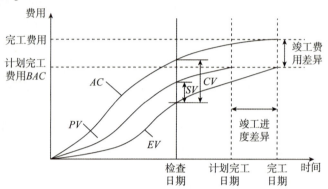

图 7.4　项目成本挣值分析方法示意

挣值技术表现形式各异，是一种通用的绩效测量方法。它将项目范围、费用（或资源）、进度整合在一起，帮助项目管理团队评估项目绩效。

3. 预测技术

预测技术包括在预测当时的时间点根据已知的信息和知识，对项目将来的状况做出估算和预测。根据项目执行和绩效过程中获得的工作绩效信息产生、更新、重新发布预测。工作绩效信息是关于项目的过去绩效和在将来能影响项目的信息，如完工时估算 EAC 和完工尚需估算 ETC。

根据挣值技术涉及的参数，包括 BAC、截止到目前的实际费用总和（AC^c）和累加 CPI^c 效率指标用来计算 ETC 和 EAC。BAC 等于计划活动、工作包和控制账目或其他 WBS 组件在完成时的总 PV。BAC 等于完工时的 PV 总和。

预测技术帮助评估完成计划活动的工作量或工作费用，即 EAC。预测技术可以帮助决定 ETC，它是完成一个计划活动、工作包或控制账目中的剩余工作所需的估算。虽然用以确定 EAC 和 ETC 的挣值技术可实现自动化并且计算起来非常神速，但仍不如由项目团队手动预测剩余工作的完成费用那样有价值或精确。基于实施组织提供的完工尚需估算进行 ETC 预测技术是：

(1) 基于新估算计算 ETC。ETC 等于由实施组织确定的修改后的剩余工作估算。该估算是一个独立的、没有经过计算的，对于所有剩余工作的完成尚需估算。该估算考虑了截止到目前的资源绩效和生产率，它是比较精确的综合估算。

另外，也可通过挣值数据来计算 ETC。

(2) 基于非典型的偏差计算 ETC。如果当前的偏差是非典型的，并且项目团队预期在以后将不会发生这种类似偏差时，这种方法被经常使用。ETC 等于 BA^c 减去截止到目前的累加挣值（EV^c），公式如下：

$$ETC = BAC - EV^c$$

(3)基于典型的偏差计算 ETC。如果当前的偏差是可代表未来偏差的典型时,这种方法被经常使用。ETC 等于 BA^c 减去累加 EV^c 后除以累加费用绩效指数(CPI^c),公式如下:

$$ETC = (BA^c - EV^c)/CPI^c$$

(4)使用新估算来计算 EAC。EAC 是根据项目绩效和定性风险分析确定的最可能的总体估算值。EAC 是在既定项目工作完成时,计划活动、WBS 组件或项目的预期或预见最终总估算。EAC 等于截止到目前的实际费用(AC^c)加上由实施组织提供的新 ETC。如果过去的执行情况显示原先的估算假设有根本性的缺陷,或由于条件发生变化假设条件不再成立时,这种方法被经常使用,公式如下:

$$EAC = AC^c + ETC$$

(5)使用剩余预算计算 EAC。EAC 等于 AC^c 加上完成剩余工作所需的预算,而完成剩余工作所需的预算等于完成时预算减去挣值。如果当前的偏差被看作是非典型的,并且项目团队预期在以后将不会发生这种类似的偏差时,这种方法被经常使用,公式如下:

$$EAC = AC^c + BAC - EV$$

(6)使用 CPI^c 计算 EAC。EAC 等于截止到目前的实际费用(AC^c)加上完成剩余项目工作所需的预算。完成剩余项目工作所需的预算等于 BAC 减去 EV 后再由绩效系数修正(一般是 CPI^c)。这种方法在当前的偏差被看作是可代表未来偏差的典型偏差时常用,公式如下:

$$EAC = AC^c + (BAC - EV)/CPI^c$$

对一个给定的项目,这些方法都是正确的方法,如预测 EAC 不在可接受的范围内,则可为项目团队提供预警信号。

4. 项目绩效审核

绩效审查指比较一定时间阶段的费用绩效、计划活动或工作包超支和低于预算(计划价值)情况、应完成里程碑、已完成里程碑等。

绩效审查是举行会议来评估计划活动、工作包或费用账目状态和绩效。它一般和下列一种或多种绩效汇报技术结合使用。

(1)偏差分析。偏差分析指将项目实际绩效与计划或期望绩效进行比较。费用和进度偏差是最常见的分析领域,但项目范围、资源、质量和风险与计划的偏差也具有相同或更大的重要性。

(2)趋势分析。趋势分析指检查一定时间阶段的项目绩效,以决定绩效是否改进或恶化。

(3)挣值分析。挣值分析是将计划绩效和实际绩效进行比较。

5. 项目管理软件

项目管理软件如计算机工作表,经常用来监测 PV 与 AC 的关系,预测变更或偏差的影响。这是一种使用项目成本控制软件来控制项目成本的方法。目前市场上有大量这方面的软件可供选择。利用项目成本控制软件,用户可以进行的工作有:生成任务一览表(包括各项目任务的预计工期),建立项目工作任务之间的相互依存关系,以不同的时间尺度测量项目工作(包括工时、工日等),处理某些特定的约束条件(如某项任务在某天之前不得开始等),跟踪项目团队成员的薪金和工作,统计公司的假日、假期等,处理工人的轮班工作时间,监控和预测项目成本的发展变化,发现项目成本管理中的矛盾和问题,根据不同要求生成不同用途的成本或绩效报告，以不同方式整理项目信息，联机工作和网络数据共享，对项目进度、预算或职员变动迅速做出反应，通过实际成本与预算成本比较分析找出项目实施情况中存在的问题并能提供各种建议措施，以供项目成本管理人员参考。

6. 偏差管理

费用管理计划描述了如何对费用偏差进行管理，如对主要或次要问题采用不同的应对措施。当多数工作完成时，偏差的数量趋于减少。在项目初期允许较大的偏差，在项目接近完成时可将之减少。

7.4.4 项目费用控制的成果

1. 费用估算（更新）

修改后的计划活动费用估算指对用于项目管理的费用资料所做的修改。如果需要，应通知适当的项目干系人。修改后的费用估算可能要求对项目管理计划的其他方面进行调整。

2. 费用基准（更新）

预算更新是对批准的费用基准所做的变更。这些数值一般仅在审定进行项目范围变更的情况下才进行修改。但在某些情况下，费用偏差可能极其严重，以至于需要修改费用基准，才能对绩效提供一个现实的衡量基础。

3. 绩效衡量

对 WBS 组件，特别是为工作包和控制账目计算的 CV、SV、SPI 和 CPI 值应进行记录或通知项目干系人。

4. 预测完工

预测完工指书面记录计算的 EAC 数值或实施组织报告的 EAC 数值，并将这个数值通知项目相关方。或者是书面记录计算的 ETC 数值，或者是由实施组织提供的 ETC 数值，并将这个数值通知项目干系人。

5. 请求的变更

进行项目绩效分析，将导致对项目一些方面进行变更。确定的变更可能需要增加或减少预算。变更请求是通过整体变更控制过程处理和审查的。

6. 推荐的纠正措施

纠正措施是为使项目将来的预期绩效与项目管理计划一致所采取的所有行动。费用管理领域的纠正措施经常涉及调整计划活动的预算，如采取特殊的行动来平衡费用偏差。

7. 组织过程资产（更新）

这是有关项目成本控制中的失误或错误以及各种经验与教训的汇总文件。这种经验与教训汇总文件的目的是总结经验和接受教训，以便改善下一步的项目成本控制工作，使它们成为项目和实施组织的历史数据库的一部分。教训吸取文件包括偏差的根本原因，纠正措施选择的原因与依据，其他从费用、资源或资源生产控制方面吸取的教训。项目经理应及时组织项目成本控制的评估会议，并就项目成本控制工作形成相应的书面报告。

8. 项目管理计划(更新)

计划活动、工作包或计划工作包费用估算和费用基准、费用管理计划、项目预算文件都是项目管理计划的组成部分。应根据审定的所有影响这些文件的变更请求来更新这些文件。

7.4.5 项目不确定性成本的控制

各种不确定性因素的存在和它们对项目成本的影响,使得项目成本一般都会有三种不同成分。其一是确定性成本,对于这一部分成本,人们知道它是确定会发生而且知道其数额大小;其二是风险性成本部分,对此人们只知道它可能发生和它们发生的概率大小与分布情况,但是人们不能肯定它一定会发生;还有一部分是完全不确定性成本,即既不知道其是否会发生,也不知道其发生的概率和分布情况。这三类不同性质的项目成本的综合构成了一个项目的总成本。

项目不确定性成本的不确定性主要表现在三个方面,其一是项目具体活动本身的不确定性,其二是项目具体活动的规模及其消耗和占用资源数量的不确定性,其三是项目消耗和占用资源价格的不确定性。对于特性和它们的控制与管理详细说明如下。

1. 项目具体活动本身的不确定性

这是指在项目实现过程中有一些项目具体活动可能发生,也可能不发生。例如,如果出现雨天,项目的一些室外施工就要停工,并且需要组织排水;而如果不下雨就不需要停工,也不需要组织排水。但是否下雨是不确定的,所以停工和排水的活动就有很大的不确定性。虽然人们在安排项目实施计划时有气象资料做参考,但是气象资料给出的只是"降水"的概率,即下雨的可能性而不是确定性结论。这种项目具体活动的不确定性会直接转化成项目成本的不确定性,这是造成项目成本不确定性的根本原因之一。由于这种不确定性无法消除,对这种不确定性成本的控制主要依赖于附加计划法和项目不可预见费等。

2. 项目具体活动规模的不确定性

这是指在项目实现过程中有一些具体活动的规模本身的不确定性和这种活动规模变动所造成的消耗与占用资源的数量的不确定性,以及由此造成的项目成本的不确定性。例如,在一个工程建设项目的地基挖掘过程中,如果实际地质情况与地质勘查资料不一致,则地基挖掘工作量就会发生变化,从而消耗与占用资源的数量也会变化。虽然人们在确定地基挖掘工作量时有地质勘探资料作依据,但是地质勘探调查多数是一种抽样调查,由此给出的调查结果只是在一定置信区间内相对可信的资料,所以存在着不确定性。这种项目具体活动规模及其消耗和占用资源数量的不确定性也会直接转化为项目成本的不确定性,这是造成项目成本不确定性的主要根源之一。这种项目成本的不确定性是很难预测和消除的,所以多数情况下也需要使用项目不可预见费。

3. 项目具体活动耗资和占用资源价格的不确定性

这是指在项目实现过程中有一些项目活动消耗和占用资源的价格会发生波动和变化(价格有规律性的变化不属于这一范畴)。例如,进口设备由于汇率短期内大幅变化所形成的价格波动就属于这一范畴。同样,人们虽然可以对项目实现活动消耗与占用资源的价格进行种种预测,但是通常这种预测都是相对条件的预测,预测结果本身都包含相对的不确定性，所以项目具体活动消耗与占用资源的价格也是不确定的。这种项目具体活动消耗与占用资源价格的不确定性同样会直接形成项目成本的波动与变化，所以这种不确定性同样是项目成本不确定性的主要根源之一。对于这种项目不确定性成本的控制多数也是需要使用项目不可预见费等项目成本控制的方法。

另外，项目所有的不确定性成本会随着项目实施的展开，从最初的完全不确定性成本逐步转变为风险性成本，然后转变成确定性成本。因为随着项目的逐步实施，各种完全不确定的事物和条件将逐步转化为风险性的（随着事物的进展人们对于事物发生的概率逐步了解），然后风险性事件会再进一步转化成确定性的。换句话说，随着项目的发展各种事件的发生概率会逐步向确定的方向转化，有些会随着项目的逐步实施而发生，而有些会随着项目的逐步实施而不发生。当项目完成时，一切都是确定的了，最终一个完全确定的项目成本也就形成了。因此，项目的成本控制必须从控制项目的确定性、风险性和完全不确定性三类不同性质的成本去开展控制工作。

依据上述分析可知，项目成本的不确定性是绝对的和客观存在的，这就要求在项目的成本管理中必须同时考虑对风险性成本和完全不确定性成本的管理，以实现对项目成本的全面管理。在实现项目成本全面管理中最根本的任务是首先要识别一个项目具有的各种风险并确定出它们的风险性成本，其次要通过控制风险的发生与发展去直接或间接地控制项目的不确定性成本。同时还要开展对风险性成本和不可预见费等风险性成本管理储备资金的控制，从而实现项目成本管理的目标。

本章小结

本章介绍了项目费用管理的定义、理念、需要考虑的因素和过程，之后详尽地阐述了项目费用管理项目成本估算、项目成本预算、项目成本控制三个过程，还介绍了项目不确定性成本的控制。本章主要介绍各个过程的依据、工具与技术以及成果，还重点讨论了挣值技术在项目费用制中的应用。掌握项目费用管理的工具和方法对本章的学习将会有很大帮助。

习 题

一、判断题

1. 一般情况下，费用估算和费用预算可以采用同样的方法。　　　　　　　　（　）
2. 可以无限使用的资源对项目费用的影响不是很大，所以对这类资源不用进行严格的跟踪管理。　　　　　　　　　　　　　　　　　　　　　　　　　　　　（　）
3. 在项目费用决策时，既要考虑更精细计划所增加的费用，也要考虑这样会减少以后的实施费用。　　　　　　　　　　　　　　　　　　　　　　　　　　（　）
4. 意外开支准备金不可以充当费用预算的底线。　　　　　　　　　　　　（　）
5. 项目费用估算是项目费用预算的基础。　　　　　　　　　　　　　　　（　）
6. 在由下至上进行费用估算时，相关具体人员考虑到个人或本部门的利益，往往会降低估计量。　　　　　　　　　　　　　　　　　　　　　　　　　　　（　）

7. 项目费用文件中标明了潜在的意外开支准备金。（   ）
8. 当一个项目按合同进行时，费用估算和报价的意思是一样的。（   ）

二、单项选择题

1. （   ）是通过估算最小任务的费用，再把所有任务的费用向上逐渐加总，从而计算出整个项目的总费用。
A. 总分预算估算法   B. 自下而上估算法   C. 参数模型估算法   D. 自上而下估算法

2. 下列表述中错误的是（   ）。
A. 意外开支准备金有显在的和潜在的两种类型
B. 进行费用估计时，通常将潜在的意外开支准备金作为其中的一部分
C. 潜在的意外开支准备金，通常在项目费用文件中没有标明
D. 显在的意外开支准备金，通常在项目费用文件中有标明

3. 大部分项目费用累计曲线呈（   ）形。
A. S   B. L   C. T   D. Y

4. 在一个项目中，需要把费用分配到各阶段，应该（   ）。
A. 准备费用绩效计划   B. 准备详细和精确的费用估计
C. 把项目进度作为费用预算的依据   D. 确定要分配费用的项目组成部分

5. 若已知 $PV=220$ 元，$EV=200$ 元，$AC=250$ 元，$BAC=1\,000$ 元。如果根据偏差分析法，则此项目的 SV 和项目状态是（   ）。
A. 20元，项目提前完成   B. -20元，项目比原计划滞后
C. -30元，项目提前完成   D. 800元，项目按时完成

6. 若已知 $PV=220$ 元，$EV=200$ 元，$AC=250$ 元，$BAC=1\,000$ 元，则此项目的 CPI 和项目的费用绩效是（   ）。
A. 0.2，实际费用与计划一致   B. 0.8，实际费用比计划费用低
C. 0.8，实际费用超过计划费用   D. 1.2，实际费用比计划费用低

7. 若已知 $PV=220$ 元，$EV=200$ 元，$AC=250$ 元，$BAC=1\,000$ 元，则此项目的 CV 是（   ）。
A. 30   B. 50   C. -30   D. -50

8. 若已知 $PV=220$ 元，$EV=200$ 元，$AC=250$ 元，$BAC=1\,000$ 元，则此项目的 EAC 及其含义是（   ）。
A. 1 250元，项目的原始预算   B. 1 000元，项目的原始预算
C. 1 250元，对项目费用修正过的估计值   D. 1 000元，对项目费用修正过的估计值

9. 如果一个工作包原计划花费1 500元于今天完成，但是，到今天花费了1 350元却只完成了2/3，则费用偏差是（   ）元。
A. 150   B. -350   C. -150   D. -500

10. 通过观察累积费用曲线，项目经理能监控（   ）。
A. EV B. CV C. PV D. CPI

11. 你受雇于某机构，正在管理一个有300万元预算的3年期项目。如果项目需求发生变更，你希望在每个财政年终能得到更多的基金。你可以将这些基金用于你的项目。你决定建立一个成本变更控制系统（   ）。
A. 详细说明什么时候对项目增加偶然事件基金

B. 详细说明改变成本基准计划的步骤

C. 确定为什么出现了成本偏差

D. 决定预算更新是否必须

12. 在进行成本估计时，你必须考虑直接成本、间接成本、一般管理成本和总的管理成本。以下哪一个不是直接成本？（   ）

　　A. 项目经理的工资　　B. 分包商的费用　　C. 项目所用的材料　　D. 电力费用

13. 如果成本偏差与进度偏差是一样的，且两者都大于0，那么（   ）。

　　A. 成本偏差是由进度偏差引起的

　　B. 偏差对项目是有利的

　　C. 进度偏差能容易地给予纠正

　　D. 自从项目开始以来，工人的工资率不断上升

14. 你负责为一个大型的世界银行项目准备成本估计。你决定利用自下而上的估计，因为你的估计需要尽量准确。你的第一个步骤是（   ）。

　　A. 找到一个计算机化的工具来辅助该过程

　　B. 应用以前项目的成本估计来帮助准备这一估计

　　C. 确定和估计每个工作项的成本

　　D. 向项目事务专家咨询，以他们的建议作为估计的基础

15. 你的项目管理经验告诉你，对成本偏差不适当的反应会产生质量和进度方面的问题或导致无法接受的项目风险。你正在主持一个团队会议来讲座成本控制的重要性。团队中的许多队员都是第一次参与项目管理。为将这一重要的问题带给你的团队，你应强调成本控制与以下哪点有关？（   ）

　　A. 影响改变成本基准的因素，以保证改变是有益的

　　B. 得到完成项目所需资源的成本的近似值

　　C. 将总的成本估计分配到每个工作项

　　D. 确立一个成本基准

16. 管理层对你的项目中发生的许多意外事件感到厌倦了，因为大多数意外是负面的。项目管理办公室主任告诉你，如果你不开始使用某种能让管理层明白你将干什么的指示器的话，这周以后你就只能去公司的餐厅干活了。为了保住你的饭碗并为所有的管理层提供一个有效的指示器，你决定聚焦于将完工绩效指数（*TCPI*）。其目的是（   ）。

　　A. 确定在管理层的财政目标内完成项目剩余工作需要的进度和成本绩效

　　B. 确定在管理层的财政目标内完成项目剩余工作需要的成本绩效

　　C. 预测最后项目成本

　　D. 预测最后项目进度和成本

17. 当你评审项目的成本绩效数据时，根据基准偏差的程度不同，需要不同的响应。比如，10%的偏差可能不需要立即的反应，但100%的偏差则需要进行调查。有关怎样计划管理成本偏差的描述应该包含在（   ）中。

　　A. 成本管理计划　　B. 变更管理计划　　C. 绩效测量计划　　D. 偏差管理计划

18. 如果一件产品原计划花费1 500元于今天完成，但是，到今天花费了1 300元却只完成了2/3，则成本偏差是（   ）元。

　　A. +150　　　　B. -150　　　　C. -350　　　　D. -500

三、多项选择题

1. 如果进度偏差与费用偏差是一样的，两者都大于0，那么下列表述错误的有（　　）。
   A. 项目实际费用比计划低　　　　　B. 项目费用超支
   C. 项目进度滞后　　　　　　　　　D. 项目进度比计划提前

2. 当采用自下而上估算法来估算项目费用时，下列表述正确的有（　　）。
   A. 下层人员会夸大自己负责活动的预算
   B. 自下而上估算法估算出来的费用通常在具体任务方面更为精确
   C. 高层管理人员会按照一定的比例削减下层人员所做的预算
   D. 自下而上估算法是一种参与管理型的估算方法

3. 下列关于参数模型估算法的表述正确的有（　　）。
   A. 参数模型估算法考虑了所有对费用影响的因素
   B. 用来建模的所参考的历史数据应该是很准确的
   C. 用来建模的参数容易进行定量化处理
   D. 模型对大型项目适用，经过略微调整后也对小型项目适用

4. 下列表述正确的有（　　）。
   A. 资源平衡的目的就是使资源需求波动最小化
   B. 在资源平衡的情况下，可以使用"零库存"策略
   C. 如果资源平衡，就不需要大量的资源传送管理工作
   D. 在资源不能平衡的情况下，就应该考虑延长项目的工期

5. 如果项目确定更加详细的决策，就会导致增加项目的决策费用，但是也会减少项目的实施费用，在下列情况下制定更加详细的决策可行的有（　　）。
   A. 增加的决策费用是1 000元，但是减少项目的实施费用为1 200元
   B. 增加的决策费用是900元，但是减少项目的实施费用为800元
   C. 增加的决策费用是500元，但是减少项目的实施费用为600元
   D. 增加的决策费用是2 000元，但是减少项目的实施费用为1 800元

6. 在影响项目费用的因素中，下列表述正确的有（　　）。
   A. 延长项目的工期会减少项目的费用
   B. 项目质量的要求越高，项目的费用就会越多
   C. 项目完成的活动越复杂，项目的费用就会越多
   D. 在项目所耗资源的数量和单价两个要素中，资源的数量对项目费用的影响较大

四、计算题

某公路修建项目，预算单价为400元/米。计划用30天完成，每天120米。开工后5天测量，已完成500米，实际付给承包商35万元。计算：
(1) 费用偏差(CV)和进度偏差(SV)分别是多少？这说明了什么？
(2) 进度执行指数(SPI)和费用执行指数(CPI)是多少？这说明了什么？

五、思考题

1. 什么是意外开支准备金？意外开支准备金有几种类型？
2. 为什么要利用意外开支准备金？如何确定意外开支准备金的水平？
3. 项目费用管理所要考虑的因素有哪些？
4. 什么是资源负载？它与资源平衡有什么区别？

5. 简述项目费用的估算的步骤和依据。

6. 简述各种费用估算方法(自上而下估算法、参数模型估算法、自下而上估算法)的适用情况。

7. 项目费用预算有什么作用？

8. 项目费用控制的作用？

9. 项目预算总费用为 400 万元，计划工期为 2 年。在项目的实施过程当中，通过费用记录的信息可知：开工后第一年年末的实际发生费用为 100 万元，所完成工作的计划预算费用额为 50 万元，与项目预算费用比较项目的计划发生费用额应该为 200 万元。试分析该项目的费用执行情况和计划完工情况。

第8章 项目质量管理

> **教学目标**
>
> 1. 理解质量、质量管理、项目质量管理的概念及特性；
> 2. 熟悉质量规划、保证、控制三个工作过程的依据、工具与技术和成果；
> 3. 重点掌握质量控制的工具与技术。

> **案例导读**
>
> 广州大学城工程项目全面贯彻关于建设广州地区高校新校区高起点、高标准目标，积极响应广州地区高校新校区"一流的规划、一流的设计、一流的建设、一流的质量"的建设要求，满足广州大学城整体城市设计中的全方位"城"之共享理念，包括服务资源的共享、教学资源的共享、生活资源的共享、绿色资源的共享、开敞空间的共享、交通资源的共享，以及创造"新羊城第九景"的目标。广州市建筑机械施工有限公司在该项目的施工中获得了全方位的丰收：为广州大学城一期金奖单位、多栋单体或优质样板工程、安全文明施工样板工地等。公司总结的经验如下。
>
> （1）全面分析各阶段质量工作的难点。要搞好工程质量，首要的问题是弄清楚施工过程的各阶段在质量方面工作的难点和重点。只有这样，才能在制定相关措施时，做到有的放矢。事实上，每一个阶段都有不同的工作难点和重点。例如，在项目部所有单位工程全部转入土建装修机电安装阶段，质量工作的难点是：由于专业分包单位多、立体交叉作业多、施工协调难度大，一方面，很容易造成各种质量通病的发生；另一方面，由于工期紧、时间急，前道工序发生的问题极易被后道工序所掩盖，使质量问题难以发现。
>
> （2）确定质量工作的重点。从工程开工至结束，对于每一阶段在质量方面的难点，项目部总是及时有针对性地确定质量控制工作重点，不同阶段确定的工作重点包括：质检人员组织与培训；预制管桩质量控制；轴线放线控制；持续抓"样板引路"工作；持续抓"建筑工程质量的通病防治"。
>
> （3）所做的几项主要工作。各专业全面推广"样板引路"制度。项目部所有专业土建分

项工程采用"砌体样板""抹灰样板""面砖镶贴样板"后,机电分项工程也分别采用"水管样板段""通风管样板段"等"样板引路"的手段,促进了工程质量的提高。

(4)用《施工作业指导书》指导施工。根据本阶段的工程特点,项目部对土建和机电各专业施工的每道工序都编制了《施工作业指导书》,内容包括施工准备、操作工艺、质量标准、注意事项和强制性条文等。机电工程对于一些重点工艺(如钢管焊接工艺、风管制作与保温工艺等),还编制了相应的《工艺指导书》,对现场施工起到了较好的指导作用。

(5)及时编制《工程质量通病防治手册》,防止不合格品的产生。针对装修阶段容易出现的各种土建、机电安装等部分质量通病,项目部编制了相应的《工程质量通病防治手册》,并发到了各工区、各幢号,有效地降低了装修阶段工程质量通病的发生概率。

(6)及时做好"主体结构分部质量验收"和分项工程的隐蔽验收。项目部根据大学城建设指挥部的要求,及时完成"主体结构分部质量验收"。施工过程中,项目部能根据工程的进度情况,及时组织进行各分部分项工程、隐蔽工程、中间工程的隐蔽验收,并及时办理确认手续。

(7)重视大学城建设指挥部的质量巡检工作。项目部把大学城建设指挥部质量巡检小组的工作,一直当作一种可以借用的"外力",对于质量巡检小组发现的问题,总是及时进行整改,从而促进了质量管理水平的提高。

(8)提高标准,控制工程质量。按照广州市建筑工程优良样板工程评比办法,外墙面砖的阳角交接处镶贴时允许采用海棠角,但项目部为了提高外墙面砖镶贴的质量要求,除个别已提前施工的栋号以外,绝大部分单位工程均按照鲁班奖的评比要求,在阳角处外墙面砖做成45度角镶贴。

(9)完善已建立的质量管理体系。为便于管理并保障各项质量工作的有效开展,针对项目作业工种多、操作工艺技术要求高的实际情况,项目部进一步完善了质量管理领导小组,组织了30名专职质量管理员,明确了项目部所有管理人员在质量方面的职责和权限,规定专职质量管理员具有一票否决权,并进一步健全了一系列相应的质量管理制度(如交叉作业质量交底制度、质量联合检查制度等)。规范了质量管理的各种行为,使所有与质量相关的人员,做到有法可依、有据可查。

(10)重视专业施工方案的编制和交底工作。各工区、各幢号的专业分包单位按照项目部的要求,及时编制了专业工程施工的技术方案,明确了各专业施工的质量目标、监控要点、控制方法、质量措施等,并及时完成了对施工班组和作业工人的技术交底,告诉工人有关的技术要点和注意事项,使作业人员做到心中有数、操作有法。

(11)加强质量检查和监督。项目部组织质量巡检小组,每天早晨负责对所有栋号的施工质量进行巡查,严格监督所有分部分项工程的施工质量,发现问题及时督促所在工区和栋号进行整改,所有施工过程均进行严格控制,执行"三查四检"制度,特别注重按照质量计划对质量监控点、关键过程和特殊过程进行24小时不间断检查。

(12)大力进行质量方面的宣传教育。由于各项工作对各个栋号最终的质量结果影响很大,项目部通过各种形式(广播、黑板报、宣传栏等)加大了质量教育的力度,提高了员工的质量意识。同时,通过继续举办各种形式的技术讲座,提高了项目部管理人员在不同专业的质量管理水平。

8.1　项目质量管理概述

项目质量管理是指为确保项目质量目标要求而开展的项目管理活动，其根本目的是保障最终交付的项目产出物能够符合质量要求。项目质量管理包括两个方面的内容：其一是项目工作质量的管理；其二是项目产出物的质量管理。

因为任何项目产出物的质量都是靠项目的工作质量保证的。项目质量管理的概念与一般质量管理的概念有许多相同之处，也有许多不同之处，这些不同之处是由项目的一次性和独特性等特性所决定的。因此要弄懂和掌握项目质量管理的概念，首先要搞清楚一般的质量和质量管理的概念，然后根据项目的特性进行项目质量管理。

8.1.1　质量的定义及特征

在日常生活中，人们每天都要消费各种各样的产品和服务，这些产品和服务有好有坏，它们的好坏代表了它们的质量，同时它们的好坏也代表了一个企业或组织的质量管理水平。实际上，质量和质量管理是日常生活中天天都会遇到的问题。

1. 质量的定义

对于什么是质量有许多不同的说法，所以对于质量的定义也有许多种。其中美国著名质量管理专家朱兰对于质量的定义和国际标准化组织（International Standard Organization，ISO）对于质量的定义最具权威性。这两种定义的具体描述与含义如下。

（1）朱兰关于质量的定义。美国质量管理专家朱兰（J. M. Juran）博士认为，质量就是产品的适用性，即产品在使用时能够满足用户需要的程度。

这一定义从两个方面对质量做出了规定。其一，"质量就是产品的适用性"，这表明只要产品适用就是好产品，就是达到质量要求的产品。其二，"产品在使用时能够满足用户需要的程度"，这表明产品质量的高低取决于产品能够在多大程度上满足用户的具体需要，满足需要程度高的产品就是高质量的产品，满足需要程度低的产品就是低质量的产品。

（2）国际标准化组织关于质量的定义。国际标准化组织在其《质量管理与质量保障术语》（以下简称《术语》）中对于质量的定义是："质量是反映实体（产品、过程或活动等）满足明确和隐含的需要能力和特性总和。"

具体对活动（工作）而言，质量一般是由工作的结果来衡量的，工作的结果既可以是工作所形成的产品，也可以是通过工作而提供的服务，所以工作质量也可以用产品或服务质量来度量。反过来说，实际上是工作质量决定了工作产出物（产品或服务）的质量，因此在质量管理中对于工作质量的管理是最为基础的质量管理。

2. 质量特性的概念

质量特性是指产品或服务满足人们明确或隐含需求的能力、属性和特征的总和。不同的产品或服务能够满足人们不同的需要，所以不同的产品和服务各自有不同的质量特性。服务的质量特性与产品的质量特性就有很大差异，这是由于服务本身所具有的无形性、不可储存性等特性决定的。产品或服务的质量特性又分为内在的特性、外在的特性、经济方面的特性、商业方面的特性和环保方面的特性等多种特性。这些不同质量特性的具体内涵如下。

(1)内在质量特性。这主要是指产品的性能、特性、强度、精度等方面的特性。这些特性主要是在产品或服务的持续使用中体现出来的特性。

(2)外在质量特性。这主要是指产品外形、包装、装潢、色泽、味道等方面的特性。这些特性都是产品或服务外在表现方面的属性和特性。

(3)经济质量特性。这主要是指产品的寿命、成本、价格、运营维护费用等方面的特性。这些特性是与产品或服务购买和使用成本有关的特性。

(4)商业质量特性。这主要是指产品的保质期、保修期、售后服务水平等方面的特性。这些特性是与产品生产或服务提供企业承担的商业责任有关的特性。

(5)环保质量特性。这主要是指产品或服务对于环境保护的贡献或对于环境造成的污染等方面的特性。这些特性是与产品或服务对环境的影响有关的特性。

8.1.2 质量管理的定义

一个企业或组织为了确保自己产品或服务的质量能够达到客户的要求和期望,就必须开展质量管理活动,通过开展质量管理去保障和提高企业或组织的工作质量和产品或服务的质量,完成组织的使命、实现组织的目标。实际上,现在的质量管理是企业或组织在市场经济下的安身立命之本。

1. 质量管理的定义

对于什么是质量管理也有许多不同的说法和许多不同的定义。日本的质量管理学家谷津进的定义和国际标准化组织(ISO)的定义,从不同的角度给出了质量管理的诠释。这两种定义的具体描述与含义如下。

(1)谷津进的定义。谷津进认为,质量管理就是向消费者或顾客提供高质量产品与服务的一项活动。这种产品和服务必须保证满足需求、价格便宜和供应及时。

这一定义给出了质量管理的目的、目标和作用,明确了质量管理的根本目的是向顾客和消费者提供高质量的产品与服务,明确了质量管理的目标和作用就是使产品和服务达到三项要求,其一是"满足需求",其二是"价格便宜",其三是"供应及时"。

(2)国际标准化组织的定义。国际标准化组织认为,质量管理是确定质量方针、目标和职责并在质量体系中通过诸如质量策划、质量控制和质量改进,使质量得以实现的全部管理活动。

国际标准化组织对于质量管理定义是从质量管理活动所涉及的内容和方法角度做出的。由这一定义可以看出,质量管理是一项具有广泛含义的企业管理活动,它包括下述几个方面的内容。

一是质量管理是涉及从企业质量方针的制定到用户对质量的最终体验这一全过程中的管理活动。质量管理是一项贯穿在企业产品生产和服务全过程中各阶段、各项工作中的一项专门针对质量保障和提高的管理活动。

二是质量管理是各级管理者的一项重要管理职责。这包括从最高管理者的质量管理决策("质量方针、目标和职责")和中层管理者对于质量管理的实施("质量策划、质量控制"等),以及基层管理者对于质量管理方针政策的贯彻执行("质量控制""质量改进"等)。

三是质量管理既涉及对产品和服务本身功能与特性的管理,同时也涉及对制造产品和提供服务过程中的工作质量的管理。因为工作质量是产品和服务质量的保障,所以只有高水平的工作质量，才会有高水平的产品或服务质量。

2. 质量管理的内涵和术语

质量管理既是一项企业各级管理者的管理职责，又是一项涉及企业活动全过程的管理工作，这项管理工作具有非常深刻的内涵和许多独特的术语。国际标准化组织在有关质量管理的定义和标准中给出了质量管理的基本内涵和相关的术语解释。

(1) 质量方针。"质量方针是由组织的最高管理者正式发布的关于一个组织总的质量宗旨和质量方向。"质量方针作为组织的质量宗旨和方向，是一个组织的大政方针中一个重要组成部分，它反映了组织最高领导的质量意识和决心，它是一个组织在一定时期内相对稳定的质量工作指导思想。它的制定和实行会直接影响到一个组织的质量管理工作。

(2) 质量体系。"质量体系是为实施质量管理所需的组织结构、程序、过程和资源。"一个组织只有建立了科学的质量体系，才能够全面地开展质量管理活动，因为质量体系是质量管理的基础，是质量管理工作的组织保障体系，没有它就无法开展科学的质量管理，就无法保证产品或服务的质量。

(3) 质量策划。"质量策划是确定质量的目标和要求，以及确定采用质量体系要素的目标和要求的活动。"这种策划活动实际上就是质量管理的一种规划或计划性的工作，通过这种规划或计划工作，项目组可以确定下一步质量和质量管理目标、管理措施和具体要求（时间、工作、质量等）。

(4) 质量控制。"质量控制是为达到质量要求所采取的作业技术与活动。"其中的质量要求是指：对于需要的表达或将需要转化为一组针对实体特性的定量或定性的规定要求，以便使其能够实现和考核；而作业技术和活动的内容包括确定控制对象、规定控制标准、制定控制方法、选用检验技术、处理事故（失控）等。

(5) 质量保障。"质量保障是为了保证实体能够满足质量要求，并提供足够的证明以表明实体保证能够满足质量要求，而在质量体系中实施的，并根据需要进行证实的，全部有计划和有系统的活动。"由此可见，质量保障是一系列有计划的活动，而这种活动的目的是确保"实体"的质量。另外，为了证明一个组织能够确保提供高质量的实体，就需要对其生产和管理活动的可信度与可靠性进行审核和评价，这些也都属于质量保障活动的范畴。

(6) 质量改进。"质量改进是为向本组织及其顾客提供更多的收益，在整个组织内所采取的旨在提高组织活动与过程的效益和效率的各种措施。"这里的"过程"是指将输入转化为输出的一组彼此相关的活动。实际上质量改进是一种持续改进和完善的组织活动，包括对产品与服务的持续改进和完善、对生产过程与作业方法的持续改进和完善，以及对组织管理活动的持续改进和完善。

8.1.3 项目质量管理概念

项目质量在很大程度上既不同于产品质量，也不同于服务质量，因为项目兼具产品和服务两个方面的特性，和一次性、独特性与创新性的自己的特性，所以项目质量也具有自己的特性。项目质量的这些特性主要表现在两个方面。

1. 项目质量的双重性

项目质量的双重性是指项目质量既有产品质量的特性，又有服务质量的特性。这是因为在同一个项目中会有许多项目产出物具有产品的有形性、可储存性和可预先评估性等特性，所以完全属于产品的范畴，而这一项目的另一些产出物具有无形性、不可储存性和无法预先评估等特性，所以完全属于服务的范畴。例如，对于一个房屋建设项目而言，最终形成的建筑物属于产品的范畴，但是在建房过程中的图纸设计、施工管理和顾问咨询等都属于服务的范畴。

2. 项目质量的过程特性

项目质量的过程特性是指一个项目的质量是由整个项目的全过程形成的，是受项目全过程的工作和活动质量直接和综合影响的。任何项目的质量不是由一个项目的某个阶段或某项活动形成的，而是由整个项目的全过程形成的。特别需要指出的是，项目质量的形成与产品和服务的质量形成都不相同。由于项目具有的一次性和独特性的特性，所以人们（包括项目业主和实施者）在项目的定义和决策阶段往往无法充分认识和界定自己"明确和隐含"的需求，所以项目的质量要求在许多情况下，一开始无法比较明确和完全确定下来，它是在项目进行过程中通过不断修订和变更而最终形成的。尤其是一些带有探索性质的项目（如科研项目、产品开发项目、创新项目等），它们在很大程度上是在项目实施过程中通过各种各样的项目质量变更而不断地修订，最终在项目结束前才形成项目质量的明确要求与最终结果。这与单纯的产品或服务质量的确定和形成过程相比要复杂和麻烦得多，所以项目在质量管理上所需的努力要比单纯的产品或服务（可以周而复始生产的产品或提供的服务）质量管理艰巨。

项目质量与产品或服务质量的最大差别有两条。

其一，周而复始生产的产品或提供的服务都能够在产品与服务的定义和设计阶段就确定下来，但是一个项目质量在绝大多数情况下只有项目全过程完成以后才能最终确定。即使是在项目定义和设计阶段人们可以对项目的质量提出基本的要求，但是几乎没有哪个项目是完全按照项目定义和设计阶段确定的项目质量完成的，绝大多数项目在实现过程中都会通过项目变更去修订和更新对项目质量的要求和规定。

其二，产品生产和服务提供因为是周而复始的（否则就属于项目了），所以它们在不断循环的过程中都有持续改善和提高的余地与可能性。但是项目是一次性和独特性的，在项目实施过程中人们可以通过项目变更不断改变项目的质量，但是一旦项目全过程结束就没有持续改善质量的机会，即使要改进也只有重新开展一个新项目。例如，卫星或航天器发射项目，一旦发射过程结束，不管是成功还是失败，都没有改进的机会了，除非开展一个新的项目，甚至采取一些特别的手段和措施，也都属于另一个新项目的范畴了。

3. 项目质量管理的概念

现代项目管理中的质量管理是为了保障项目的产出物能够满足项目业主/客户以及项目各相关利益者的需要所开展的对项目产出物质量和项目工作质量的全面管理工作。项目质量管理的概念与一般质量管理的概念有许多相同之处，也有许多不同之处。这些不同之处是由上述有关项目的特性所决定的。项目质量管理的基本概念包括：项目质量方针、项目质量目标和质量责任的确定，项目质量体系的建设，以及为实现项目质量目标所开展的项目质量计划、项目质量控制和项目质量保证等一系列的项目质量管理工作。

一般情况下，在项目质量管理中同样要使用全面质量管理（Total Quality Management，TQM）的思想。所谓全面质量管理的思想，国际标准化组织认为，全面质量管理是一个组织以质量为中心，以全员参与为基础，目的在于通过让顾客满意和本组织所有成员及社会受益而达到长期成功的一种质量管理模式。从这一定义中可以看出，全面质量管理的指导思想分两个层次：其一，一个组织的整体要以质量为核心，并且一个组织的每个员工要积极参与质量管理；其二，全面质量管理的根本目的是使全社会受益和使组织本身获得长期成功。确切地说，全面质量管理的核心思想是质量管理的全员性(全员参与质量管理的特性)、全过程性(认真管理好质量形成的全过程)和全要素性(认真管理好质量所涉及的各个要素)。

项目质量管理的方法与产品质量管理的方法是有很大差别的，这种差别是由项目本身所具有的一次性、独特性、创新性等特性，和项目在所具有的双重性和过程性(见前面的讨论)所决定的。但是在质量管理的思想和理念上，项目质量管理和产品质量管理都认为下述理念至关重要。

(1) 使顾客满意是质量管理的目的。全面理解顾客的需求，努力设法满足或超过顾客的期望是项目质量管理和产品或服务质量管理的根本目的。任何项目的质量管理都要将满足项目业主/客户的需要(明确的需求是在项目说明书中规定的，隐含的需求需要对项目业主/客户进行深入的沟通)作为最根本的目的，因为整个项目管理的目标就是要提供能够满足项目业主/客户需要的项目产出物。

(2) 质量是干出来的而不是检验出来的。项目质量和产品质量都是通过各种实施和管理活动而形成的结果，它们不是通过质量检验获得的。质量检验的目的是找出质量问题(不合格的产品或工作)，是一种纠正质量问题或错误的管理工作。但是，任何避免错误和解决问题的成本通常总是比纠正错误和造成问题后果的成本要低，所以在质量管理中要把管理工作的中心放在避免错误和问题的质量保障方面，对于项目质量管理尤其应该如此。

(3) 质量管理的责任是全体员工的。项目质量管理和产品质量管理的责任都应该是全体员工的，项目质量管理的成功是项目全体团队人员积极参与和努力工作的结果。因此需要项目团队的全体成员明确和理解自己的质量责任并积极承担质量责任。项目质量管理的成功所依赖的最关键因素是项目团队成员的积极参与对于项目产出物质量和项目工作质量的责任划分与责任履行的管理。

(4) 质量管理的关键是不断地改进和提高。项目质量管理和产品质量管理的过程中都会使用"戴明循环"(戴明博士所提倡的 PDCA 循环，其中 P 是计划、D 是执行、C 是检查、A 是处理)。这是一种持续改进工作的方法和思想，这种思想和方法同样是项目质量管理的一种指导思想和技术方法，但是由于项目的一次性和独特性，这种方法的使用有时具有一定的局限性。这种局限性主要体现在项目管理中的 PDCA 只能用于那些重复性作业和活动中，大多数的项目一次性活动是很难使用的。戴明博士的 PDCA 循环如图 8.1 所示。

图 8.1　戴明博士的 PDCA 循环

8.1.4 项目质量管理的工作过程

项目质量管理包括三个主要过程：质量规划、实施质量保证、实施质量控制。项目质量管理通过明确质量方针、建立质量目标和标准，并在项目生命周期内持续使用质量计划、质量控制、质量保证和质量改进等措施来落实质量方针的执行，确保质量目标的实现，最大限度地使客户满意。项目质量管理过程如图 8.2 所示。

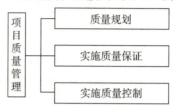

图 8.2　项目质量管理过程

8.2　项目质量规划

8.2.1　项目质量规划的概念

项目质量规划是指确定项目应该达到的质量标准和如何达到这些质量标准的工作计划与安排。项目质量管理的基本原则之一是：项目质量是通过质量规划的实施和所开展的质量保障与控制活动达到的，而不是通过质量检查得到的。因此，项目质量管理是从对项目质量的计划安排开始，通过实施项目质量规划和开展质量保障与控制活动实现的。项目质量管理只有通过这些工作，才能努力控制与杜绝返工和质量失败等消极后果的出现，最终使项目达到质量要求。项目质量规划的依据、工具与技术和成果如图 8.3 所示。

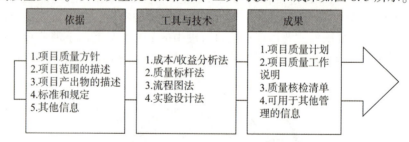

图 8.3　项目质量规划的依据、工具与技术和成果

8.2.2　项目质量规划的依据

项目质量规划编制的前提条件是确定项目质量规划的依据和编制项目质量规划所需的各种信息与文件。

1. 项目质量方针

项目质量方针是项目组织和项目高级管理层规定的项目质量管理的大政方针，是项目组织将如何实现项目质量的正式描述和表达，是一个项目组织对待项目质量的指导思想和中心意图。在项目的定义与决策阶段，项目经理和管理者就应该准确地认识项目目标，并根据项目最终要达到的目标，确定项目质量管理的总方针。在项目的计划与设计阶段，还需要根据项目的设计和计划进一步明确项目的各种目标和修订项目的质量方针，使项目质量目标和质量方针具体化。从项目质量管理的角度来看，质量方针的主要内容如下。

（1）项目设计的质量方针。项目设计应该符合国家有关方针政策和现行设计规范；项目设计需要符合设计纲要（要求）的规定；项目设计必须符合实际和体现经济合理与技术先进的原则；项目设计必须充分发挥项目的社会、经济和环境效益。

（2）项目实施的质量方针。在项目实施阶段的质量方针主要有：应该实行项目经理领导下的质量目标管理，在项目管理中，必须坚持质量第一的方针，实行全员的、全过程的质量管理，一般需要将国际标准化组织（ISO）的标准作为项目质量保证的依据。

（3）项目完工交付的质量方针。在项目完结和交付阶段的质量方针应该是由项目团队全面开展检验项目的工作和项目产出物的质量，并对照项目产出物的质量是否达到了定义与决策阶段和计划与设计阶段所提出的项目目标和各种要求，给出结论后再将项目交付给项目业主/客户。

2. 项目范围的描述

项目范围的描述是指有关项目所涉及范围的说明，这包括项目目标的说明和项目任务范围的说明，它明确说明了为提交既定特色和功能的项目产出物而必须开展的工作及对这些工作的要求，因此它同样是项目质量规划编制的主要依据文件之一。项目范围的描述主要包含下述内容。

（1）项目的目的说明。这是指项目的根本使命和特定需求。在项目完成之后将依据项目目的去衡量一个项目成功的程度，评估项目的完成情况。

（2）项目目标说明。项目目标是指项目要实现的目的性指标。这既包括项目的总体目标，也包括项目的专项具体指标。例如，项目的成本、质量、工期等专项目标。

（3）项目产出物简要说明。这是指对项目要提交产出物的特征、性能、要求等方面的简短而明确的描述，它是项目质量管理活动的基础性依据之一。

（4）项目成果说明。这是指项目产出物所包含的全部成果的概要清单，是对项目产出物的"部件"的说明。项目成果说明通常既包括项目有形产出物的说明，也包括项目无形产出物（过程或服务）的说明。

3. 项目产出物的描述

项目产出物的描述是指对项目产出物（产品）的全面与详细的说明，这种说明既包括对项目产出物的特性和功能说明，也包括对项目产出物有关技术细节的说明，以及其他可能影响制定项目质量规划的有关信息。项目产出物描述要比在项目范围描述中给出的项目产出物简要说明详细，因为这是一份专门对项目产出物进行描述和说明的文件，所以它更为详细和准确，而且有时还是项目合同规定的说明内容之一（当项目采用承发包或招投标的方式，使用承包商去实施时更是如此）。

4. 标准和规定

项目组织在制订项目质量计划时还必须充分考虑所有与项目质量相关领域的国家、行业标准、各种规范以及政府规定等。当项目所属专业领域暂时没有相关的标准、规范以及规定时，项目组织应该组织有关人员根据项目的目的和目标确定项目的标准和规范。

5. 其他信息

其他信息是指除项目范围描述和项目产出物描述外,其他项目管理方面的要求以及与项目质量计划制订有关的信息。例如,有关项目工作分解结构、项目进度计划、项目成本计划等方面的信息。

8.2.3 项目质量规划的工具与技术

项目质量规划的制定方法有许多,一般会根据项目所属专业领域的不同而不同。最常用的项目质量规划编制方法有如下几种。

1. 成本/收益分析法

成本/收益分析法也叫经济质量法,这种方法要求在制定项目质量规划时必须同时考虑项目质量的经济性。项目质量成本是指开展项目质量管理活动所需的开支,项目质量收益是指开展项目质量活动带来的好处(如,质量保障的主要好处是减少返工,提高生产率和降低成本等)。项目质量成本/收益分析法的实质,是通过运用这种方法编制出能够保障项目质量收益超过项目质量成本的项目质量管理规划。

任何一个项目的质量管理都需要开展两个方面的工作,其一是项目质量的保障工作,这是防止有缺陷的项目产出物出现和形成的管理工作,其二是项目质量检验与质量恢复工作,这是通过检验发现质量问题,并采取各种方法恢复项目质量的工作。这两个方面的工作使项目质量成本具有了两种不同的成本:一种是项目质量保证成本,一种是项目质量纠偏成本。两者的关系是项目质量保证成本越高,项目质量的纠偏成本就越低,反之亦然。项目的质量收益是通过努力降低这两种质量成本而获得的收益。项目质量的成本/收益法就是一种合理安排和计划项目的这两种质量成本,使项目的质量总成本相对最低,而质量收益相对最高的一种项目质量计划的方法。

2. 质量标杆法

质量标杆法是指利用其他项目实际的计划质量结果或质量计划,作为新项目的质量比照目标,通过对照比较制定出新项目质量规划的方法。它是项目质量管理中常用的有效方法之一。这里所说的其他项目可以是项目组织自己以前完成的项目,也可以是其他组织完成的或正在进行的项目。通常的做法是以标杆项目的质量方针、质量标准和规范、质量管理计划、质量核检清单、质量工作说明文件、质量改进记录和原始质量凭证等文件为蓝本,运用相关技术和工具,结合新项目的特点来制订新项目的质量计划文件。使用这一方法时应充分注意标杆项目质量中所实际发生的质量问题及教训,在制定新项目质量规划文件时要考虑相应的质量问题的防范措施方案和应急计划,尽可能避免类似项目质量事故的发生。

3. 流程图法

流程图法是用于表达一个项目的工作过程和项目不同部分之间相互联系的方法,通常它也被用于分析和确定项目实施的过程和项目质量的形成过程,所以它也是编制项目质量计划的一种有效方法。

一般的项目流程图包括项目的系统流程图、项目的实施过程流程图、项目的作业过程流程图等。同时还有许多用于分析项目质量的其他图表,如帕累托图、鱼骨图、X-R图等。这些工具与技术从不同的侧面给出了项目质量问题的各种原因,以及如何影响项目质量因素与后果等方面的信息。通过对项目流程中可能发生的质量问题、质量问题的原因进行分析和归类，人们能够编制出应对质量问题的对策和项目质量规划。同时，编制项目流程图还有助于预测项目质量问题的发生环节，有助于分配项目质量管理的责任，有助于找出解决项目质量问题的措施，所以流程图法是一种编制项目质量计划的非常有效的方法。

在编制流程图时要注意收集必要的信息和实际情况，要将所有的项目活动考虑进去，尽量避免漏项，而且各个项目活动的时间顺序应可行。这种方法通常是参考其他类似项目使用过的或已编制出的流程图，先编制一个粗略的流程图，再逐步细化，最终得到新项目的质量计划。

4. 实验设计法

实验设计法是一种计划安排的分析技术方法，它有助于识别出在多种变量中何种变量对项目成果的影响最大，从而找出项目质量的关键因素，用于指导项目质量计划的编制。这种方法最广泛的应用范畴是用于寻找解决项目质量问题的措施与方法。

在一般项目的实施和科研活动中，为保证质量和降低成本，经常会遇到如何选择最优方案的问题。例如，怎样选择合适的配方、合理的工艺参数、最佳的生产条件，以及怎样安排核查方案能做到时间最节省成本。这一类问题在数学上称为最优化或称优选法。实验设计法是这类决策优化的方法之一，它特别适用于对质量方案和质量管理方案的优化分析。常用的实验设计法有对分法、均分法和 0.618 法（又叫黄金分割法）等。这些方法都可以用于计划与安排科学研究和技术开发之类项目的质量计划。

8.2.4　项目质量规划的成果

项目质量规划编制的工作结果是生成一系列项目质量规划文件，这些项目质量规划文件主要包括如下几种。

1. 项目质量计划

项目质量计划是描述项目组织为实现其质量方针，对项目质量管理工作的计划与安排。这一文件的内容包括：实现项目质量目标所需的资源、质量保障的组织结构、质量管理的责任、质量管理的措施和方法等。在整个项目实现过程中，项目质量计划是整个项目质量管理的指导性文件，一个项目需要通过质量体系去执行项目质量计划来保证项目质量。所以项目质量计划是一份非常重要的项目质量管理文件，是项目质量规划编制工作最重要的成果之一。

2. 项目质量工作说明

项目质量工作说明是指对项目质量管理工作的描述以及对项目质量控制方法的具体说明。这一文件应体现如何检验项目质量计划的执行情况，如何确定项目质量控制规定等内容。通常这种项目质量计划文件是项目质量计划的辅助和支持文件，应该全面给出项目质量管理各方面的支持细节和具体说明，包括执行项目质量计划中所需使用的具体方法、工具、图表、程序等各方面的规定和说明。

3. 质量核检清单

质量核检清单是一种结构化的质量管理工具，可用于检查各个项目流程步骤的质量计划执行情况和质量控制的实际结果。它也是项目质量计划文件的组成部分之一。质量核检清单常见的形式是以分别开列的一系列需要检查核对的工作与对象的清单。质量核检清单通常可以由工作分解结构的细化和转换得到。由于项目种类和所属专业领域不同,质量核检清单的内容也会有很大差别,所以在项目计划编制中要根据具体项目所属专业领域和项目本身的特性,确定出相应的质量核检清单,作为项目质量计划的重要内容之一。

4. 可用于其他管理的信息

项目质量规划的另一个结果是给出了一系列可用于项目其他方面管理的信息,这主要是指在制订项目质量计划的过程中,通过分析与识别而获得的有关项目其他方面管理所需的信息,这些信息对于项目的集成管理和项目的其他专项管理都是非常有用的。

8.3 实施项目质量保证

8.3.1 项目质量保证的概念

项目质量保证是在执行项目质量计划过程中,经常性地对整个项目质量计划执行情况所进行的评估、核查与改进等工作。这是一项确保项目质量计划得以执行和完成,使项目质量能够最终满足要求的系统性工作。项目质量保证既包括项目工作本身的内部质量保证,也包括为项目业主/项目客户和其他项目利益相关主体提供的外部质量保证。为了保证项目质量所需开展的项目质量保证工作主要有以下几个方面。

1. 清晰的质量要求说明

没有清晰明确要求达到的质量,项目组织就无法开展项目质量保证工作,就没有了项目质量保证的方向和目标。对于项目来说,质量保证的首要工作是提出项目的质量要求,既包括清晰明确的项目最终产出物的质量要求,也包括项目中间产出物和项目过程的质量要求。这些项目产出物和过程既包括项目工作的里程碑,又包括项目活动所生成的可交付产品。对于项目产出物的质量要求越详细和具体,项目的质量保证也就会越周密和可靠。

2. 科学可行的质量标准

项目质量保证工作还需要科学可行的项目质量标准,项目质量管理需要进行科学可行质量管理标准的设计,即根据以前的经验和不同国家、地区、行业质量标准设计出的适合于具体项目质量保证的项目工作(过程)和项目产出物的质量标准。项目环境和一般运营企业的环境有很大差别,在项目环境中许多工作是一次性和不重复的,所以项目要根据各种资料和信息,制定具体科学而可行的质量标准。通过项目质量保证确保项目质量,对于项目的质量保证来说是至关重要的一项工作。

3. 组织和完善项目质量体系

这是项目质量保证中的组织工作,这一工作的目标是要建立和健全一个项目的质量保证体系的组织机构,并通过这一质量体系去开展项目质量保证的各项活动。一般说来,任何项目的质量保证如果没有一套健全的质量体系是无法实现的。由于这个原因,在项目质量保证中最为重要的工作之一是建立和不断健全项目的质量体系。项目质量体系是为实施项目质量管理所需的组织结构、工作程序、质量管理过程和质量管理各种资源所构成的一个整体。一个项目组织只有建立了有效的质量体系，才能够全面地开展项目质量管理活动，因为质量体系是质量管理的基础，是质量管理工作的组织保障。

4. 配备合格和必要的资源

在项目质量保证中需要使用各种各样的资源，包括人力资源、物力资源和财力资源等。因此项目质量保证的另一项工作内容就是要为项目质量保证配备合格和必要的资源。如果项目聘用的人员不熟悉项目的专业工作，不管是缺乏经验还是缺少培训都会给项目的质量带来问题。同样，如果缺少足够的资金和必需的设备，项目质量管理人员就很难开展项目质量的保证和控制活动，这也会对项目质量造成问题。所以在项目质量保证中必须开展配备合格和必要的资源这项工作。例如，不管是专业人员还是技术工人，他们承担项目工作之前，都必须经过严格的考核和培训，而各种物料和设备在投入使用之前必须经过严格的测试与检查等。

5. 持续开展有计划的质量改进活动

项目质量保证是为了保证项目产出物能够满足质量要求，通过质量体系所开展的各种有计划和有系统的活动。项目质量保证的一项核心工作是持续开展一系列有计划的，为确保项目产出物质量的项目实际质量而开展的审核、评价和质量改进工作。其中，最主要的是持续的质量改进工作。质量改进是为了向项目组织及项目业主/客户提供更多的利益，由项目组织所采取的旨在提高项目活动效益和效率的各种措施。实际上项目质量改进是一种持续改进和完善的项目活动，包括对项目工作（过程）和项目产出物的持续改进和完善，对项目作业与作业方法的持续改进和完善，以及对项目管理活动的持续改进和完善。

6. 项目变更的全面控制

要开展项目质量保证和实现规定的项目质量就必须开展对项目变更的全面控制。这并不是说所有的项目变更都必须避免和消除，因为有些项目变更是为提高项目质量服务的，是为更好地满足项目业主/客户的需求服务的，这种项目变更对于项目质量管理而言是可取的。但是有些项目变更却会严重影响项目的质量。例如，项目范围的缩小、项目资源的降级替代、项目预算的削减、项目工期的缩短等，都会对项目质量产生不利的影响，所以都需要进行全面的控制。一般对于项目每个变更都需要仔细定义其目的，仔细分析它对项目质量的影响，仔细设计相应的质量保证对策，所有这些工作都属于项目质量保证的重要领域。项目质量保证的依据、工具与技术和成果如图 8.4 所示。

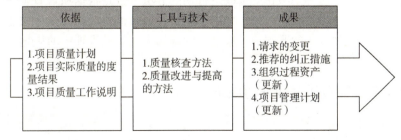

图 8.4 项目质量保证的依据、工具与技术和成果

8.3.2 实施项目质量保证的依据

项目质量保证的依据主要包括如下几个方面。

1. 项目质量计划

项目质量计划是项目质量计划工作的结果,是有关项目质量保证工作的目标、任务和要求的说明文件,是项目质量保证工作最根本的依据。

2. 项目实际质量的度量结果

项目实际质量的度量结果是有关项目质量保证和控制工作情况绩效的度量和评价结果。这是一种给出项目实际质量情况和相应的事实分析与评价的报告,也是项目质量保证工作的依据。

3. 项目质量工作说明

项目质量工作说明是指对项目质量管理具体工作的描述,以及对项目质量保证与控制方法的说明。这同样是项目质量保证工作的具体依据。

8.3.3 实施项目质量保证的工具与技术

1. 质量核查方法

质量核查方法是用于质量保证的一种结构化审核方法。质量核查的目标是找出可改进项目质量的问题,从而进行项目质量的改善与提高。项目质量核查可以定期进行,也可以随机抽查,可以由项目组织内部人员实施核查,也可由第三方(如质量监理组织、质量管理咨询公司等)或专业机构完成,然后将结果通知项目组织,以便开展项目质量的持续改进和提高工作。项目质量核查方法主要用于对项目所用材料、半成品和配件的质量核查,对项目各项工作质量的核查,对项目最终或中间产出物的质量核查,对项目质量控制方法和工作的核查,对项目各种管理与技术文件的核查等方面。

2. 质量改进与提高的方法

项目质量改进与提高的方法可以用于提高项目的效益和效果,给项目组织和项目业主/客户带来更多的收益。项目质量改进与提高的方法包括项目质量改进建议和质量改进行动两个方面的方法。项目质量改进建议的方法是通过要求和倡导项目团队成员提出项目质量改进的建议,从而更好地保障项目质量的一种方法。一般的项目质量改进建议至少应包括:目前存在的项目质量问题及其后果;发生项目质量问题的原因分析;进行项目质量改进的建议目标;进行项目质量改进的方法和步骤;进行项目质量改进所需的资源;项目质量改进成果的确认方法等。项目质量改进行动的方法多数是根据项目质量改进建议而确定的具体工作方法。在项目质量保证工作中,项目质量改进建议方法是一项非常重要的项目质量保证方法,这种方法的原理与一般运营管理的全面质量管理中的质量小组活动方法的原理是一致的。

8.3.4 实施项目质量保证的成果

1. 请求的变更

质量改进包括采取措施以提高实施组织的质量政策、过程与程序的效率和效力,会为所有项目利害相关者带来增值。

2. 推荐的纠正措施

纠正措施系指在进行质量保证活动(如审计和分析过程)后立即推荐采取的措施。

3. 组织过程资产(更新)

更新后的质量标准为实施组织的质量过程与满足要求的效率和效力的情况进行验证。在实施质量控制过程中将用到质量标准。

4. 项目管理计划(更新)

项目管理计划将根据实施质量保证过程产生的质量管理计划变更进行更新。这些更新包括纳入已经完成过程持续改进循环须从头开始的过程,以及已识别、确定并准备就绪有待实施的过程改进。申请的项目管理计划及其从属计划的变更(修改、增添或删除)通过整体变更控制过程进行审查和处理。

8.4 实施项目质量控制

8.4.1 项目质量控制的概念

项目质量控制是指对项目质量实施情况的监督和管理。这项工作的主要内容包括:项目质量实际情况的度量,项目质量实际与项目质量标准的比较,项目质量误差与问题的确认,项目质量问题的原因分析和采取纠偏措施以消除项目质量差距与问题等一系列活动。这类项目质量管理活动是贯穿项目全过程的。项目质量控制的依据、工具与技术和成果如图 8.5 所示。

图 8.5 项目质量控制的依据、工具与技术和成果

项目质量控制与项目质量保证的概念最大的区别在于,项目质量保证是一种从项目质量管理组织、程序、方法和资源等方面为项目质量保驾护航的工作,而项目质量控制是直接对项目质量进行把关和纠偏的工作;项目质量保证是一种预防性、提高性和保障性的质量管理活动,而项目质量控制是一种过程性、纠偏性和把关性的质量管理活动。虽然项目质量控制也有项目质量的事前控制、事中控制和事后控制,但是项目质量的事前控制主要是对项目质量影响因素的控制,而不是从质量保障的角度所开展的各种保障活动。当然,项目质量保证和项目质量控制的目标是一致的,都是确保项目质量能够达到项目组织和项目业主/客户的需要,所以在项目开展的工作和活动方面,二者目标一致,且有交叉和重叠,只是管理方法和工作方式不同而已。

8.4.2 实施项目质量控制的依据

项目质量控制的依据有一些与项目质量保证的依据是相同的,有一些是不同的。项目质量控制的主要依据有以下几项。

1. 项目质量计划

项目质量计划与项目质量保证是一样的，是在项目质量计划编制中所生成的计划文件。

2. 项目质量工作说明

项目质量工作说明与项目质量保证的依据是相同的，同样是在项目质量计划编制中所生成的工作文件。

3. 控制标准与要求

控制标准与要求是根据项目质量计划和项目质量工作说明，通过分析和设计而生成的项目质量控制的具体标准。项目质量控制标准与项目质量目标和项目质量计划指标是不同的，项目质量目标和计划给出的都是项目质量的最终要求，而项目质量控制标准是根据这些最终要求所制定的控制依据和控制参数。通常这些项目质量控制参数要比项目目标和依据更为精确、严格和有操作性，因为如果不能够更为精确与严格就会经常出现项目质量的失控状态，需要采用项目质量恢复措施，从而形成较高的项目质量成本。

4. 项目质量的实际结果

项目质量的实际结果包括项目实施的中间结果和项目的最终结果，还包括项目工作本身的好坏。项目质量实际结果的信息也是项目质量控制的重要依据，因为有了这类信息，人们才可能将项目质量实际情况与项目的质量要求和控制标准进行对照，从而发现项目质量问题，并采取项目质量纠偏措施，使项目质量保持在受控状态。

8.4.3 实施项目质量控制的工具与技术

项目质量控制的工具与技术与一般运营管理的质量控制的工具与技术在许多方面是相同的。项目质量控制的工具与技术主要有如下几种。

1. 核检清单法

核检清单法是项目质量控制中的一种独特的结构化质量控制方法。这种方法主要是使用一份开列有用于检查项目各个流程、各项活动和各个活动步骤中所需核对和检查的科目与任务清单，并对照这一清单，按照规定的核检事件和核检频率去检查项目的实施情况，并对照清单中给出的工作质量标准要求，确定项目质量是否失控，是否出现系统误差，是否需要采取纠偏措施，最终给出相关核查结果和相应的对策措施决策。

2. 质量检验法

质量检验是指那些测量、检验和测试等用于保证工作结果与质量要求相一致的质量控制方法。质量检验方法可在项目的任何阶段使用。例如，可以检验项目的单个活动，也可以检验项目的最终产品。质量检验方法也可以对项目的各方面工作使用。例如，对项目工作质量的检验方法，对于项目资源质量的检验方法，对项目产出物质量的检验方法等。其中，对项目工作和项目产出物的质量检验方法又可分为自检（自己不断检验工作和工作结果的方法）、互检（团队成员相互检验工作和工作结果的方法）和专检（由专门质量检验和监督人员检验工作和工作结果的方法）三种。对任何一个项目活动而言，在必需的检验及必要的检验文件未完成之前，和项目阶段成果未取得认可、接收或批准之前，一般不应该开展后续工作。项目的质量检验要求每次严格纪录检验结果，并由合格人员进行评定并决定接受与否。因为项目是不可重复的一次性工作,如果不能按照这种检验方法去做,不但会造成各种责任纠纷,而且会出现由于项目某个中间环节存在质量问题而使整个项目最终结果全部报废的严重后果。

3. 控制图法

控制图法是用于开展项目质量控制的一种图示方法。图中给出来关于控制界限、实际结果、实施过程的图示描述。它可用来确认项目过程是否处于受控状态,图中上/下控制线表示变化的最终限度,当几个设定间隔内发生连续同一方向的变化时就应分析和确认项目是否存在系统误差并处于失控状态。当确认项目过程处于失控状态时就必须采取纠偏措施,调整和改进项目过程使项目过程回到受控状态。控制图法是建立在统计质量管理方法基础之上的,它利用有效数据建立控制界限,如果项目过程不受异常原因的影响,从项目运行中观察得到的数据将不会超出这一界限。控制图法示意如图 8.6 所示。

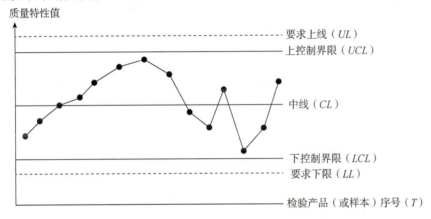

图 8.6 控制图法示意

4. 帕累托图法

帕累托(Pareto)图法是一种表明"关键的少数和次要的多数"关系的一种统计图表,它也是常用的方法,又称为排列图,它将有关质量问题的要素进行分类,从而找出"重要的少数"(A 类)和"次要的多数"(C 类),以便对这些要素采取 ABC 分类管理。帕累托图(排列图)示意如图 8.7 所示。

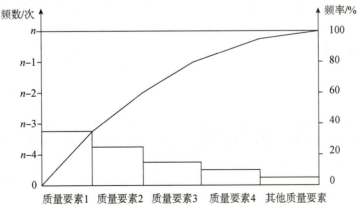

图 8.7 帕累托图(排列图)示意

图中两条纵轴，左边的表示频数(n)，右边的表示频率($f\%$)，二者是等高的。图中横轴以均匀等分的宽度表示质量要素(或质量影响因素)，需要标明序号和要素名。图中按质量要素等分宽度，沿纵轴画出表示各要素的频数和频率的矩形图。累计各矩形代表的频数和频率，得到排列图，并从中找出"重要的少数"和"次要的多数"，划分出 A、B、C 三类要素，以便对项目质量实现 ABC 分类控制。

5. 统计样本法

6. 流程图法

7. 趋势分析法

8.4.4 实施项目质量控制的成果

项目质量控制的成果是项目质量控制和质量保障工作所形成的综合成果，是项目质量管理全部工作的综合成果，主要包括以下一些。

1. 项目质量的改进

项目质量的改进是指通过项目质量管理与控制所带来的项目质量提高。项目质量改进是项目质量控制和保障工作共同作用的结果，也是项目质量控制最为重要的一项成果。

2. 对项目质量的接受

对项目质量的接受包括两个方面，其一是指项目质量控制人员根据项目质量标准对已完成的项目结果进行检验后对该项结果所做出的接受和认可，其二是指项目业主/客户或其代理人根据项目总体质量标准对已完成项目工作结果进行检验后做出的接受和认可。一旦做出了接受项目质量的决定，就表示一项项目工作或一个项目已经完成并达到了项目质量要求，如果做出不接受的决定就应要求项目返工和恢复并达到项目质量要求。

3. 返工

返工是指在项目质量控制中发现某项工作存在着质量问题并且其工作结果无法接受时，所采取的将有缺陷或不符合要求的项目工作结果重新变为符合质量要求的一种工作。返工既是项目质量控制的一个结果，也是项目质量控制的一种工作和方法。返工的原因一般有三个，其一是项目质量计划考虑不周，其二是项目质量保证不力，其三是出现意外变故。返工所带来的不良后果主要也有三个，其一是延误项目进度，其二是增加项目成本，其三是影响项目形象。有时重大或多次的项目返工会导致整个项目成本突破预算，并且无法在批准工期内完成项目工作。在项目质量管理中返工是最严重的质量后果之一，项目团队应尽力避免。

4. 核检结束清单

核检结束清单是项目质量控制工作的成果。当使用核检清单开展项目质量控制时，已经完成了核检的工作清单纪录是项目质量控制报告的一部分。这一项目质量控制工作的成果通常可以作为历史信息使用，以便对下一步项目质量控制所做的调整和改进提供依据和信息。

5. 项目调整和变更

项目调整和变更是项目质量控制的一种阶段性和整体性的成果。它是指根据项目质量控制的结果和面临的问题(一般是比较严重的，或事关全局性的项目质量问题)，或者是根据项目各相关利益者提出的项目质量变更请求，对整个项目的过程或活动所采取的调整、变更和纠偏行动。在某些情况下，项目调整和变更是不可避免的。例如，当发生了严重质量问题而无法通过返工修复项目质量时，当发生了重要意外而进行项目变更时，都会出现项目调整的结果。

本章小结

本章先在项目质量管理概述中，对与质量管理有关的概念，如质量及其特性、质量管理、质量管理的术语和项目质量管理的定义进行了介绍。接着对项目质量管理三个主要过程即质量规划、质量保证和质量控制各自包括的内容、依据、采用的工具与方法以及成果展开了详尽的介绍。

习 题

一、判断题

1. 项目的质量方针是不可以调整的。   （   ）
2. 项目质量保证的结果主要就是项目质量改进与提高的建议。   （   ）
3. 项目质量计划的实际执行情况是项目质量控制的最基本依据。   （   ）
4. 内部故障成本属于质量纠正成本。   （   ）
5. 质量好并不代表质量高。   （   ）

二、单选题

1. 戴明环的四个过程包括(   )。
   A. 计划—处理—执行—检查　　　　　B. 计划—执行—处理—检查
   C. 计划—检查—执行—处理　　　　　D. 计划—执行—检查—处理
2. 项目质量控制与项目质量保证的关系是(   )。
   A. 截然分开的　　　　　　　　　　　B. 目标是不同的
   C. 互相交叉、相互重叠的　　　　　　D. 采用的方法是一样的
3. 项目质量保证包括(   )。
   A. 项目内部质量保证和外部质量保证　B. 项目内部质量保证
   C. 外部质量保证　　　　　　　　　　D. 项目各项质量保证
4. 在成本/收益分析中，项目质量收益是指(   )。
   A. 项目质量的提高而增加的收益
   B. 满足了质量要求而减少返工所获得的好处
   C. 项目质量要求的降低，而减少的成本
   D. 项目质量的提高，增加的收益与增加的成本之差
5. 在项目质量控制中，关于质量检查表的表述错误的是(   )。
   A. 质量检查表可以作为项目质量控制的依据

B. 完善后的质量检查表记录了项目质量控制的有关信息

C. 完善后的质量检查表为下一步的质量控制提供了基础

D. 质量检查表作为编制项目质量计划的依据，不能作为项目质量控制的依据

6. 能找出发生次数少，但对项目质量影响程度大的方法是（　　）。

　　A. 趋势分析　　　B. 质量检查表　　　C. 控制图　　　D. 帕累托图

7. 能确定影响项目质量的因素是由随机事件还是由突发事件引起的方法是（　　）。

　　A. 流程图法　　　B. 试验设计　　　C. 控制图　　　D. 帕累托图

8. 项目质量审计发生在项目质量管理的（　　）阶段。

　　A. 质量计划　　　B. 质量保证　　　C. 质量控制　　　D. 质量改进

9. 能描述由不同的原因相互作用所产生的潜在问题的方法是（　　）。

　　A. 趋势分析　　　B. 因果分析图　　　G. 控制图　　　D. 帕累托图

10. 当检查质量成本时，你认为培训成本属于（　　）。

　　A. 质量保证成本　　B. 质量纠正成本　　C. 内部故障成本　　D. 外部故障成本

11. 高质量似乎是你的公司的信条。首先公司获得了ISO9000质量体系认证。现在公司的首席执行官想赢得Malcolm Baldrige奖。每个项目都有一个与组织的目标和任务一致的质量说明。对于每个项目都需要进行内部和外部的质量保证，以（　　）。

　　A. 保证项目满足有关的质量标准

　　B. 监控特定的项目成果，以确定它们是否符合相关质量标准

　　C. 找到消除造成不良后果的因素的方法

　　D. 通过质量检查以排除项目流程的错误

12. 你们的项目团队正在从事设计和制造一种永远不会被卡住的"轻巧型拉链"。你建立了一贯质量管理系统并在整个项目过程中同时实施质量保证和质量控制。你发现某些工作有必要进行返工。然而，在你们公司中从来没有人在工作上"返工"。你应该如何解释"返工"？（　　）

　　A. 在一定情况下是可以接受的

　　B. 是基于质量控制衡量做出的一种调整措施

　　C. 修改一些不符合要求的产品以使它们达到预定的要求

　　D. 如果能够及早地发现这些错误就不用重来一遍了

13. 质量功能展开过程是用来（　　）。

　　A. 提供更明确的产品定义和产品发展

　　B. 协助产品在市场上获得成功

　　C. 协助明确那些其他团队正在进行的、我们应该效仿的进程

　　D. 支持产品计划编制和零库存方案

14. 石川馨（Kaoru Ishikawa）带领日本科学家和工程师协会正试图推广质量控制方法。他集中精力于七种工具，将这些技术简单化以使工人能够理解并且使用它们。下面哪一个不是他推广流行的七种工具之一？（　　）

　　A. 帕累托图　　　B. 原因-效果图　　　C. 控制表　　　D. 计划评审技术表

15. 你正领导一个经过政府允许的研究项目来决定制造用于个人运输的软式小型飞船的最佳方案。你认为你将需要10~20个太空工程师来支持这个项目，可以找一些高级太空工程师，这些高级太空工程师比初级工程师有更高的生产效率，但是却需要付出更多薪

水，也可以找到很多初级太空工程师。你试图确定一个最佳的高级太空工程师和初级太空工程师的组合。同时，你还要明确质量标准并决定如何才能最好地达到这些标准。在这种条件下，要使用的相应技术是(　　)。

  A. 进行试验的设计   B. 利用因果图来准确描述这个问题
  C. 准备一个控制表   D. 利用帕累托图分析进程

三、多选题

1. 下列表述正确的有(　　)。
  A. 项目保证成本越大，项目纠正成本就越小
  B. 项目保证成本越大，项目纠正成本就越大
  C. 项目纠正成本越大，项目保证成本就越小
  D. 项目纠正成本越大，项目保证成本就越大

2. 质量计划编制的方法包括(　　)。
  A. 帕累托分析   B. 因果分析   C. 流程图法   D. 成本-收益分析

3. 质量控制中常用的工具有(　　)。
  A. 因果分析图   B. 控制图   C. 质量检查表   D. 帕累托图

4. 质量计划编制的依据包括(　　)。
  A. 范围说明书   B. 成果说明
  C. 标准和规范   D. 采购时的物料标准

5. 下列有关流程图的表述正确的有(　　)。
  A. 流程图描述项目各活动之间的相互关系
  B. 流程图有助于发现可能产生质量问题的工作环节
  C. 流程图有助于明确项目质量管理的责任
  D. 流程图有助于找出解决质量问题的方法

6. 下列表述正确的有(　　)。
  A. 质量检查表可以核实项目质量计划的执行是否得到实施
  B. 质量检查表通常以工作分解结构为基础
  C. 质量检查表由详细的条目组成
  D. 质量检查表可以包括某项工作是否已经完成的信息

7. 下列表述正确的有(　　)。
  A. 控制图法是通过描述各样本的质量特征所在的区域来进行质量控制的方法
  B. 上控制界限和下控制界限范围是根据项目质量规定的标准制定的
  C. 项目质量特征在上控制界限和下控制界限范围外时说明它处于受控状态
  D. 项目质量特征在上控制界限和下控制界限范围内时说明它处于失控状态

四、思考题

1. 一个项目团队如何判断是否成功地完成项目并交付一个质量合格的产品？
2. 项目质量管理的理念有哪些？
3. 项目质量保证主要包括哪些内容？
4. 项目质量控制主要包括哪些内容？
5. 列举通过质量成本/收益分析法而改进项目质量的例子。

案例分析题

A自行车制造公司成立于20世纪80年代，其产品主要是生产标准的或者定制的自行车。公司所有者一直希望打入竞争激烈但更有利可图的赛车市场，但是由于缺乏资本，其产品的性能与质量尚不足以在该市场进行竞争而未果。

A公司的营业收入在整个20世纪80年代和90年代一直保持了平稳增长，但是在进入21世纪后，该公司却未能跟上市场规模的增长，其市场份额开始萎缩。

该公司从内部评估中认识到，设计、制造、客户服务质量中的一些问题其实在过去的3~4年里就一直存在。调查表明，这些问题在过去几年严重蚕食公司的销售额和利润额。根据质量调查的结果，该公司管理层正在计划制定全新的、大力度的管理措施来改进该公司的产品质量。

问题：

1. 如果你是这个公司的总经理，你认为应该如何进行产品质量管理？
2. A自行车制造公司产品滞销原因何在？你能否采用帕累托图分析影响自行车质量的主要因素？

第 9 章 项目人力资源管理

教学目标

1. 理解人力资源的定义及特征；
2. 理解项目人力资源管理的概念及工作过程；
3. 熟悉人力资源规划、项目团队组建、建设、管理工作过程的依据、工具与技术和成果。

案例导读

最近公司上了一个新项目，常常遇到以下问题：当去寻求项目组以外的其他人的意见时，总是遭到抵触或不愿合作的情绪，该如何处理？

你在了解情况之后发现以下几点是失误之处。

(1) 在项目组成立时，没有邀请一些经验丰富、职位又比较高的人参与。

(2) 在实施过程中，总围绕着外围参与者的意见转，没有关注到本厂班组长和部门经理的建议，所以很难得到他们积极的支持。

(3) 项目组成员之间的交流也不够，很多东西只是某个人知道，这样就存在问题：一是个人的思路受限制，阻碍了专家建议的进入渠道，所以得出的方案很可能不是很合理；二是项目不是很稳固，抗变化的能力不是很强。

(4) 现在，项目已将近做了一半，再让新人参与进来，很多问题新人得从头了解，所以现在出现了很被动的局面，项目在蹒跚中行进；只要出现问题，总得找总经理出面。

专家点评如下。

1. 如何解决资源不足的问题？

(1) 过细的资源规划。项目组人力资源的组织和应用是项目成功的关键，众所周知，项目的基本单位就是人，没有合适的人，就很难成功。因此，项目的人力资源规划在项目中就显得非常重要。作为项目经理，在项目初期制订项目计划的时候，必须对项目有充分的认识，项目有哪些工作，需要什么资源，在项目的整个生命周期，资源是如何配置的，也就是说要想在项目中有效地使用人力资源，必须进行"过细"资源计划。对于一些高端的人力资源必须尽早锁定。

（2）利用公司领导的职位权力获得资源。对于你认为非常重要的项目，你可以让公司的某位高层领导作为项目领导小组的组长，通过他的"职位"权力来获得资源。这种方式要慎用。

（3）通过交换获得资源。大家都知道，项目经理应该具备超强沟通的能力、谈判的能力，几乎每个项目经理都会认为自己的项目非常紧张，需要更多的人。项目经理通过"物物"交换的方式，将自己项目组不需要而其他项目组需要的人员交换出去，把自己需要的资源交换进来。这种方式有时会起到意想不到的效果。

（4）通过招聘获得资源。提前预见到项目对资源的需要，提前提出资源需求，通过人力资源部获得自己需要的资源。

2. 如何改善沟通？

沟通是项目和谐发展的基础，项目相关方的管理很重要的内容就是沟通管理。如某项目组的项目启动有启动会，每天早上有晨会，每周有周例会，每月有月例会，项目阶段点要邀请项目组、客户、相关部门召开里程碑会议。会议不在时间，关键在效率。通过有效的会议管理和书面报告机制，让大家的利益、目标、语言趋同，以获得共同的成果。

3. 用开放的思路来使用新人

不要低估新人的力量。如果不使用新人，即便你还有新项目，也许他还是新人，你还是会感觉到资源不足。作为项目经理，培养人才和完成交付同样重要。

9.1 项目人力资源管理概述

9.1.1 人力资源的定义

企业真正的资源是人，管理就是充分开发人力资源以做好工作。同样，在项目管理中，一个项目的实施需要多种资源，从资源属性角度来看，可包括人力资源、自然资源、资本资源和信息资源，其中人力资源是最基本、最重要、最具创造性的资源，是影响项目成效的决定性因素。

而关于人力资源的定义，学术界存在不同的说法。伊凡·伯格认为，人力资源是人类可用于生产产品或提供各种服务的活力、技能和知识。雷西斯·列科认为，人力资源是企业人力结构的生产力和顾客商誉的价值。内贝尔·埃利斯认为，人力资源是企业内部成员及外部的人，即总经理、雇员及顾客等可提供潜在服务及有利于企业预期经营活动的总和。也有人认为，人力资源是指具有脑力劳动或体力劳动的人们的总称。与其他的资源相比，人力资源具有以下特点。

（1）能动性。人力资源可以通过自我学习、自我激励和自我意识不断扩充知识面、提高技能，从而创造更大的价值。

（2）再生性。一般的自然资源只能一次性使用，而人力资源具有再生性，这种再生性是通过人口的再生产和劳动的再生产获得的。

(3) 社会性。人力资源的社会性表现在两个方面：一是人力资源只有通过社会才能创造价值；二是人力资源具有很多社会性的需求。

(4) 消耗性。人力资源的消耗性是指它要消耗一定的自然资源来维持自身的生存并提高自己的能力。

9.1.2　项目人力资源管理的概念

项目人力资源管理是项目管理的核心。项目人力资源管理就是通过不断获取人力资源，把得到的人力整合到项目中融为一体，保持和激励他们对项目的忠诚与积极性，控制他们的工作绩效并进行相应的调整，尽量开发他们的潜能，以支持项目目标的实现。项目人力资源管理也可理解为对人力资源的取得、培训、保持和利用等方面所进行的计划、组织、指挥和控制活动。

9.1.3　项目人力资源管理的特点

项目的特点决定了项目人力资源管理与一般的人力资源管理具有一些不同之处。

(1) 团队性。由于项目的工作是以团队的方式来开展的，只有项目团队才能保证在规定时间内，以较低的成本，高效地完成项目目标。因此，在项目人力资源管理过程中，建立一支团结、高效的团队是非常必要的。

(2) 临时性。项目的临时性决定了项目团队的临时性，一旦项目完成后，项目团队就要解散，因此项目人力资源管理要针对这一特性，研究如何管理好这一临时的团队。

(3) 生命周期性。项目所处的生命周期不同，其需要的人力资源在数量和质量上也都有所不同，因此，项目人力资源管理要随着生命周期的不同而进行相应的调整。

9.1.4　项目人力资源管理的工作过程

项目人力资源管理的工作过程分为以下四步。

(1) 人力资源规划：确定、记录并分派项目角色、职责，请示汇报关系，制订人员配备计划。

(2) 项目团队组建：招募项目工作所需的人力资源。

(3) 项目团队建设：培养团队成员的能力、提高成员之间的交互作用，从而提高项目绩效。

(4) 项目团队管理：跟踪团队成员的绩效，提供反馈，解决问题，协调变更事宜以提高项目绩效。

9.2　项目人力资源规划

9.2.1　项目人力资源规划的概念

通过人力资源规划，项目团队可确定项目角色、职责、汇报关系，并制订人力配置管理计划。项目角色可指定为个人或小组，而这些个人或小组可来自项目实施组织的内部或外部。人员配备管理计划可包括何时、如何招募人员，人员撤离项目的安排，同时，可确定培训需求、奖赏计划、合规性考虑、安全问题，以及人员配备管理计划对组织的影响。项目人力资源规划的依据、工具与技术和成果如图 9.1 所示。

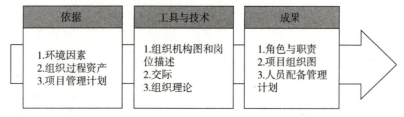

图 9.1　项目人力资源规划的依据、工具与技术和成果

9.2.2　项目人力资源规划的依据

1. 环境因素

基于对现有组织参与项目的各种方式的理解，以及对各技术专业和技术人员之间交互作用方式的理解，来界定项目角色和职责。以下是一些涉及组织文化和结构的环境因素。

(1) 组织性的。哪些组织或部门将参与项目？它们之间目前的工作安排如何？它们之间存在何种正式或非正式的关系？

(2) 技术性的。完成项目将需要什么专业和专门技术参与？是否有不同类型的软件语言、工程方法或设备需要协调？从项目周期的一个过程过渡到另外过程是否存在独特困难？

(3) 人际性的。项目团队候选人之间的正式与非正式的报告关系？团队候选人的岗位描述？主管和下属之间的关系如何？供应商与客户之间的关系如何？团队成员之间的工作关系将受哪些文化或语言差异的影响？现有的信任水平和尊敬水平如何？

(4) 后勤保障性的。项目参与人员或单位之间的距离如何？人员是否处于不同的时区？是否在不同的国家或办公楼工作？

(5) 政治性的。项目潜在的各利害关系方的各自目标或意图是什么？哪些组织和人员在项目的某些重要领域内有非正式的权力？存在哪些非正式的联盟？

除上述各项因素之外，制约条件也可限制项目团队的选择余地。对人力资源规划过程起到限制作用的制约条件有如下一些。

(1) 组织结构。组织结构为弱矩阵型，项目经理角色和地位相对较弱。

(2) 集体谈判协议。与工会或其他雇员团体的合约协议，要求有某些角色或通报关系。

(3) 经济条件。一些经济条件，如暂停招工、培训基金削减、差旅预算不足等，都将限制人员配备方案的选择。

2. 组织过程资产

随着组织内项目管理方法的逐渐趋于成熟，组织可以依据以前人力资源规划过程的经验教训组织过程资产，协助制订当前项目的计划；模板文件和核对清单可以减少项目初期的规划时间，并降低遗漏重要职责的概率。

(1) 模板文件。在人力资源规划中比较有用的模板包括项目组织图、岗位描述、项目绩效评估和标准冲突解决方法。

(2) 核对清单。人力资源规划中有用的核对清单包括常见的角色和职责、能力要求、应考虑的培训方案、团队规则、安全事项、规则性问题和奖赏。

3. 项目管理计划

项目管理计划包括活动资源需求和项目管理活动的描述。例如，质量保证、风险管理、采购，这将有助于项目管理团队识别所有所需的角色和职责。

人力资源规划借助活动资源需求确定项目的人力资源需求。作为人力资源规划过程的一部分，对项目团队成员所需的人选及能力的初步要求将得到完善。

9.2.3 项目人力资源规划的工具与技术

1. 组织机构图和岗位描述

组织机构图和岗位描述可使用各种格式，记录团队成员的角色和职责。多数格式都可归结为三大类，即层级结构、矩阵结构和文字叙述结构。另外，有些项目任务被列入从属计划（如风险计划、质量计划或沟通计划）。无论应用哪些方法的组合，其目的都是一样的，即确保每个工作包都由一名明确界定的负责人负责，并且所有团队成员都对他们的角色和职责有明确的了解。

(1) 层级结构。传统的组织结构图是用自上而下的方式展示职位和职位间的关系。工作分解结构的主要目的在于表明如何将项目可交付成果分解为工作包，同时，工作分解结构也可用来表明高层级职责范围。组织分解结构（Organizational Breakdown Structure，OBS）与工作分解结构类似，其区别在于，组织分解结构不是按照项目可交付成果的分解组织的，而是按照组织内现有部门、单位和团队组织的。把项目活动和工作包列在现有各部门下，这样，一个部门（如信息技术部或采购部）只需找到其所在的组织分解结构位置，就可了解其应承担的项目的所有职责。资源分解结构（Resouree Breakdown Structure，RBS）是另外一个层级结构形式的图表。例如，资源分解结构可以反映一艘船舶在各个不同区域用到的所有焊工和焊接设备，即使这些焊工或焊接设备在组织分解结构和工作分解结构中四分五散。资源分解结构有助于跟踪项目成本，并可与组织的会计系统协调一致。资源分解结构内除了人力资源外还可包含其他类型的资源。

(2) 矩阵结构。通过职责分配矩阵（Responsibility Assignment Matrix，RAM）反映工作与项目团队成员之间的联系。在大型项目中，职责分配矩阵可以划分出多个层级。例如，高层级的职责分配矩阵可界定哪些项目小组或单位分别负责工作分解结构的哪一部分工作；而低层级职责矩阵则可在小组内，为具体活动分配角色、职责和授权水平。矩阵结构形式，有时也称作表格，反映与每个人相关的所有活动或与每项活动相关的所有人员。

(3) 文字叙述结构。需要详细界定的职责可用以文字叙述为主的形式表述。此类文件通常是描述形式，文件内可包含诸如职责、授权、能力和资格等方面的信息。这种文件有多种称谓，包括岗位描述、角色—职责—授权表格等。这些描述和表格对于将来的项目极具参考价值，若能在整个项目过程中通过经验教训总结方法，对之不断更新的话，则尤为如此。

项目管理计划的其他章节列出并解释了与项目管理相关的若干责任。比如，风险登记册列出了风险负责人，沟通计划中列出了沟通活动中团队成员的责任，以及质量计划中指派了质量保证和质量控制活动的责任人。

2. 交际

与组织或行业中的其他人进行非正式沟通交往，有助于了解那些对影响各种人员配备方案效力的政治和人际关系要素。人力资源人际交往活动的形式包括积极沟通、午餐会、非正式交谈和行业会议。频繁的沟通交往是项目初期的一项有用的技术，项目开始前的定期沟通交往也很有效。

3. 组织理论

组织理论阐述的是人员、团队和组织单位的行为方式。应用经过验证的原理，可缩短获得人力资源计划结果所需的时间，并可提高计划有效性的概率。

9.2.4 项目人力资源规划的成果

1. 角色与职责

在列出完成项目所需的角色和职责时，需考虑下述各项内容。

(1) 角色。角色指某人负责的项目的某部分工作的标识。如，土建工程师、法院联络人、商务分析师和测试协调人。角色的明确性（包括职权、责任和边界）对于项目成功至关重要。

(2) 职权。职权指使用项目资源及决策和批准的权力。需要有明确的职权来决策的例子包括实施方法的选择、质量验收，以及如何应对项目偏差。在项目团队成员的职权水平与其职责水平一致时，其工作最富成效。

(3) 职责。为完成项目，要求项目团队成员实施的工作。

(4) 能力。完成项目活动所需的技能和能力。如果项目团队成员不具备所需要的技能，绩效将受到影响。如果发现了这种不匹配的现象，则应采取提前的应对措施，例如，培训、招募、进度计划变更或范围变更。

2. 项目组织图

项目组织图以图形方式展示项目团队成员及其通报关系。根据项目的需要，项目组织图可以是正式的、非正式的、详尽的或宽泛的。例如，一个3 000人的抢险救灾团队的项目组织图应该比仅为20人的内部项目的组织图更为详尽。

3. 人员配备管理计划

人员配备管理计划是项目管理计划的一个从属部分，描述何时及以何种方式满足项目人力资源需求。根据项目的需要，人员配备计划可以是正式的或非正式的、详尽的或宽泛的。在项目期间，将不断对其进行更新，以指导团队成员的招募和团队建设活动。人员配备计划内的信息因应用领域和项目规模的不同而异，但应考虑的内容包括以下几项。

(1) 项目团队组建。在规划项目团队成员招募过程中，会出现一些问题需要考虑。例如，人力资源来自组织内部还是外部？团队成员需要同地办公还是远距离分散办公？项目所需的各种不同技术水平的费用如何？组织的人力资源部门可为项目管理团队提供多大程度的协助和支持？

(2) 时间表。人员配备管理计划说明了项目对各个或各组团队成员的时间安排要求，以及招募活动何时开始。一种制作人力资源图表的工具是资源直方图。该直方图可反映一个人、一个部门或整个项目团队在整个项目期间每周或每月需要工作的小时数。图中可加入一条水平线，代表特定资源的最多可用工作小时数。超过最多可用工作小时数的竖道表明需要采用资源平衡策略，例如，增加更多的资源或延长进度。

(3) 成员遣散安排。确定团队成员的遣散方法和时间，对项目、团队成员都有益。在最佳时间，将团队成员撤离项目，可消除工作职责已经完成人员的费用支出，并降低成本。如果已经为员工做好了平滑过渡到新项目中去的安排，则可以提高士气。

(4) 培训需求。如果预期分派的员工不具有所要求的技能和能力，则可制订一份培训计划。计划也可包括如何协助团队成员获取对项目有益的证书等各种方法。

(5) 表彰和奖励。用明确的奖赏标准和有计划的奖赏系统来促进并加强期望的行为。要想有效，奖赏应基于受奖者控制范围内的工作和绩效。例如，如果某团队成员因实现了费用目标而被奖赏，则该团队成员应对影响费用的决策有适当的控制权。制订奖赏计划，确定奖赏时间安排，将确保奖赏兑现不被遗忘。奖赏的实施属于项目团队建设过程的部分内容。

(6) 合规性。人员配备管理计划内包括一些策略，以遵循相关的政府规定、工会合同和其他既定的人力资源政策。

(7) 安全。针对安全隐患，为保护团队成员安全而制定的政策和程序。应将其列明在人员配备管理计划和风险登记册内。

9.3 项目团队组建

9.3.1 项目团队组建的概念

项目团队组建是指获取完成项目工作所需的人力资源。项目管理团队对招募的项目团队成员不一定具有控制权。项目团队组建的依据、工具与技术和成果如图9.2所示。

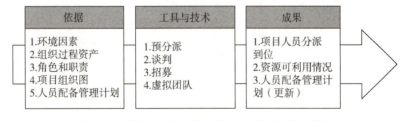

图 9.2 项目团队组建的依据、工具与技术和成果

9.3.2 项目团队组建的依据

1. 环境因素

项目团队成员可能来自组织外部或内部。如果项目管理团队可对员工的聘用产生影响或指导，则应考虑下述因素。

(1) 可用性。哪些人员有时间？何时有时间？

(2) 能力。他们具有什么能力？

(3) 经验。他们是否从事过类似或相关的工作？表现如何？
(4) 兴趣。人们是否愿意在这个项目中工作？
(5) 费用。项目团队成员的报酬是多少？特别是如果他们来自组织外部。

2. 组织过程资产

参与项目的一个组织或多个组织可能已有管理人员分派的政策、指导方针或程序。人力资源部门也可协助进行项目团队成员的招募、招聘或入职培训。

3. 角色和职责

角色和职责确定项目所需要的岗位能力和技能。

4. 项目组织图

项目组织图可概括显示项目所需的人数。

5. 人员配备管理计划

人员配备管理计划和项目进度计划可界定每位项目团队成员需要工作的时间，以及有关项目团队组建所需的其他重要信息。

9.3.3 项目团队组建的工具与技术

1. 预分派

在某些情况下，项目团队成员已预先分派到项目中工作。出现这种情况可能是由于竞标过程中承诺分派特定人员进行项目工作，或由于项目取决于特定人员的专有技能，或由于项目章程中规定了某些人员的工作分派。

2. 谈判

多数项目的人员分派需要经过谈判。例如，项目管理团队需要进行谈判的对象有如下两类。

(1) 与负责职能经理谈判，以保证项目在规定期限内获得足以胜任的工作人员，并且项目团队成员可在项目上工作直至其工作任务完成。

(2) 与实施组织中其他项目管理团队谈判，以争取稀缺或特殊人才得到合理分派。

在人员分派谈判中，团队的影响能力发挥着重要的作用。例如，一位职能经理在决定把一位各项目都抢着需要的出色人才分派给哪一个项目时，会权衡从项目中所获得的好处和项目的知名度。

3. 招募

在缺乏所需的内部人才时，需要从外部获得所需服务，包括聘用或分包。

4. 虚拟团队

虚拟团队为项目团队成员的招募提供了新的可能性。虚拟团队可被定义为具有共同目标，并且在完成角色任务过程中基本上或完全没有面对面工作的一组人员。电子通信设施（如电子邮件和视频会议等）使虚拟团队成为可能。

(1) 可以组建一个在同一组织工作，但工作地点十分分散的团队。
(2) 可以为项目团队增加特殊的技能和专业知识，即使专家不在同一地理区域。
(3) 可以把在家办公的员工纳入虚拟团队。

(4)由不同班组(早、中、夜)的员工组建虚拟团队。
(5)把行动不便的人纳入虚拟团队。
(6)实施由于差旅费用过高而被忽略的项目。

在建立虚拟团队的情况下,沟通规划就显得更加重要。可能需要额外时间以设定明确的目标,制定冲突解决机制,召集人员参与决策过程,共享成功的荣誉。

9.3.4 项目团队组建的成果

1. 项目人员分派到位

当恰当的人员已可靠地分派到指定岗位上时,项目的人员配备即告完成。相关文件包括:项目团队名录,应分发给项目团队成员的备忘录,并将团队成员的名字插入项目管理计划其他部分中,例如,项目组织机构图和进度计划。

2. 资源可利用情况

资源可利用情况记录了团队每名成员在项目上可工作的时间。最终的进度计划取决于较好地了解每个成员在时间安排上的冲突,包括休假时间和承诺给其他项目时间。

3. 人员配备管理计划(更新)

在由具体人员承担项目角色和职责后,因为人们很少能够完全符合规划的人员配备要求,所以可能需要对人员配备管理计划进行变更。改变人员配备管理计划的其他原因还包括晋升、退休、疾病、绩效问题和变化的工作负荷。

9.4 项目团队建设

9.4.1 项目团队建设的概念

项目团队建设能提高项目团队成员的能力和交互作用,从而提高项目绩效。
(1)提高项目团队成员的技能,以便提高其完成项目活动的能力。
(2)提高团队成员之间的信任感和凝聚力,以通过更多的团队协作提高生产力。

有效团队协作工作的示例包括在工作负荷失衡时互相帮助,以符合各自偏好的方式进行交流,分享信息和资源。如果能够尽早开展项目团队的建设活动,将会获得更大的收益,此外,项目团队建设应贯穿项目的始终。项目团队建设的依据、工具与技术和成果如图9.3所示。

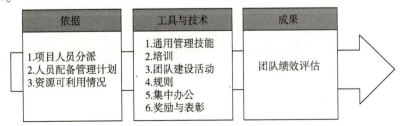

图9.3 项目团队建设的依据、工具与技术和成果

9.4.2 项目团队建设的依据

1. 项目人员分派

项目团队建设首先从项目团队成员清单开始。项目人员分派文件确定了项目团队中的人员。

2. 人员配备管理计划

人员配备管理计划包含培训策略以及项目团队的建设计划。随着项目的推进，根据不断进行的团队绩效评估和其他形式的项目团队管理，可在计划中加入奖励、反馈、额外培训和惩戒措施。

3. 资源可利用情况

资源可利用情况信息说明了项目团队成员能够参加团队建设活动的时间。

9.4.3 项目团队建设的工具与技术

1. 通用管理技能

人际关系技能被称为"软技能"，对于团队建设极其重要。通过了解项目团队成员的感情，预测其行动，了解其后顾之忧，并尽力帮助解决问题，项目管理团队可大大减少麻烦并促进合作。在项目团队管理过程中，影响力、创造力、团队协同等是十分重要的资产。

2. 培训

培训包括所有旨在提高项目团队能力的活动。培训可以是正式的也可以是非正式的，培训方法包括课堂培训、在线培训、计算机辅助培训以及由项目团队其他成员提供的在职培训、指导和辅导等。

如果项目团队成员缺乏必要的管理或者技能，则可把这种技能的培养作为项目工作的一部分。计划培训可以按照既定的人员配备管理计划实施，非计划性培训的实施则可根据观察、交谈和项目绩效情况等视需要而定。

3. 团队建设活动

团队建设活动既可以是定期举行的情况汇报会上的五分钟议程，也可以是由专业人士筹办的活动，都旨在改善人际关系。有些团队活动，例如制定工作分解结构，虽然其初衷并不是为了团队建设，但是如果计划活动安排得当，也会提高团队的凝聚力。鼓励非正式沟通和活动也很重要，因为非正式沟通和活动对建立信任和良好的工作关系均能起到作用。如果团队成员分散在各地形成虚拟团队运作，无法进行面对面交流，则团队建设的策略将极具价值。

4. 规则

规则界定了对项目团队成员的可接受行为的明确期望。尽早遵循这些明确的规则，可减少误解，提高生产力。在讨论规则的过程中，团队成员能够相互之间发现对方认为重要的价值观。规则一旦制定，团队所有成员都有责任执行。

5. 集中办公

集中办公指把所有或者几乎所有最活跃的项目团队成员安排在同一地点工作，以增强整体工作的能力。集中办公既可以是临时性的，如仅在项目中的关键时期，也可以贯穿整个项目过程的始终。集中办公战略常包括一个会议室，有时称为作战室，其中设有电子通信设备，贴挂进度计划的地方和其他便利设施，以加强沟通和培养集体感。尽管集中办公被视为一种较好的战略，但是虚拟团队的使用将降低团队成员同地办公的频率。

6. 奖励与表彰

团队建设过程的一部分内容涉及奖励和表彰良好的行为。关于奖励与表彰方法的最初计划，在人力资源规划过程中已经制订。在管理团队成员过程中，通过绩效考核，以正式或非正式方式决定表彰和奖励。

团队应只奖励优良的行为。例如，为完成一项激进的进度目标而自愿加班加点的行为应当受到奖励与表彰，而计划不周所造成的加班加点则不应受到奖励与表彰。"输—赢"或"零和"的奖励制度，只奖励少数成员，如"月度最佳队员奖"的奖励，将会破坏团队的凝聚力。而"赢—赢"形式的奖励制度，奖励团队成员都可实现的行为，如及时提交进度报告等，可提高团队成员之间的相互支持。

奖励与表彰制度还必须考虑文化的差异。例如，在一个提倡个人主义的文化背景中实施一套恰当的集体奖励制度是十分困难的。

9.4.4 项目团队建设的成果

项目团队建设的成果是团队绩效评估。

随着团队建设工作（如培训、团队建设和集中办公等）的实施，项目管理团队将对项目团队的效力进行正式或非正式的评估。有效的团队建设策略和活动将提高团队的绩效，因而可以提高实现项目目标的概率。团队效力的评估可考虑以下各项指标。

(1) 技能的改进使某个个人更有效地完成所分派的任务。
(2) 能力和情感方面的改进，促使团队作为整体而工作得更好。
(3) 团队成员流动性降低。

9.5 项目团队管理

9.5.1 项目团队管理的概念

项目团队管理系指跟踪团队成员绩效，提供反馈，解决问题并协调各种变更，以提高项目绩效。项目管理团队将观察团队的行为、管理冲突、解决问题，以及评估团队成员的绩效。实施团队管理后，应将项目人员配备管理计划进行更新，提出变更请求，实现问题的解决，同时，为组织绩效鉴定提供依据和为组织的数据库增加新的经验教训。项目团队管理的依据、工具与技术和成果如图9.4所示。

在矩阵型的组织结构中，团队成员既对项目经理负责又对职能经理负责，因此团队的管理将十分复杂。对这种双重汇报关系的有效管理，通常是项目成功的关键因素，一般由项目经理负责。

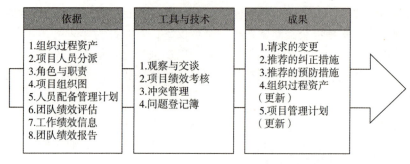

图 9.4　项目团队管理的依据、工具与技术和成果

9.5.2　项目团队管理的依据

1. 组织过程资产

在项目绩效过程中，项目管理团队利用组织的政策、程序和系统对团队进行奖励和表彰。

作为项目管理过程的一部分，项目管理团队应通过组织的表彰晚宴、表彰证书、简报、公告栏、网站、奖金结构、企业服饰和组织的其他津贴机制对团队进行奖励。

2. 项目人员分派

项目人员分派为项目监控过程的项目团队成员评估提供了成员清单。

3. 角色与职责

员工角色与职责清单用来监督并考核员工绩效。

4. 项目组织图

项目组织图展示了项目团队成员之间的汇报关系。

5. 人员配备管理计划

人员配备管理计划列明了项目团队成员在项目上工作的时间段，以及相关的培训计划、资质需求和合规性信息。

6. 团队绩效评估

项目管理团队以正式或非正式的形式，对项目团队的绩效不断进行评估。通过考核项目团队的绩效，可采取措施解决问题，改变沟通方式，解决冲突并提高成员间的交互作用。

7. 工作绩效信息

作为指导、管理项目实施过程的一部分内容，项目管理团队直接和随时观察团队成员的绩效。在对团队进行管理时，应考虑观察下列相关行为：会议出勤，对行动方案的落实，沟通状况等。

8. 团队绩效报告

团队绩效报告以项目管理计划为参照标准，提供绩效方面的信息。有助于项目团队管理的绩效领域包括：来自进度计划控制、费用控制、质量控制、范围核实和采购审计的结果。绩效报告的信息以及相关预测信息有助于确定未来的人力资源需求、奖励与表彰，以及对人员配备管理计划的更新。

9.5.3 项目团队管理的工具与技术

1. 观察与交谈

通过观察与交谈可随时了解项目团队成员的工作情况和态度。项目管理团队将监测相关的指标，如项目应交付成果的绩效情况，团队成员引以为豪的成就，以及人际关系问题。

2. 项目绩效考核

采用正式还是非正式项目绩效考核取决于项目工期长短、复杂程度、组织政策、劳动合同的要求，以及定期沟通的数量和质量。项目团队成员从其主管处获得反馈。评估资料也可采用"360度"反馈的方法，从与项目团队成员交往的其他人那里收集相关的考核信息。"360度"是指从多种不同的渠道，如上级领导、同级同事和下属人员，获得某人绩效情况的反馈信息。

在项目过程中进行绩效考核的目标在于重新确定角色与职责，安排特定的时间在紧张繁杂的环境下为团队成员提供积极的反馈，发掘未知或未解决的问题，制订个人培训计划，并为将来阶段制定具体的目标。

3. 冲突管理

成功的冲突管理可以提高生产力并促进积极的工作关系。冲突的来源包括资源匮乏、进度安排的先后顺序和个人工作风格等。团队规则、团队规范、成熟的项目管理惯例（如沟通规划和角色界定）可减少冲突。如果得以适当管理，对意见分歧的解决将颇有益处，可提高创造力和做出好的决定。如果这种分歧成为负面影响的因素，首先应由团队成员负责解决相互间的冲突，如果冲突升级，项目经理应协助促成满意的结局。应该及早处理冲突，并私下利用直接合作的方式处理冲突。如果破坏性的冲突继续存在，则需要使用更为正式的做法，包括采取惩戒措施。

4. 问题登记簿

在项目团队管理过程中如果出现问题，可通过书面登记簿来记录负责解决特定问题的人员，以及问题解决的要求日期。问题登记簿有助于团队成员监控问题的绩效，直至解决问题。问题的解决可消除阻碍团队实现目标的各种障碍。这些障碍可包括意见分歧、需调查的情况、需分派给某个项目团队成员的未预见的或新出现的职责。

9.5.4 项目团队管理的成果

1. 请求的变更

人员配备的变化，无论是自主选择还是由无法控制的事件造成的，都会影响项目计划的其他部分。如果人员配备问题影响到项目计划，如造成进度拖期或预算超支，可通过整体变更控制过程对变更请求进行处理。

2. 推荐的纠正措施

人力资源管理的纠正措施可包括改变人员配备，提供额外的培训，采取惩戒措施等。改变人员配备包括调整任务的分派，对一些工作进行外包，并更换已经离职的人员。项目管理团队也决定何时、如何基于团队绩效进行奖励和表彰。

3. 推荐的预防措施

项目管理团队在识别潜在或正在暴露的人力资源问题后，可制定预防措施方案，在问题实际发生前，降低问题发生的概率或影响。预防措施可包括进行交叉培训，以便在成员缺勤时，有人替代工作而避免问题；进行额外的角色澄清，以确保所有职责都得以实施；在预见到额外的工作量时增加个人时间，以确保工期。

4. 组织过程资产(更新)

(1) 组织绩效考核的依据。项目团队成员应为组织的例行绩效考核提供信息，以便组织对与其有频繁交往的其他团队成员进行考核。

(2) 经验教训记录。在项目中汲取的经验教训都应予以记录，使之成为组织历史数据库的组成内容。人力资源领域的经验教训包括以下几项。

①可以作为模板文件保存的项目组织图、岗位描述、人员配备管理计划。

②特别行之有效的规则、冲突管理方法、奖励和表彰活动。

③经实践证明成功的虚拟团队做法、集中办公做法、谈判、培训方法和团队建设方法。

④在项目期间发现的团队成员的特殊技能。

⑤项目问题登记簿内记录的问题和解决办法。

5. 项目管理计划(更新)

经批准的变更请求和纠正措施都可导致作为项目管理计划组成部分的人员配备管理计划的更新。计划更新的内容包括项目团队成员的新角色、额外的培训和奖励、表彰决定。

本章小结

本章首先介绍了项目人力资源管理的基本概念，包括定义、特点以及过程，其中项目人力资源管理的过程包括人力资源规划、项目团队组建、项目团队建设和项目团队管理。然后分别详述了各过程的概念、依据、所用到的工具与技术以及最终的成果。

习 题

一、判断题

1. 人力资源具有消耗性。　　　　　　　　　　　　　　　　　　　　(　　)
2. 项目人力资源管理的特点主要是由项目的特点来决定的。　　　　　(　　)
3. 项目人力资源管理要随着生命周期的不同而进行相应的调整。　　　(　　)
4. 人力资源的综合平衡是指项目人员需求总量和人员的供给总量的平衡。(　　)
5. 如果项目团队成员配备合理，就会减少项目的成本。　　　　　　　(　　)
6. 项目的人员是不能事先指定的。　　　　　　　　　　　　　　　　(　　)

二、单选题

1. 团队的发展是基于( )。
   A. 项目的组织结构　　　　　　　B. 项目团队提供的培训
   C. 团队成员的发展　　　　　　　D. 项目团队精神

2. 下列关于面试的表述中错误的是( )。
   A. 如果问题准备充分、设计得当，面试应该是一种可信度较高的方式
   B. 面试出现的问题具有一些随机性
   C. 面试一般能对应聘者进行全面、公平的评价
   D. 对应聘者的第一印象可能会左右面试官的判断

3. 新进人员更多采取( )的方式。
   A. 预备实习　　　B. 职务轮换　　　C. 电视录像　　　D. 远程教育

4. 脱产培训相对于在职培训来说( )。
   A. 成本较低　　　B. 成本较高　　　C. 成本一样　　　D. 不能比较

5. 控制实验法是对( )进行比较。
   A. 培训组和控制组培训前、后的绩效
   B. 控制组和被比较组培训前、后的绩效
   C. 控制组培训前、后的绩效
   D. 培训组培训前、后的绩效

6. 下列表述中错误的是( )。
   A. 项目产品的废品率可以是绝对标准
   B. 人员的出勤率可以是绝对标准
   C. 人员的出勤率可以是相对标准
   D. 对不同级别的员工的相对标准是不一样的

7. 以下哪一项是项目小组建设的基本原则？( )
   A. 进行经常性的绩效评估
   B. 保证每个团队成员向他的职能经理和项目经理报告工作
   C. 尽早开始团队建设
   D. 尽力解决团队的政治问题

8. A项目通过一个组织矩阵进行管理。项目经理向一位高级副总裁汇报工作，后者对项目提供实际的帮助。在这种情况下，以下哪个陈述最好地说明了项目经理的相对权力？( )
   A. 项目经理很可能不会受到项目相关方的责难
   B. 在这个强矩阵中，权力平衡倾向于职能经理
   C. 在这个紧密矩阵中，权力平衡倾向于项目经理
   D. 在这个强矩阵中，权力平衡倾向于项目经理

9. 你对目前的项目管理工作感到沮丧。尽管你达到项目成本目标的时候会得到奖励，但由于你不能控制员工分配或采购的决策，因而你根本不可能实现这些目标。你必须向职能部门的经理施压以让他们分给你项目需要的员工，你好像也总是在和采购部门争论，要他们把合同交给符合标准的供应商。由于你的种种抱怨，管理层要求你领导的团队开发出一套针对项目经理的考核和奖酬系统。你的团队已经写完了报告并向行政官进行了简要的

汇报。在详细设计计划之前,你要确保行政官理解奖酬系统的基本目标。这个目标就是( )。

A. 要使得这个奖酬系统能够与职能部门经理的奖酬系统具有可比性,以表明该系统的公平性和项目管理对公司的重要性

B. 把项目业绩和奖励清晰、直接并切实可行地联系起来

C. 激励项目经理向着公司定义的统一目标努力工作

D. 吸引人们参与公司项目管理的工作

10. 你正在管理一个虚拟团队。你的团队成员分布在不同的地方工作,而且只能碰一两次面。这个项目启动已经有几个月了,你强烈地感觉到这些成员并没有团队意识。为了改善这种情况,你应该( )。

A. 确保每个项目团队的成员都使用电子邮件进行沟通

B. 命令团队成员要服从组织的安排和命令

C. 创造项目团队标识来增进团队的凝聚力

D. 通过沟通向团队成员提供最新的技术和指令

三、多选题

1. 下列表述中正确的有( )。

A. 培训可能增加项目的成本比人员缺乏技能给项目造成的损失要小

B. 培训可能增加项目的成本比效率低下给项目造成的损失要大

C. 适当的人员培训可以提高项目团队的工作效率

D. 适当的人员培训可以鼓舞员工士气

2. 职务分析的主要方法包括( )。

A. 问卷调查法　　　　　　　　B. 面谈法

C. 文献资料分析法　　　　　　D. 关键事件法

3. 下列表述中正确的有( )。

A. 内部招聘要花费大量的人员培训费用

B. 内部招聘可供选择的范围有限

C. 外部招聘要花费很多的时间和费用

D. 内部招聘的人员能为项目组织带来创新思想

4. 下列表述中正确的有( )。

A. 工作抽样法对于一般性的职务是有效的

B. 工作抽样法的费用比测评中心法的费用高

C. 测评中心法较为复杂,适用于选择管理者职位

D. 工作抽样法和测评中心法都是绩效考核的方法

5. 培训需求分析根据( )来进行。

A. 项目的任务分析　　　　　　B. 绩效考核

C. 项目团队成员的申请　　　　D. 项目的进展

四、思考题

1. 人力资源有哪些特点?

2. 人力资源计划的步骤是怎样的?

3. 绘制一个小型新药开发项目的责任分配矩阵。

4. 说明内部招聘和外部招聘的各种方式。
5. 如何对应聘者进行甄选？
6. 怎样对项目团队成员的绩效进行考核？
7. 举例说明激励的原则。
8. 你认为激励在团队建设中有何作用？并以实例加以说明。

案例分析题

摩托罗拉公司为充分调动员工的工作积极性，在内部激励方面做了很多工作，他们采取的激励措施有如下一些。

(1) 提供福利待遇。摩托罗拉员工享受政府规定的医疗、养老、失业等保障。在中国，为员工提供免费午餐、班车和住房。

(2) 公正的绩效评估。摩托罗拉业绩报告表是参照美国国家质量标准制定的，员工根据报告表制定自己的目标，他们有机会通过不断提高业绩水平及对公司的贡献而获得加薪。个人评估一个月一次，部门评估一年一次，根据业绩报告表的情况，公司年底决定员工的薪水涨幅及晋升情况。

(3) 尊重个人人格。在摩托罗拉，每个季度员工的直接主管都会与其进行单独面谈，并通过正式渠道解决谈话中发现的问题。此外，员工还享有充分的隐私权，员工的机密档案(包括病例、心理咨询记录等)都与员工的一般档案分开保存。

(4) 实现开放沟通。员工可以通过参加"总经理座谈会""业绩报告会""大家庭"报、公司互联网页、"畅所欲言"或"我建议"等形式反映个人问题，进行投诉或提出合理建议，进行直接沟通。管理层也可以根据存在的问题及时处理员工事务，营造良好的工作氛围。

(5) 提供发展机会。摩托罗拉的经理级别分为初级经理、部门经理、区域经理(总监)、副总裁(兼总监或总经理)、资深副总裁。中国公司的经理中，72%是中国员工。摩托罗拉还充分尊重妇女的地位，女经理人数占到经理总数的23%。公司亚太总部还出台了一项新规定，规定女性管理者要达到所有管理者的40%。而且，今后在中层领导招聘中，每三个面试者中至少要有一个女性。在男女员工的使用上，摩托罗拉一视同仁。

讨论：
1. 摩托罗拉采用上述做法激励其员工是否有效？为什么？
2. 你认为摩托罗拉还能采取哪些激励措施？

第 10 章　项目沟通管理

> **教学目标**
>
> 1. 理解沟通的基本原理和过程；
> 2. 熟悉项目沟通的方法和技巧；
> 3. 了解项目沟通中的主要障碍及其解决方法。

> **导读**
>
> 项目沟通管理是指对于项目过程中各种不同方式和不同内容的沟通活动的管理。这一管理的目标是保证有关项目的信息能够适时、以合理的方式产生、收集、处理、贮存和交流。项目沟通管理是对项目信息和信息传递的内容、方法和过程的全面管理，也是对人们交换思想和交流感情（与项目工作有关的）活动与过程的全面管理。项目管理人员都必须学会使用"项目语言"去发送和接收信息，去管理和规范项目的沟通活动和沟通过程。因为成功的项目管理离不开有效的沟通和信息管理，对项目过程中的口头、书面和其他形式的沟通进行全面的管理是项目管理中一项非常重要的工作。

10.1　项目沟通管理概述

10.1.1　沟通

沟通是人与人之间传递和理解信息的过程。如果信息或想法没有被传递到，如讲话者没有听众，或写作者没有读者，或收信者面对一封完全不懂的外文信件，均不能实现沟通。沟通是意义的传递和理解。

沟通虽然是每个人每天都要做的事情，但却是一项需要努力学习和锻炼才能做好的事情。一个成功的项目管理者最主要的任务之一就是充分发挥自己的沟通能力和开展沟通工作，使项目团队更加合理和有效地工作。在项目管理中有效的沟通管理比一般运营管理中要重要得多，因为项目组织是以团队的方式开展工作的，而团队作业需要更多的思想沟通和信息交流。

有关沟通的基本概念包括如下几个方面。

（1）沟通就是相互理解。

（2）沟通是提出和回应问题与要求。

（3）沟通交换的是信息和思想。

（4）沟通是一种有意识的行为。

完美的沟通，就是经过传递与理解之后，接收者感知到的信息与发送者发出的信息完全一致。但这种理想的沟通可能很少发生，因为在信息传递中，发信者并非直接把信息传给接收者，中间要经过某些人的传递，这就有一个沟通渠道和沟通网络问题，在沟通的各个渠道和网络中，可能存在多种信息失真的情况。

信息沟通的渠道有许多，当面交谈、电话、电子邮件、备忘录、信件、录像、出版物、一般文件等都是沟通的通道。这些通道在传递信息方面的能力是不同的，有些通道拥有同一时间处理多种线索、快速反馈的能力，如面对面交谈。在关闭设施、重组机构、进行合并与兼并等重大活动中，所涉及的信息都是非常规、模糊的，它要求沟通通道能同时传递大量信息，因此，管理者往往大量运用面对面的交流来处理这些信息。

10.1.2 项目沟通管理的概念

项目沟通管理是指为了确保项目信息合理收集和传递，对项目信息的内容、信息传递的方式、信息传递的过程等所进行的全面管理活动。

10.1.3 项目沟通管理的过程

项目沟通管理的工作过程包括项目沟通计划、项目信息发布、绩效报告和项目相关方管理，如图10.1所示。

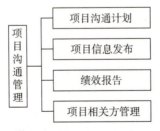

图10.1　项目沟通管理的工作过程

（1）项目沟通计划：确定项目相关方对信息与沟通的需求。

（2）项目信息发布：将所需信息及时提供给项目相关方。

（3）绩效报告：搜集与传播项目的绩效信息，包括状况报告、绩效量度及预测。

（4）项目相关方管理：对沟通进行管理，以满足项目相关方的需求，并与项目相关方一起解决问题。

10.1.4 沟通的步骤

任何沟通都必须有沟通的主体和渠道，信息的发送者(或叫信息源)和信息的接收者(或叫信息终点)是沟通的主体。沟通的双方在沟通过程中需要通过一定的渠道，按照下述步骤去实现信息的交换和思想的交流，如图10.2所示。

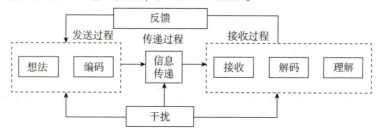

图 10.2 项目沟通过程示意

沟通过程中的编码、解码、理解和反馈是沟通有效的关键环节，它们始于发出信息，终于信息得到全面理解。在这一过程沟通的信息，既有用语言、文字表达的信息，还包含"字里行间"和"言外之意"的信息，特别是在思想交换和感情交流的沟通过程中更是如此。因此必须充分使用反馈和非语言沟通等手段，否则甚至会造成沟通中断或"言者无意，听者有心"等各种误解。一个项目经理必须熟悉项目组织中的沟通过程，充分使用这一过程去分析和发现项目管理中出现的各种沟通障碍，使项目组织中的信息畅通，沟通充分。

10.1.5 影响组织沟通效果的基本要素

项目组织的沟通效果受许多要素的影响，项目管理者必须努力消除这些因素以保证组织的信息沟通通畅和有效。研究表明有六个方面的因素会影响项目组织的沟通效果，这六个方面的因素包括：

(1) 信息发送者。
(2) 信息接收者。
(3) 沟通环境。
(4) 信息资源。
(5) 沟通方式与渠道。
(6) 反馈与回应。

10.2 沟通规划

10.2.1 沟通规划的概念

项目沟通规划涉及对项目全过程的沟通工作、沟通方法、沟通渠道等各个方面的计划与安排。就大多数项目而言，沟通规划的内容是作为项目初期阶段工作的一个部分。同时，项目沟通规划还需要根据计划实施的结果进行定期检查，必要时还需要加以修订。所以项目沟通规划管理工作是贯穿项目全过程的一项工作。项目沟通规划是和项目组织计划紧密联系在一起的，因为项目的沟通直接受项目组织结构的影响。沟通规划的依据、工具与技术和成果如图 10.3 所示。

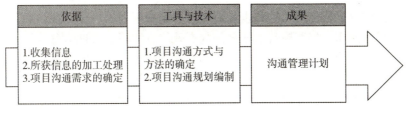

图 10.3 沟通规划的依据、工具与技术和成果

10.2.2 沟通规划的依据

在编制项目沟通规划之前，首先要完成收集信息和加工处理信息的工作。

1. 收集信息

信息收集是编制项目沟通规划的第一步，也是进行项目沟通管理决策的前提条件。没有相关的信息就无法进行编制项目沟通计划。因此，在编制项目沟通规划之前应该首先收集有关的各种信息，主要包括如下一些。

（1）项目沟通内容方面的信息。这是通过对项目相关利益者的信息需求调查而获得的一类信息。从项目组织的角度而言，这包括项目团队内部"上情下达"和"下情上达"两个方面的信息需求，项目团队与外部环境及其他项目相关利益者之间的"外情内达"和"内情外达"两个方面的信息需求，以及项目团队内部各个职能组织和群体之间的"左情右达"和"右情左达"方面的信息需求。在编制项目沟通规划之前必须全面收集这些方面的信息，以便计划能够满足项目组织的信息需求。

（2）项目沟通所需方法和手段的信息。在收集项目沟通信息需求的同时还需要收集有关项目沟通方式、方法、手段和渠道等方面的信息。这包括：哪些信息需求需要使用口头沟通的方式去满足，哪些需要使用书面沟通的方式去满足；哪些需要使用面谈或会议的方法，哪些需要使用书面报告和报表的方法，哪些需要使用电子信息工具，以及需要哪些信息沟通渠道和媒介等。这些信息必须收集齐全才能够制定出可行的项目沟通规划。

（3）项目沟通时间和频率方面的信息。在明确了项目组织的信息需求和沟通手段要求之后，还必须确定信息沟通的具体时间要求和频率。其中，沟通时间要求是指一次沟通持续的时间长短（如一次会议开多长时间），沟通频率则是指同一种沟通间隔多长时间进行一次（如各种报表是一季度一次还是一月一次）。因为信息都是有时效性的，所以这方面的信息对于制定沟通规划同样是十分必要的，没有时间和频率的安排，项目沟通规划不能成为计划。

（4）项目信息来源与最终用户的信息。项目沟通规划的编制还需要有各种项目信息来源和最终用户方面的信息。这是有关谁是信息生成者，谁是信息发布者，以及谁是信息的接收者等方面的信息。对于项目沟通规划而言，必须清楚地知道项目信息来源与最终用户方面的信息，因为信息来源涉及的是信息生成者和发布者的责任，而信息最终用户所涉及的是信息接收者的责任，包括接收、理解和使用信息的责任以及信息保密的责任等。

项目组织要收集到上述这些有用的信息为编制项目沟通规划服务，首先要努力提高项目信息管理者的信息收集和处理能力的水平，建立一支可靠的信息收集队伍。另外，要开辟尽可能多的信息来源和渠道，力求收集的信息完整齐备。

2. 所获信息的加工处理

对收集到的信息进行加工和处理也是编制项目沟通规划的重要一环，而且只有经过加工处理后的信息才能作为编制项目沟通规划的有效信息使用。这种信息的加工处理需要遵循准确、系统和可靠的原则与要求。在对收集的各种信息进行加工处理时，要采用归纳、整理、汇总和其他必要的信息处理工作。同时，在信息加工与处理中如果发现有信息缺口或各种信息之间出现矛盾，还要进一步追加调查和信息收集，以填补信息缺口。这是确保项目沟通规划编制所需信息准确性的一条可靠途径。这种追加的信息收集工作多数是双向的，即信息收集人员或项目沟通规划编制人员要双向沟通和共同合作进一步收集有关的信息，同时项目各种信息最终用户（如项目经理和管理人员）也要积极提供信息和意见。

3. 项目沟通需求的确定

项目沟通需求的确定是在信息收集与加工处理的基础上，对项目组织的信息需求做出的全面决策。项目沟通需求是项目全部相关利益者在项目实现过程中的信息需求。这包括项目业主/客户、项目团队、项目经理、项目供应商、项目所在社区等各方面需要了解项目的工期、进度、成本造价、环境影响、资源需求、预算控制、经费结算等方面的信息的全面需求。这种项目沟通需求的确定涉及对所需信息内容、格式、类型、传递方式、更新频率、信息来源等方面的决策。例如，项目业主究竟需要哪些项目信息，这些信息是以报表还是以报告的形式提供，这些信息是数值型还是字符型的；这些信息哪些需要通过面谈传递，哪些通过会议或电子邮件传递；这些报告或报表多长时间报告一次；这些信息是由项目经理报告还是由项目财务主管或项目技术主管报告；等等。所涉及的内容主要包括如下一些。

（1）项目组织管理方面的信息需求。这是有关项目团队组织、项目团队的上级组织和项目全部相关利益者关系等方面的组织信息需求，包括有关组织结构、相互关系、主要责任与权利、主要的规章制度、主要的人力资源情况等方面的信息需求。

（2）项目内部管理方面的信息需求。这是有关项目团队内部开展管理中所需的各个方面信息，包括项目团队内部各种职能管理、各种资源的管理、各种工作过程的管理等方面的信息需求。

（3）项目技术方面的信息需求。这是有关项目技术工作及技术资料方面的信息需求，包括整个项目产出物的技术信息和资料、项目工作技术信息和资料，以及项目核心技术信息与资料等方面的技术信息需求。

（4）项目实施方面的信息需求。项目实施方面的信息是有关整个项目工期进度计划及其完成情况方面的信息需求，整个项目实际产出物质量和工作质量方面的信息需求，整个项目的资金与预算控制方面的信息需求等有关项目实施的情况的统计信息需求。

（5）项目与公众关系的信息需求。这包括两个方面的信息需求，一个是项目组织所需的各种公众信息（包括国家、地区、当地社区的政治、经济、社会、风俗、文化等方面的信息），另一个是社会公众需要了解的项目信息（包括环保、项目带来的好处、项目的重要性等）。

在所有这些项目沟通需求的确定中，应对项目团队的信息需求进行仔细、全面、客观的分析和确定，因为这关系到项目的成败。对项目业主/客户的信息需求也应进行全面的分析和确定，以掌握和了解他们的信息需求和动机，因为项目就是为满足他们的要求和期望才开展的。

10.2.3 沟通规划的工具与技术

1. 项目沟通方式和方法的确定

在项目沟通中，不同信息的沟通需要采取不同的沟通方式和方法，因此在编制项目沟通规划的过程中还必须明确各种信息需求的沟通方式和方法。不同的沟通方式和方法会直接影响项目信息传递的准确性、可靠性、及时性和完整性。究竟项目组织采用哪种沟通方式和方法，需要根据项目实际需求和客观条件决定。一般来讲，影响项目选择沟通方式方法的因素主要有以下几个。

(1) 沟通需求的紧迫程度。项目的成功必须依靠大量的、不断更新的信息沟通，但是有些沟通要求时间紧迫，而有些可以暂缓。所以在确定沟通方式和方法时要充分考虑这一因素，对于急迫的信息沟通需求要选用更为快捷的沟通方式。

(2) 沟通方式方法的有效性。采用什么样的方式方法最有助于满足项目沟通需要，是确定项目沟通方式的关键因素之一。例如，会议沟通方式适合于研究和集体决策，公告的沟通方式适合于规章制度的发布或各种项目事务的通告。

(3) 项目相关人员的能力和习惯。沟通方式方法的选择还必须充分考虑项目参与者的经历、知识水平、接收与理解能力和在沟通方面的习惯做法。这包括现有的能力和习惯以及需要进行广泛的学习与培训提高和改进的能力与习惯。

(4) 项目本身的规模。如果项目的规模小、工作量不大、生命周期很短，一般可以选用现有人们习惯的和便于实施的沟通方式和方法；如果项目规模大、生命周期长就不能如此了，就需要采取一些先进而有效的项目沟通方式和方法了。

2. 项目沟通规划编制

在完成上述项目沟通需求信息收集、加工处理和项目沟通需求确定并选定项目沟通方式方法以后，就可以编制项目沟通规划了。项目沟通规划与一般计划有许多不同之处，如项目沟通工作的责任多数是兼管的，项目沟通的资源和预算很难确定和控制等。一般而言，项目沟通规划编制的结果是一份项目沟通计划书。项目沟通计划书的内容应注意包含以下因素。

(1) 信息的收集和归档格式的规定。项目沟通计划书中要规定采用何种方法收集和存储沟通所需不同类型的信息，已经发布的信息经过更新和更正后如何进行反馈和传播，以及这些工作的程序等。

(2) 信息发布格式与权限的规定。项目沟通计划书中还要注明各种信息的流向、信息的最终用户和信息发布与使用权限，以及各种不同类型信息的发布方式等。项目信息发布格式与权限的要求和项目组织结构图所表述的权限、责任与汇报关系要一致。

(3) 对所发布信息的规定和描述。项目沟通计划书中还要对所发布信息进行必要的规定和描述，包括所发布信息的格式、内容、详尽程度、信息的来源、信息生成时参考的文献、信息相关术语的定义、获得信息的方法、信息储存的要求等。

(4) 更新或修订项目沟通管理计划的规定。项目沟通计划书中还需要注明对更新与修订该计划书的规定，包括根据项目需要更新项目沟通计划书的周期和内容，项目沟通计书与项目集成计划的同步更新要求,以及更新和修订项目沟通计划的方法和程序。

(5)约束条件与假设前提条件。另外,项目沟通计划还应该包括两项内容:其一是项目沟通计划的各种约束条件,其二是项目沟通计划的假设前提条件。前者是在编制项目沟通计划时限制项目沟通的各种因素,后者是那些开展项目沟通的假定实际存在并作为制订计划依据的前提条件。通常在这些条件发生变化时应该修订和更新项目沟通计划。

10.2.4 沟通规划的成果

沟通规划的成果是沟通管理计划。

1. 主要内容

沟通管理计划包含在项目管理计划内或作为计划的从属计划,可提供以下内容。
(1)项目相关方的沟通要求。
(2)对要发布的信息的描述,包括格式、内容、详尽程度。
(3)信息接收的个人或组织。
(4)将接收信息的人员。
(5)传达信息所需的技术或方法,如备忘录、电子邮件和新闻发布等。
(6)沟通频率,如每周沟通等。
(7)对下层无法解决的问题,确定问题上报的时间要求和管理链(名称)。
(8)随项目的绩效更新与细化沟通管理计划的方法。
(9)通用词语表。

2. 属性

沟通管理计划可包括项目状态会议、项目团队会议、网络会议和电子邮件等各方面的指导原则。根据项目需要,沟通管理计划可以是正式的、非正式的,极其详细的或者十分简括的。沟通管理计划的属性包括如下一些。
(1)沟通项目,说明将向项目相关方发布的信息。
(2)目的,说明发布信息的原因。
(3)频率,说明发布信息的频繁程度。
(4)起始/终结日期,说明发布信息的时间安排。
(5)格式/媒介,说明信息的布局和传输方法。
(6)责任,说明负责信息发布的团队成员。

沟通规划通常会形成额外的可交付成果,需要额外的时间和精力,因此项目工作分解结构、项目进度计划和项目预算需要相应更新。

10.3 信息发布

10.3.1 信息发布的概念

信息发布是指把所需要的信息及时提供给项目相关方,包括实施沟通管理计划,以及对预料之外的信息索取要求做出反应。信息发布的依据、工具与技术和成果如图10.4所示。

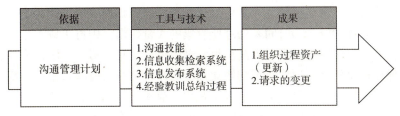

图 10.4 信息发布的依据、工具与技术和成果

10.3.2 信息发布的依据

信息发布的依据是沟通管理计划。

10.3.3 信息发布的工具与技术

1. 沟通技能

沟通技能作为一般管理技能的组成部分，用于交换信息。与沟通相关的一般管理技能包括确保适当的人员按照沟通管理计划，在适当的时间获得适当的信息。一般管理技能也包括管理项目相关方要求的艺术。

作为沟通过程的一部分，发送方要保证信息内容清晰明确、不模棱两可和完整无缺，以便让接收方能正确接收，并确认理解无误。接收方的责任是保证信息接收完整无缺，信息理解正确无误。沟通过程有多种方式，主要有如下四种。

(1) 书面与口头，听与说。
(2) 对内(在项目内)与对外(对顾客、媒体、公众等)。
(3) 正式(如报告、情况介绍会等)与非正式(如备忘录、即兴谈话等)。
(4) 垂直与水平。

2. 信息收集和检索系统

信息可通过多种方式收集和检索，包括手工归档系统、电子数据库、项目管理软件，以及可调用工程图纸、设计要求、试验计划等技术文件的系统。

3. 信息发布系统

信息发布系统指在项目整个生命期内，即时收集信息并与项目相关方共享信息，将信息发布给项目相关方。项目信息可以用以下多种方式发布。

(1) 项目会议、硬拷贝文件发布、手工归档系统和共享电子数据库等。
(2) 电子通信和会议工具，如传真、电子邮件、电话信箱留言、电话、可视电话会议、网络会议、网络出版。
(3) 项目管理电子工具，如进度计划编制网络界面、项目管理软件、会议和虚拟办公室支持软件、网站和协作工作管理工具。

4. 经验教训总结过程

经验教训总结过程强调识别项目工程成功的经验和失败的经验教训，包括就如何改进项目的未来绩效提供建议。在项目生命周期中，项目团队和关键项目相关方识别项目技术、管理和过程方面的经验教训。在整个项目期间都需对经验教训进行汇编、格式化和正式归档。

经验教训总结会议的重点各不相同。有些时候，经验教训总结会着重技术或产品开发过程；而在其他时候，可能更加关注那些对工作绩效起到积极或消极作用的过程。如果团队认为需要投入额外的资金和时间来处理所收集的大量数据，则可更频繁地收集信息。经验教训为未来的项目团队提供可以提高项目管理效率的信息。另外，阶段末的经验教训总结会为团队建设提供机会。项目经理的职业责任之一就是在所有项目中，组织内部和外部的关键项目相关方召开经验总结会，特别是在项目成果不尽如人意的情况下。

经验教训总结过程的具体成果包括：①经验教训知识库的更新；②知识管理系统的依据；③企业政策、程序和过程的更新；④商业技能的改进；⑤产品和服务的总体改进；⑥风险管理计划的更新。

10.3.4 信息发布的成果

1. 组织过程资产(更新)

(1)经验教训记录。经验教训记录包括问题的起因，所采取纠正措施的原因和依据，以及有关信息发布的其他各种经验教训。记录下来的经验教训可成为历史数据库的组成部分。

(2)项目记录。项目记录可包括函件、备忘录以及项目描述文件。这些信息应尽可能地以适当方式有条理地加以保存。项目团队成员也往往在项目笔记本中保留个人记录。

(3)项目报告。正式和非正式项目报告将详细说明项目状态，其中包括经验教训、问题登记簿、项目收尾报告和其他知识领域的成果。

(4)项目演示介绍。项目团队正式或非正式地向任何或所有项目相关方提供信息。这些信息要切合听众需要，介绍演示的方法要恰当。

(5)项目相关方的反馈。可以发布从项目相关方收集的有关项目运营的信息，并根据该信息改进或修改项目的未来绩效。

(6)项目相关方通知。可就解决的问题、审定的变更和一般项目状态问题向项目相关方通报。

2. 请求的变更

信息发布过程的变动会引发对项目管理计划和沟通管理计划的相应修改。通过整体控制变更过程对提出的项目管理计划及其从属计划变更(修改、增添或删除)进行审查和处理。

10.4 绩效报告

10.4.1 绩效报告的概念

绩效报告指搜集所有基准数据，并向项目相关方提供绩效信息。一般来说，绩效信息包括为实现项目目标而投入的资源的使用情况。绩效报告一般应包括范围、进度计划、费用和质量方面的信息。许多项目也要求在绩效报告中加入风险和采购信息。报告可草拟为综合报告，或者报道特殊情况的专题报告。绩效报告的依据、工具与技术和成果如图10.5所示。

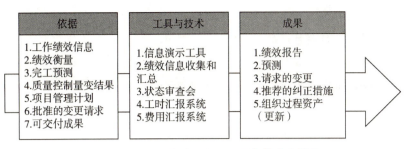

图 10.5 绩效报告的依据、工具与技术和成果

10.4.2 绩效报告的依据

1. 工作绩效信息

有关可交付成果完工情况的工作绩效信息，以及已完工工作的工作绩效信息是作为项目实施过程的一部分收集并融入绩效报告的过程的。有关收集工作绩效信息的内容，请详见指导和管理项目实施过程的内容。

2. 绩效衡量

3. 完工预测

4. 质量控制量变结果

5. 项目管理计划

项目管理计划提供了基准信息，主要指绩效衡量基准。绩效衡量基准一般整合了项目的范围、进度和费用参数，但也可能包含项目的技术和质量参数。

6. 批准的变更请求

批准的变更请求系指申请对项目范围进行扩大或缩小，对估算费用进行修改或对活动持续时间估算进行修改，若该申请已获批准并已准备就绪即可由项目团队实施。

7. 可交付成果

可交付成果是为完成某一过程、阶段或项目而必须完成的任何独特的可验证的产品、成果或能力。可交付成果有时指项目发起人或客户必须批准的外部可交付成果，此时，其含义就比较狭窄。

10.4.3 绩效报告的工具与技术

1. 信息演示工具

可借用软件包程序形成达到演示效果的项目绩效信息，这些软件包括图表报告、工作表分析、演示与图形功能。

2. 绩效信息收集和汇总

可通过各种媒介收集并汇总信息，包括手工档案系统、电子数据库、项目管理软件，以及可调用工程图纸、设计要求、试验计划等技术文件的系统。

3. 状态审查会

状态审查会是为交流项目信息而定期召开的会议。在多数项目上，将以不同的频繁程度在不同的层级上召开项目状态审查会。例如，项目管理团队内部可以每周召开审查会议，而与客户就可以每月召开一次。

4. 工时汇报系统

工时汇报系统将记录并汇报在项目上花费的时间。

5. 费用汇报系统

费用汇报系统将记录并汇报项目的费用。

10.4.4 绩效报告的成果

1. 绩效报告

绩效报告组织与归纳所搜集到的信息，并展示依据绩效衡量基准分析的所有分析结果。绩效报告应按沟通计划所记载的各个项目相关方要求的详细程度，提供状态和绩效信息。常用格式包括条形图、S曲线、直方图及表格。挣值分析数据通常被列入绩效报告。

2. 预测

随着项目的绩效，根据获得的工作绩效信息对预测进行更新并重新签发。该信息是关于可能对项目未来（例如，完工时估算以及完工尚需估算）造成影响的项目的过去绩效。

3. 请求的变更

对项目绩效进行分析后，通常需要对项目的某些方面进行变更。这些请求的变更应按整体变更控制过程所描述的办法进行处理。

4. 推荐的纠正措施

推荐的纠正措施包括促使项目预期的未来绩效与项目管理计划相符的各种行动。

5. 组织过程资产（更新）

组织过程资产（更新）包括问题的起因，所采取纠正措施的原因和依据，以及有关信息发布的其他各种经验教训。对经验教训进行记录，以便成为本项目以及实施组织的历史数据库的组成部分。

10.5 项目相关方沟通管理

10.5.1 项目相关方沟通管理的概念

项目相关方沟通管理系指对沟通进行管理，以满足项目相关方的需求并与项目相关方一起解决问题。对项目相关方进行积极管理，可促使项目沿预期轨道行进，而不会因未解决的项目相关方问题而脱轨。同时，进行项目相关方管理可提高团队成员协同工作的能力，并限制对项目产生的任何干扰。通常，由项目经理负责项目相关方沟通管理。项目相关方沟通管理的依据、工具与技术和成果如图10.6所示。

图 10.6　项目相关方沟通管理的依据、工具与技术和成果

10.5.2　项目相关方沟通管理的依据

1. 沟通管理计划

通过项目相关方的需求和期望可以了解项目相关方的目标、目的与沟通层次，在沟通管理计划中对这些需求和期望进行识别、分析和记录。沟通管理计划是项目管理计划的从属计划。

2. 组织过程资产

随着项目问题的出现，项目经理应与相关项目相关方共同致力于解决问题。

10.5.3　项目相关方沟通管理的工具与技术

1. 沟通方法

在项目相关方沟通管理中，应使用沟通管理计划中为每个项目相关方确定的沟通方法。

面对面会议是与项目相关方讨论、解决问题的最有效方法。如果不需要进行面对面会议或进行面对面会议不可行（如果是国际项目），则可通过电话、电子邮件或其他电子工具进行信息交流和沟通。

2. 问题记录单

问题记录单或行动方案记录单可用来记录并监控问题的解决情况。这些问题一般不会升级到需要实施项目或采取单独行动对之进行处理的程度。但是，通常需要加以处理以保持各项目相关方之间（包括团队成员）的良好工作关系。

以一定的方式对问题进行澄清和陈述，以便解决问题。需要针对每项问题分派负责人，并规定解决问题的目标日期。如果问题未得到解决，则可能导致冲突和项目延迟。

10.5.4　项目相关方沟通管理的成果

1. 解决的问题

随着项目相关方要求的识别和解决，问题记录单将就已经提交和解决的问题进行记录。示例如下。

（1）客户同意签订后续合同，进而终结关于变更是在现行项目范围之内或之外的争论。

（2）为项目增添人员，则有关项目缺乏所需技能和资源的问题也得以解决。

（3）与组织内的职能经理就匮乏的人力资源问题进行谈判，并达成令双方都满意的结果,而未对项目造成延迟。

(4)解答董事会成员就项目经济可行性提出的问题,使项目按原计划开展。

2. 批准的变更请求

批准的变更请求包括人员配备管理计划内项目相关方问题状态的变化,以反映与项目相关方进行沟通的方式的变化。

3. 批准的纠正措施

批准的纠正措施包括使项目的未来预期绩效与项目管理计划一致而采取的行动。

4. 组织过程资产(更新)

组织过程资产(更新)包括问题的起因,所采取纠正措施的原因和依据,以及有关信息发布的其他各种经验教训。对经验教训进行记录,以便成为本项目以及实施组织的历史数据库的组成部分。

5. 项目管理计划(更新)

对项目管理计划进行更新,以反映沟通计划的修改。

本章小结

本章首先介绍了沟通的基本概念、项目管理沟通的定义及工作过程,最后详细讨论了沟通规划、信息发布、绩效报告、项目相关方沟通管理的概念、依据、工具与方法以及最终成果。

习 题

一、判断题

1. 相对于正式沟通而言,非正式沟通的沟通效果好。   ( )
2. 在双向沟通中,沟通主体和沟通客体两者的角色不断交换。   ( )

二、不定项选择题

1. 非正式沟通的优点有(   )。
   A. 灵活、方便   B. 约束力较强
   C. 速度快   D. 可以使沟通保持权威性
2. 项目沟通计划就是针对项目相关方的沟通需求进行分析,它主要包括(   )。
   A. 确定向谁沟通信息   B. 沟通什么信息
   C. 什么时候沟通信息   D. 采取何种方式沟通信息
3. 采用何种沟通方式,取决于(   )。
   A. 对信息需求的紧迫程度   B. 沟通方式的可行性
   C. 项目团队成员的能力   D. 项目执行情况
4. 下列说法中正确的有(   )。
   A. 项目沟通有单向沟通和双向沟通

B. 项目沟通既有上对下的沟通也有下对上的沟通

C. 项目沟通只在项目团队内进行

D. 项目沟通分为文字符号、言语动作沟通

5. 你决定要在公司中组建一个PMP考试的学习小组，邀请公司内部其他的项目经理一起参加，以此帮助大家更好地准备这次考试。由于公司总经理已经决定奖励每个通过考试的人5 000美元，所以每个人都有很强的动力要通过考试。那么，在组织这个学习小组的过程中你要采用什么类型的沟通方式呢？（   ）

    A. 水平型   B. 垂直型   C. 正式型   D. 外部型

6. 你负责的项目已经进行了18个月了，某天，公司的CEO给你发了一封电子邮件，要你向所有的、确定的、内部和外部的相关方报告项目当前情况。报告的时间定在了下周一。你预计可能会有50多人出席。报告准备工作的第一步应该是(   )。

    A. 明确报告的听众   B. 确定目标

    C. 确定报告的总体形式   D. 设计一个报告战略

7. 有效的沟通对于项目的成功至关重要。范围变更、限制条件、假设、整合与界面要求，重叠的职能和职责以及其他许多因素都对沟通提出了挑战。沟通上的障碍很可能导致(   )。

    A. 生产力下降   B. 敌意增强   C. 士气低落   D. 冲突增加

8. 在项目的收尾阶段，一系列的行政事务必须得到实施和了结。一个基本的关注就是评估项目的有效程度。成功完成任务的一个方法就是(   )。

    A. 准备一个业绩报告   B. 实施审查

    C. 进行业绩评价   D. 进行采购审核

9. 在谈判中最常出现的沟通问题有(   )。

    A. 一方曲解了对方所表达的内容

    B. 一方可能屈服于对方的立场

    C. 一方可能有意使对方迷惑

    D. 一方可能过于关注以下要讲什么而没有听见对方的发言

10. 项目经理可以不通过(   )的措施提高项目的沟通效率以及项目小组的建设。

    A. 设立一个"作战室"   B. 作为良好沟通的阻碍者发挥作用

    C. 作为一个项目促进者发挥作用   D. 举行高效率的会议

三、思考题

1. 你是如何理解一般沟通管理和项目沟通管理的？
2. 项目沟通管理与一般企业运营中的沟通管理有什么区别？为什么？
3. 项目沟通管理与其他项目专项管理有什么区别？为什么？
4. 项目沟通管理有哪些主要作用？为什么会有这些作用？
5. 项目沟通管理有哪些主要的工作内容和做法？
6. 现代通信技术和信息网络技术对于项目沟通管理有哪些作用？
7. 在项目沟通管理中应该如何进一步加强对项目信息的管理？

案例分析题

凯茜·布福德(Cathy Buford)是一个项目团队的设计领导,该团队为一个有迫切需求的客户设计一项庞大而技术复杂的项目。乔·杰克逊(Joe Jackson)是一个分派到她的设计团队里的工程师。

一天,乔走进凯茜的办公室,大约是上午九点半,凯茜正埋头工作。"嗨,凯茜,"乔说,"今晚去观看联赛比赛吗?我今年志愿参加。""噢,乔,我实在太忙了。"接着,乔就在凯茜的办公室里坐下来,说道:"我听说你儿子是个非常出色的球员。"凯茜将一些文件移动了一下,试图集中精力工作。她答道:"啊?我猜是这样的。我工作太忙了。"乔说:"是的,我也一样。我必须抛开工作,休息一会儿。"凯茜说:"既然你在这儿,我想你可以比较一下,数据输入是用条形码呢,还是用可视识别技术?可能是……"乔打断她的话,说:"外边乌云密集,我希望今晚的比赛不会被雨浇散了。"凯茜接着说:"这些技术的一些好处是……"她接着说了几分钟。又问:"那么,你怎样认为?"乔回答道:"噢,不,它们不适用。相信我。除了客户是一个水平较低的家伙外,这还将增加项目的成本。"凯茜坚持道:"但是,如果我们能向客户展示它能使客户省钱并能减少输入错误,客户可能会支付实施这些技术所需的额外成本。"乔惊叫起来:"省钱!怎样省钱?通过解雇工人吗?我们这个国家已经大幅度裁员了。而且政府和政治家们对此没任何反应。""顺便说一下,我仍需要你对进展报告的资料,"凯茜提醒他,"明天我要把它寄给客户。你知道,我大约需要8~10页。我们需要一份很厚的报告向客户说明我们有多忙。""什么?没人告诉我。"乔说。"几个星期以前,我给项目团队发了一份电子邮件,告诉大家在下个星期五以前需要每个人的数据资料。而且,你可能要用到这些为明天下午项目情况评审会议准备的材料。"凯茜说。"我明天必须演讲吗?这对我来说还是个新闻。"乔告诉她。"这在上周分发的日程表上有。"凯茜说。"我没有时间与篮球队的所有成员保持联系,"乔自言自语道,"好吧,我不得不看一眼这些东西了。我用我六个月以前用过的幻灯片,没有人知道它们的区别。那些会议只是一种浪费时间的方式,没有人关心它们,人人都认为这只不过是每周浪费两个小时。""不管怎样,你能把你对进展报告的资料在今天下班以前以电子邮件的方式发给我吗?"凯茜问。"为了这场比赛,我不得不早一点离开。""什么比赛?""难道你没有听到我说的话吗?联赛。""或许你现在该开始做这件事情了。"凯茜建议道。"我必须先去告诉吉姆有关今晚的这场比赛,"乔说,"然后我再详细写几段。难道你不能在明天我讲述时做记录吗?那将给你提供你做报告所需的一切。""不能等到那时,报告必须明天发出,我今晚要在很晚才能把它搞出来。""那么,你不去观看这项比赛了?""一定把你的输入数据通过电子邮件发给我。""我不是被雇来当打字员的,"乔声明道,"我手写更快一些,你可以让别人打印。而且你可能想对它进行编辑,上次给客户的报告与我提供的资料数据完全不同。看起来是你又重写了一遍。"凯茜重新回到办公桌并打算继续工作。

讨论:

1. 交流中的问题有哪些?
2. 凯茜应该怎么做?
3. 你认为乔要做什么?
4. 凯茜和乔怎样处理这种情况会更好?
5. 为防止出现凯茜和乔之间的交流问题,应该怎么做?

第 11 章　项目风险管理

教学目标

1. 理解风险、项目风险的概念与特点；
2. 理解项目风险管理的概念及工作过程；
3. 熟悉项目风险管理规划、识别、分析、应对、监控的依据、工具与技术和结果。

案例导读

某中外合资项目，合同标的为一商住楼的施工工程。主楼地下 1 层、地上 24 层，裙楼 4 层，总建筑面积 36 000 平方米。

合同协议书由甲方起草。合同工期为 670 天。合同中的价格条款为："本工程合同价格为人民币 3 500 万元。此价格固定不变，不受市场上材料、设备、劳动力和运输价格的波动及政策性调整影响而改变。因设计变更导致价格增减另外计算。"本合同签字后经过了法律机关的公证。显然本合同属固定总价合同。

在招标文件中，业主提供的图纸虽号称"施工图"，但实际上很粗略，没有钢筋图。在承包商报价时，国家对建材市场实行控制，有钢材最高市场限价，约 1 800 元/吨。承包商则按此限价投标报价。工程开始后一切顺利，但基础完成后，国家取消钢材限价，实行开放的市场价格，市场钢材价格在很短的时间内上涨至 3 500 元/吨以上。另外，由于设计图纸过粗，后来设计虽未变更，但增加了许多承包商未考虑到的工作量和新的分项工程。其中最大的是钢筋。承包商报价时没有钢筋图，仅按通常商住楼的每平方米建筑面积钢筋用量估算，而最后实际使用量与报价所用的钢筋工程量相差 500 吨以上。按照合同条款，这些都应由承包商承担。开工后约五个月，承包商再做核算，预计到工程结束承包商至少亏本 2 000 万元。

承包商与业主商议，希望业主照顾到市场情况和承包商的实际困难，给予承包商以实际价差补偿，因为这个风险已大大超过承包商的承受能力。承包商已不期望从本工程获得任何利润，只求保本。但业主予以否决，要求承包商按原价格全面履行合同责任。承包商无奈，放弃了前期工程及基础工程的投入，撕毁合同，从工程中撤出人马，蒙受了很大的损失。而业主不得不请另外一个承包商进场继续施工，结果也蒙受很大损失：不仅工期延长，而且最后花费也很大。因为另一个承包商进场完成一个半拉子工程，只能采用议标的形式，价格也比较高。

在这个工程中，几个重大风险因素都集中到一起，包括工程量大，工期长，设计文件不详细、市场价格波动大、采用固定总价合同，最终不仅打倒了承包商，也伤害了业主的利益，影响了工程整体效益。

11.1 项目风险管理概述

由于任何项目都存在着不能达到预期效果的风险，为了使项目能够成功、顺利地完成，对项目进行风险管理就显得十分必要。为了能够更好地理解项目风险管理，需要了解风险及项目风险的基本概念。

11.1.1 风险与项目风险

1. 风险

"风险（Risk）"一词，我们在日常生活中经常谈论，但要从理论角度对风险下一个科学的定义并不容易。"风险"一词在字典中的解释是"损失或伤害的可能性"，通常人们对风险的理解是"可能发生的问题"。不同的学者有不同的观点。

以研究风险问题著称的美国学者 A. H. 威雷特认为："风险是关于不愿发生的事件发生的不确定性之客观体现。"

美国经济学家 F. H. 奈特认为："风险是可测定的不确定性。"

我国台湾学者郭明哲认为："风险是指决策面临的状态为不确定性产生的结果。"

比较经典的风险定义是美国人韦氏（Webster）给出的"风险是遭受损失的一种可能性"。

还有的观点认为："风险指损失发生的确定性（或称可能性），它是不利事件发生的概率及其后果的函数。""风险是人们因对未来行为的决策及客观条件不确定而可能引起的后果与预定结果发生多种负偏离的综合。"

(1)"风险"一词包括了以下两方面的内涵。

一是风险意味着出现了损失，或者是未实现预期的目标；

二是指这种损失出现与否是一种不确定性随机现象，可以用概率表示出现的可能程度，但不能对出现与否做出确定性判断。

(2) 风险作为项目中存在的普遍现象，具有以下特征。

①风险是损失或损害。

②风险是一种不确定性。

③风险是针对未来的。

④风险是客观存在，不以人的意志为转移。风险的度量不涉及决策人的主观效用和时间偏好。

⑤风险是相对的，尽管风险是客观存在的，但它却依赖于决策目标，同一方案不同的决策目标会带来不同的风险。

⑥风险是预期和后果之间的差异，是实际后果偏离预期结果的可能性。

2. 项目风险

一般认为，项目风险是指由于项目所处环境和条件本身的不确定性，以及项目业主/客户、项目组织或项目其他相关利益者主观上不能准确预见或控制的影响因素，使项目的最终结果与当事者的期望产生背离，从而给当事者带来损失的可能性。形成项目风险的根本原因是人们对项目未来发展与变化的认识和应对等方面出现了问题。

项目的实现过程存在着很大的不确定性，因为这是一个复杂的、一次性的、创新性的，并涉及许多关系与变数的过程。项目的这些特性造成了在项目的实现过程中存在着各种各样的风险，如果不能很好地管理这些风险就会造成各种各样的损失，因此在项目管理中必须充分识别、度量和控制项目风险。确切地说，项目管理中最重要的任务就是对项目不确定性和风险性的管理。因为确定性和常规性的管理工作都是程序化和结构化的管理问题，它们所需的管理力度是十分有限的。

风险的主要产生原因是信息的不完备性，即当事者对事物有关影响因素与未来发展变化情况缺乏足够的、准确的信息。由于项目是一种一次性、独特性和不确定性较高的工作，所以存在着很大的风险性，因此必须积极地开展项目风险管理。

通常，人们对事物的认识可以划分成三种不同的状态，即拥有完备信息的状态、拥有不完备性信息的状态和完全没有信息的状态。三种不同的认识状态决定了人们的决策和当事者的期望。这三种认识状态的具体说明如下。

（1）拥有完备性信息的状态。在这种状态下，人们知道某事物肯定会发生或者肯定不发生，而且人们还知道在该事物发生和不发生的情况下会带来的确切后果。一般人们将拥有这种特性的事物称为"确定性事件"。例如，某工程项目的露天混凝土浇灌作业，晴天每天可完成10万元工程量，下雨天则需要停工并发生窝工。现有天气预报报道第二天降水量概率为0，即肯定不降雨，那该项目明天开展施工作业并完成10万元工程量就是一个确定性事件（不考虑其他因素）。

（2）拥有不完备性信息的状态。在这种状态下，人们只知道某事物在一定条件下发生的概率（发生可能性），以及该事物发生后会出现的各种可能后果，但是并不确切地知道该事物究竟是否会发生和发生后事物的发展与变化结果。拥有这种特性的事物被称为不确定性事件或风险性事件。例如，上述从事露天混凝土浇灌作业的实例，如果天气预报报道第二天的降水量概率为60%，即第二天下雨的可能性是60%，不下雨的可能性是40%，若第二天开展施工作业，该项目就有60%的可能性会出现因下雨不但不能完成产值10万元，而且会损失工料费7万元的风险。在这种情况下该工程队第二天开展作业并完成10万元就是一个不确定性事件或风险性事件。

（3）完全没有信息的状态。在这种状态下，人们不知道某事物发生的条件和概率，也不清楚该事物发生后会造成的后果，对于该事物的许多特性只有一些猜测。拥有这种特性的事物被称为完全不确定性事件。例如，仍然是某项目从事露天混凝土浇灌作业的实例，如果根本就没有天气预报，所以第二天是否下雨根本不清楚，那么该项目第二天是否能够开展施工作业，是能够完成10万元产值，还是会损失工料费7万元就不清楚了，在这种情况下该项目第二天完成10万元产值就是一个完全不确定性事件了。

在项目的整个实现过程中，确定性、风险性和完全不确定性事件这三种情况都是存在的，随着项目复杂性的提高和人们对于项目风险认识的能力不同，三种事件的比例会不同。

一般情况下，在上述三种情况中，项目的风险性事件（或叫不确定性事件）所占比重是最大的，完全不确定性事件是极少的，而（完全）确定性的事件也不多。虽然在实际工作中，人们往往将风险性不大的事件简化成确定性事件，这样就显得有很多事物都是确定性的，但是实际上这些只是在假设前提条件下的确定性的事件。在上述三种不同的事件中，风险性事件和完全不确定性事件是项目风险的根源，是造成项目未来发展变化的根源。

3. 项目风险产生的原因

项目风险主要是由不确定性事件造成的，而不确定事件又是由信息不完备性造成的，即人们无法充分认识一个项目未来的发展和变化而造成的。从理论上说，项目的信息不完备情况能够通过人们的努力而降低，但是无法完全消除，这主要是因为以下两点。

（1）人们的认识能力有限。世界上的任何事物都有各自的属性，这些属性是由各种数据和信息加以描述的，项目也一样。人们只有通过关于项目的各种数据和信息去了解项目、认识项目并预见项目的未来发展和变化。但是由于人们认识事物的能力有限，所以在深度与广度两方面存在着很大的局限性。

从信息科学的角度上说，人们对事物认识的这种局限性，从根本上是人们获取数据与信息的能力有限性和客观事物发展变化的无限性这一矛盾造成的，这使得人们无法获得事物的完备信息。人们对于项目的认识同样存在这种认识能力的限制问题，人们尚不能确切地预见项目的未来发展变化，从而形成了项目风险。

（2）信息本身的滞后性。从信息科学的理论出发，信息的不完备性是绝对的，而信息的完备是相对的。造成这一客观规律的根本原因是信息本身的滞后性。

世上所有事物的属性都是由数据和信息加以描述的，但是人们只有在事物发生以后才能够获得有关该事物的真实数据，然后必须由人们对数据进行加工处理以后才能产生有用的信息，这样，一个事物的信息总是在事物发生、生成数据并经过加工以后才能产生。由于数据加工需要一定的时间，所以任一事物的信息总会比该事物本身滞后，从而形成了信息本身的滞后特性。

从这个意义上说，完全确定性事件是不存在的，项目更是如此。但是随着任何事物本身的发展和数据的生成，人们对它的认识会不断深入，其信息的完备性程度会不断提高，直到事物完结，描述该事物的信息才有可能成为完备的信息。这种信息的滞后性是信息不完备性的根本原因，也是项目风险的根本原因。

4. 项目风险的分类

项目风险可以按照不同的标准进行分类，并通过分类进一步认识项目风险及其特性。从风险识别、度量和控制的角度来说，项目风险的分类方法主要有如下几种，这些分类方法的关系如图11.1所示。

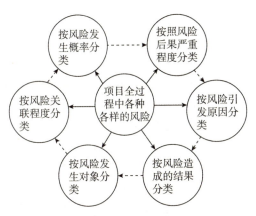

图 11.1　项目风险分类方法及其关系

由图 11.1 中可以看出,项目风险分类的主要方法有:按风险发生概率分类,按风险引发原因分类,按风险造成的结果分类,按风险关联程度分类,按风险发生对象分类,等等。分别使用这些项目风险分类方法,可以更好地认识项目风险的特性。例如,按风险发生概率分类的方法可以使人们充分认识项目风险可能性的大小。通常这些分类方法之间是按图 11.1 中箭头指出的方向,依次(或分层)进行分类的。另外,在一个项目的全过程中需要随项目环境与条件的变化和事物进展多次进行分类分析,因为每次分类分析都会更进一步地认识项目的风险。例如,某项目风险概率在前次分析中是 60%,而第二次分析有可能会变成 80% 或 40%,这样对该风险的管理就可以根据第二次分析的信息而改变了。

5. 项目风险的主要特性

由于项目本身的一次性、独特性和创新性等特性,项目风险也具有自己的特性。项目风险的主要特性有以下几点。

(1)项目风险事件的随机性。项目风险事件的发生是偶然的,没有人能够准确预言。虽然人们通过长期统计发现许多事物的发生规律,但是这只是一种统计规律,即随机事件发生的规律。项目风险事件就具有随机的特性,所以项目风险存在着很大的偶然性。

(2)项目风险的相对性。同样的项目风险对于不同的项目和项目管理者会有不同的影响,因为人们承受风险的能力不同,认识风险的能力不同,项目收益的大小不同,投入资源的多少不同,项目主体地位的高低会不同,特别是项目风险大小和后果也不同,所以项目风险具有一定的相对性。

(3)项目风险的渐进性。项目风险的渐进性是说绝大部分项目风险不是突然爆发的(只有极小部分项目风险是由突发性事件引发的),而是随着环境、条件和自身固有的规律一步一步逐渐形成的。当项目的内外部条件逐步发生变化时,项目风险的大小和性质会随之发生发展和变化。

(4)项目风险的阶段性。项目风险的阶段性是指项目风险的发展是分阶段的,而且这些阶段有明确的界限、里程碑和风险征兆。通常项目风险的发展有三个阶段:其一是潜在风险阶段,其二是风险发生阶段,其三是造成后果阶段。项目风险发展的阶段性为开展项目风险管理提供了前提条件。

(5)项目风险的突变性。项目内外部条件的变化可能是渐进的,也可能是突变的。一般在项目的内部或外部条件发生突变时,项目风险的性质和后果也会随之发生突变。比如，过去被认为是项目风险的事件会突然消失，而原来认为无风险的事件却突然发生了。

11.1.2 项目风险管理的概念

项目风险管理是指通过项目风险识别、风险界定和风险度量等工作去认识项目的风险，并以此为基础通过合理地使用各种风险应对措施和管理方法对项目风险实行有效的控制，以及妥善地处理项目风险事件所造成的不利结果，以最少的成本保证项目总体目标的实现等管理工作。项目风险管理的主体是项目经理和项目业主/客户，他们必须采取有效措施确保项目风险处于受控状态，从而保证项目目标最终能够实现。项目的一次性使项目的不确定性比日常运营活动大得多，而且项目风险一旦形成后果则没有改进和补偿的机会，所以项目风险管理的要求通常要比日常运营管理中的要求高许多，而且项目风险管理更注重项目前期阶段的风险管理和预防工作，因为这一时期项目的不确定因素较多，项目风险高于后续阶段。

1. 项目风险管理的理论

按照项目风险有无预警信息，项目风险可以分成两种不同性质的风险，所以也有两种不同的项目风险管理理论。

一种是针对无预警信息项目风险的管理方法和理论。由于这种风险很难提前识别和跟踪，所以难以进行事前控制，而只能在风险发生时采取类似"救火"式的方法去控制或消减这类项目风险的后果。所以无预警信息项目风险的管理控制主要有两种方法，其一是消减项目风险后果，其二是项目风险转移（即通过购买保险等方式转移风险）。

另一种理论和方法是针对有预警信息项目风险的（绝大多数项目风险都属于这一类）。对于这类风险人们可以通过收集预警信息去识别和预测，所以人们可以通过跟踪其发生和发展变化而采取各种措施控制这类项目风险。

对于一个项目来说，究竟存在什么样的风险，一方面取决于项目本身的特性（即项目的内因），另一方面取决于项目所处的外部环境与条件（即项目的外因）。内因主要取决于参加项目的团队成员情况，团队成员对于风险的认识能力以及团队成员之间的沟通等。不同的项目、不同的项目环境与条件、不同的团队成员与团队间的沟通会有不同的项目风险。外因主要取决于项目风险的性质和影响因素的发展变化。不同的影响因素和不同的发展变化规律决定了不同的项目风险。

2. 项目风险管理的方法

项目风险的渐进性给人们提供了识别和控制项目风险的可能性。因为在风险渐进的过程中，人们可以设法去分析、观察和预测它，并采取相应措施对风险及其后果进行管理和控制。有了正确的方法，人们就可以在项目进程中识别出存在的风险和认识这些风险发展进程的主要规律和可能后果。这样人们就可以通过发挥主观能动性，在项目风险渐进的过程中根据风险发展的客观规律开展对项目风险的有效管理与控制了。项目风险的阶段性给人们提供了认识和控制风险的可行性，项目风险的阶段性使人们可以在项目风险不同阶段去对项目风险采取不同的管理与控制措施。对于项目风险的潜在阶段、项目风险的发生阶段和项目风险的后果阶段的主要控制方法分别如下。

(1) 项目风险潜在阶段的管理方法。人们可以通过预先采取措施对项目风险的进程和后果进行适当的控制和管理。在项目风险潜在阶段都可以使用这种预先控制的方法，这类方法通常被称为风险规避的方法。一般而言，最大的项目灾难后果是由于在项目风险潜在阶段，人们对项目风险的存在和发展一无所知。当人们在项目风险潜在阶段就能够识别各种潜在的项目风险及其后果，并采取各种规避风险的办法，就可以避免项目风险的发生。显而易见，如果能够通过项目风险规避措施使项目风险不进入发生阶段，就不会有项目风险的发生。例如，若已知某项目存在很大的技术风险(技术不成熟)，就可以采取不使用该技术或不实施该项目的办法规避这种风险。

(2)项目风险发生阶段的管理方法。在这一阶段中人们可以采用风险转化与化解的办法对项目风险及其后果进行控制和管理，这类方法通常被称为项目风险化解的方法。人们不可能预见所有的项目风险，如果人们没能尽早识别出项目风险，或者虽然在项目风险潜在阶段识别出了项目风险，但是所采用的规避风险措施无效，这样项目风险就会进入发生阶段。在风险的发生阶段，如果人们能立即发现问题、找到解决问题的科学方法并积极解决风险问题，多数情况下是可以降低，甚至防止风险后果的出现，减少项目风险后果所带来的损失的。

(3)项目风险后果阶段的管理方法。在这一阶段人们可以采取消减风险后果的措施去降低由项目风险的发生和发展所造成的损失。人们不但很难在风险潜在阶段预见项目的全部风险，也不可能在项目风险发生阶段全面解决各种各样的项目风险问题，所以总是会有一些项目风险最后进入项目风险后果阶段。在这一阶段人们仍可以采取各种各样的措施消减项目风险的后果和损失，消除由项目风险后果带来的影响等。如果采取措施得当，就会将项目风险的损失减到最少，将风险影响降到最小。不过到这一阶段人们能采用的风险管理措施就只有对项目风险后果的消减等被动方法了。

由此可以看出，人们对于项目的不确定性，或者说项目的风险并不是无能为力的，人们可以通过主观能动性的发挥，运用正确的方法，去自觉地开展对项目风险的管理与控制活动，从而规避风险、化解风险，或者消减风险带来的后果。在项目风险的不同阶段，人们都是可以对风险有所作为的。正是由于项目风险的渐进性和阶段性，人们能够在项目风险的不同阶段采取不同的措施去实现对项目风险的控制和管理。

11.1.3 项目风险管理的作用

随着科学技术和社会生产力的迅猛发展，项目的规模化以及技术和组织管理的复杂化突出了项目管理的复杂性和艰巨性。作为项目管理的重要一环，项目风险管理对保证项目实施的成功具有重要的作用和意义。

(1)项目风险管理能促进项目实施决策的科学化、合理化，降低决策的风险水平。
(2)项目风险管理能为项目组织提供安全的经营环境。
(3)项目风险管理能够保障项目组织经营目标的顺利实现。
(4)项目风险管理能促进项目组织经营效益的提高。
(5)项目风险管理有利于资源分配达到最佳组合，有利于提高全社会的资金使用效益。
(6)项目风险管理有利于社会的稳定发展。

11.1.4 项目风险管理的过程

项目风险管理工作的主要过程包括如下几个方面。

1. 风险管理规划

风险管理规划是指决定如何进行、规划和实施项目风险管理活动。对保证风险管理（包括风险管理程度、类型和可见度）与项目风险程度和项目对组织的重要性相适应起着重要作用，它可保证为风险管理活动提供充足的资源和时间，并确立风险评估一致同意的基础。

2. 项目风险识别

项目风险识别是指识别和确定项目究竟存在哪些风险，这些风险可能影响项目的程度和可能带来的后果等的一项项目风险管理工作。项目风险识别的主要任务是找出项目风险，识别引起项目风险的主要因素，并对项目风险后果进行定性的估计。

3. 项目风险定性分析

项目风险定性分析指通过考虑风险发生的概率，风险发生后对项目目标的影响和其他因素（如时间框架和项目四大制约条件，即费用、进度、范围和质量的风险承受度水平），对已识别风险的优先级进行评估。

4. 项目风险定量分析

项目风险定量分析指对定性风险分析过程中作为对项目需求存在潜在重大影响而排序在先的风险进行分析。这是对这些风险事件的影响进行分析，并就风险分配一个数值，是在不确定情况下进行决策的一种量化方法。

5. 项目风险应对措施

项目风险应对措施是项目风险管理中一项非常重要的工作。项目风险识别和度量的任务是确定项目风险大小及其后果，制定项目风险应对措施的任务是计划和安排对项目风险的控制活动方案。

6. 项目风险的监控

项目风险的监控是指根据项目风险识别、度量和制定的项目风险应对措施所开展的，对于整个项目全过程中的各种风险的控制工作。项目风险控制工作的具体内容包括：根据项目发展与变化的情况，不断地重新识别和界定项目的风险，不断地更新项目风险应对措施，不断地决策和实施项目风险应对措施，以最终确保项目目标的成功实现。

11.2 项目风险管理规划

11.2.1 项目风险管理规划的概念

详细、明确的规划可提高其他五个风险管理过程成功的概率。风险管理规划指决定如何进行项目风险管理活动的过程。风险管理过程的规划对保证风险管理（包括风险管理程度、类型和可见度）与项目风险程度和项目对组织的重要性相适应起着重要作用，它可保证为风险管理活动提供充足的资源和时间，并确立风险评估一致同意的基础。风险管理规划过程应在项目规划过程的早期完成，因为其对成功完成本章介绍的其他过程至关重要。项目风险管理规划的依据、工具与技术和成果如图11.2所示。

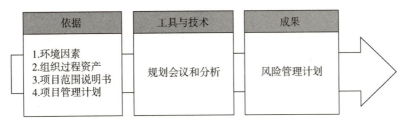

图 11.2　项目风险管理规划的依据、工具与技术和成果

11.2.2　风险管理规划的依据

1. 环境因素

组织及参与项目的人员的风险态度和风险承受度将影响项目管理计划。风险态度和承受度可通过政策说明书或行动反映出来。

2. 组织过程资产

组织过程资产是指组织可能设有既定的风险管理方法，如风险分类、概念和术语的通用定义、标准模板、角色和职责、决策授权水平。

3. 项目范围说明书

4. 项目管理计划

11.2.3　风险管理规划的工具与技术

风险管理规划的工具与技术是规划会议和分析。

项目团队举行规划会议制订风险管理计划。参会者可包括项目经理、项目团队成员和利害关系者，实施组织中负责管理风险规划和实施活动的人员，以及其他应参与人员。

会议将界定风险管理活动的基本计划，确定风险费用因素和所需的进度计划活动，并分别将其纳入项目预算和进度计划中。同时，对风险职责进行分配，并根据具体项目对一般通用的组织风险类别和词汇定义等模板文件（如风险水平，按照风险类别确定的概率和影响，以及概率和影响矩阵）进行调整。这些活动的成果将在风险管理计划中进行汇总。

11.2.4　风险管理规划的成果

风险管理规划的成果是风险管理计划。

风险管理计划描述如何安排与实施项目风险管理，它是项目管理计划的从属计划。风险管理计划包括以下内容。

（1）方法论。确定实施项目风险管理可使用的方法、工具及数据来源。

（2）角色与职责。确定风险管理计划中每项活动的领导、支援与风险管理团队的成员组成，为这些角色分配人员并澄清其职责。

（3）预算。分配资源，并估算风险管理所需费用，将之纳入项目费用基准。

（4）计时法。确定在项目整个生命期中实施风险管理过程的次数和频率，并确定应纳入项目进度计划的风险管理活动。

(5) 风险类别。风险类别为确保系统、持续、详细和一致地进行风险识别的综合过程，并为保证风险识别的效力和质量的风险管理工作提供了一个框架。组织可使用先前准备的典型风险分类。风险分解结构是提供该框架的方法之一，该结构也可通过简单列明项目的各个方面表述出来。在风险识别过程中需对风险类别进行重新审核。较好的做法是，在风险识别过程之前，先在风险管理规划过程中对风险类别进行审查。在将先前项目的风险类别应用到现行项目之前，可能需要对原有风险类别进行调整或扩展来适应当前情况。

(6) 风险概率和影响的定义。为确保定性风险分析过程的质量和可信度，要求界定不同层次的风险概率和影响。在风险规划过程，通用的风险概率水平和影响水平的界定将依据个别项目的具体情况进行调整，以便在风险定性分析过程中应用。

可以使用如从"十分不可能"到"几乎确定"的自然语言来表示风险概率，或者以常规的数值形式(如 0.1、0.3、0.5、0.7、0.9)表示。测定风险概率的另外一种方法是，描述与考虑风险相关的项目状态(如项目设计成熟度水平等)。

(7) 概率和影响矩阵。根据风险可能对实现项目目标产生的潜在影响，对风险进行优先排序。风险优先排序的典型方法是借用对照表或概率和影响矩阵形式。通常由组织界定哪些风险概率和影响组合具有较高、中等或较低的重要性，据此可确定相应的风险应对规划。在风险管理规划过程中可以进行审查并根据具体项目进行调整。

(8) 修改的利害关系者承受度。可在风险管理规划过程中对利害关系者的承受度进行修订，以适用于具体项目。

(9) 汇报格式。阐述风险登记册的内容和格式，以及所需的任何其他风险报告。界定如何对风险管理过程的成果进行记录、分析和沟通。

(10) 跟踪。说明如何记录风险活动的各个方面，以供当前项目使用，或满足未来需求或满足经验教训总结过程的需要。说明是否对风险管理过程进行审计及如何审计。

11.3 项目风险识别

11.3.1 项目风险识别的概念

项目风险识别是一项贯穿项目实施全过程的项目风险管理工作。这项工作的目标是识别和确定出项目究竟有哪些风险，这些项目风险究竟有哪些基本特性，这些项目风险可能会影响项目哪些方面等。例如，一个项目究竟存在着项目工期风险、项目成本风险，还是项目质量风险；一项项目风险究竟属于有预警信息风险，还是无预警信息风险；这一项目风险会给项目范围、工期、成本、质量等方面带来什么影响等。

项目风险识别还应该识别和确认项目风险是属于项目内部因素造成的风险，还是属于项目外部因素造成的风险。一般项目内部因素造成的风险，项目组织或项目团队可以较好地控制和管理。例如，通过对项目团队成员的安排和对项目资源的合理调配可以克服许多项目拖期或项目质量方面的风险。但是，项目外部因素造成的风险是项目组织或团队难以控制和管理的，项目组织和项目团队对这种风险的控制和影响是很小的，所以只能采取一些规避或转移的方法去应对。例如，项目所需资源的市场价格波动，项目业主/客户或政府提出的项目变更等都属于项目外部因素,由此引发的项目风险很难通过项目组织或团队化解掉。

严格说,项目风险不仅仅包括蒙受损失的可能性,还包括一些获得收益的可能性。因此在项目风险识别的过程中,还必须全面识别项目风险可能带来的威胁和机遇。通常项目风险带来的机遇是一种项目风险的正面影响,而项目风险带来的威胁是一种负面影响。在项目风险识别中,在充分认识项目风险威胁的同时,也要识别项目风险可能带来的各种机遇,并分析项目风险的威胁与机遇的相互转化条件和影响这种转化的关键因素,以便在制定项目风险应对措施和开展项目风险控制时,能够通过主观努力和正确应对,消除项目风险带来的威胁,而使项目风险带来的机遇转化成组织的实际收益。

项目风险识别是项目风险管理中的首要工作,主要工作内容包括如下几个方面。

1. 识别并确定项目有哪些潜在的风险

这是项目风险识别的第一目标。因为只有首先确定项目可能会遇到哪些风险,才能够进一步分析这些风险的性质和后果,所以在项目风险识别工作中首先要全面分析项目发展与变化中的各种可能性和风险,从而识别出项目潜在的各种风险并整理汇总成项目风险清单。

2. 识别引起这些风险的主要影响因素

这是项目风险识别的第二项工作目标。因为只有识别清楚各个项目风险的主要影响因素才能把握项目风险的发展变化规律,才有可能对项目风险进行应对和控制。所以在项目风险识别活动中要全面分析各个项目风险的主要影响因素和它们对项目风险的影响方式、影响方向、影响力度等。然后,要运用各种方式将这些项目风险的主要影响因素同项目风险的相互关系描述清楚,使用图表的方式、文字说明或数学公式均可。

3. 识别项目风险可能引起的后果

这是项目风险识别的第三项任务和目标。在识别出项目风险和项目风险主要影响因素以后,还必须全面分析项目风险可能带来的后果和后果严重程度。项目风险识别的根本目的就是要缩小和消除项目风险带来的不利后果,同时争取扩大项目风险可能带来的有利后果。当然,在这一阶段对于项目风险的识别和分析主要是定性的分析,定量的项目风险分析将在项目风险度量中给出。项目风险识别的依据、工具与技术和成果如图 11.3 所示。

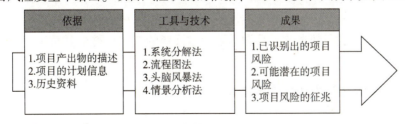

图 11.3 项目风险识别的依据、工具与技术和成果

11.3.2 风险识别的依据

1. 项目产出物的描述

项目产出物的描述是项目风险识别的主要依据之一,因为项目风险识别最重要的内容

是识别项目工作能否按时、按质、按量和按预算最终生成项目产出物,以实现项目的目标,所以项目风险识别首要根据项目产出物的描述和要求,去识别出可能影响项目产出物质量的各种风险。因为在项目产出物的描述中,给出了项目产出物的数量、质量和技术特性等各个方面的要求和说明,所以项目产出物的描述是项目风险识别最重要的依据之一。

2. 项目的计划信息

项目的计划信息包括项目的集成计划与各种项目专项计划中所包含的全部信息和文件。这些信息有两方面的作用,一是作为项目风险识别的依据,二是作为项目风险识别的对象。例如,一个项目的成本计划(预算)信息可以是分析与识别项目质量风险的一个重要依据,因为如果项目预算缺口比较大就会出现由于资源不足或资源质量下降而造成的项目质量问题;同时项目成本计划也可以作为项目风险识别的对象,人们可以通过对项目成本计划的分析去识别出项目超预算的风险。

3. 历史资料

历史资料是以前完成项目实际发生的各种意外事情(风险)的资料,它们对于识别新项目风险是非常重要的一种信息和依据。因为"前车之鉴"在项目风险管理方面总是最重要的参考和依据,所以在项目风险识别过程中首先要全面收集各种有用的历史信息,特别是各种有关历史项目的经验和教训。这些历史资料中既有有关项目风险因素的分析,又有各种风险事件发生过程的记录,还有有关项目风险带来的机遇和威胁以及实际发生的风险事件所造成的损失等方面的信息,这些对于项目风险识别是非常有用的。一般历史资料的来源如下。

(1) 历史项目的各种原始记录。这可以从实施历史项目的组织之处得到。人们一般会保留历史项目的各种原始记录,这些原始记录对于项目风险识别是非常有帮助的。在一些专业应用领域中甚至某些项目的成员也可能保存有原始记录。例如,造价工程师就会保留他所参加项目的各种相关资料。

(2) 商业性历史项目信息资料。有许多项目管理咨询公司保留有大量的历史项目信息和统计资料,他们就是通过提供这些资料和开展相关经营活动而营利的,所以可以通过这类商业性项目管理咨询公司获得项目风险识别所需的各种历史项目信息和资料。

(3) 历史项目团队成员的经验。参与历史项目的项目团队成员留存有许多历史项目所发生的事情或数据,这是一种思想型的历史项目信息。这种信息也是项目风险识别的重要依据,但是它们通常比较难收集,多数需要通过面谈的方式获得,而面谈又需要很高的沟通技巧。

11.3.3 风险识别的工具与技术

1. 系统分解法

项目风险识别中最常用的一种方法是利用系统分解的原理将一个复杂的项目分解成比较简单和容易认识的子系统或系统元素,从而识别各子系统或系统要素造成的风险的方法。比如,在投资建造一个化肥厂项目时,项目分析评价人员可以首先根据项目本身的特性,将项目风险分解成以下几个方面:市场风险、投资风险、经营风险、技术风险、资源及原材料供应风险、环境污染风险等。还可以对这些项目风险再进一步的分解,例如,项目的市场风险又可以分解成三个方面：竞争风险（由于市场竞争而造成项目失败或亏损的风险）、替代风险（项目建成后可能出现替代产品而使项目蒙受损失的风险）、需求风险（项目建成后产品市场出现需求不足、需求下降和市场饱和，从而使项目蒙受损失的风险）。

2. 流程图法

流程图法是给出一个项目的工作流程，项目各部分之间的相互关系等信息的图表，具体包括项目系统流程图、项目实施流程图和项目作业流程图等各种形式的和不同详细程度的项目流程图。流程图法就是使用这些流程图全面分析和识别项目风险的一种方法。这种方法的结构化程度比较高，所以对于识别项目的系统风险和各种风险要素是非常有用的。这种方法使用项目流程图帮助项目风险识别人员分析和识别项目各个环节存在的风险，以及各个项目风险的起因和影响。运用这种方法得出的项目风险识别结果还可以为后面项目实施中的风险控制提供依据。

3. 头脑风暴法

对于风险识别来说，头脑风暴法是一种运用创造性思维、发散性思维和专家经验，通过会议的形式去分析和识别项目风险的方法。在使用这种方法识别项目风险时，要允许各方面的专家和分析人员畅所欲言，搜寻和发现项目的各种风险。在使用这种方法时，组织者要善于提问并能及时整理项目风险分析的结果，并促使与会者不断发现和识别项目的各种风险和风险影响因素。一般使用这种方法可以回答下列问题：如果进行这个项目会遇到哪些风险？风险的后果危害程度如何？风险的主要成因是什么？风险事件的征兆有哪些？风险有哪些基本特性？等等。

4. 情景分析法

情景分析法是通过对项目未来的某个状态或某种情况（情景）的详细描述并分析所描绘情景中的风险与风险要素，从而识别项目风险的一种方法。在项目风险分析与识别中需要有这样一种能够识别各种引发风险的关键因素以及它们的影响程度等问题的方法。

（1）分析和识别项目风险的后果。通过情景描述与模拟等方法，可以分析和识别项目风险发生后会出现的后果，可用于提醒项目决策者注意采取风险控制措施以防止可能出现的项目风险和风险后果。

（2）分析和识别项目风险波及的范围。通过情景描述与模拟以及改变项目风险影响因素等方式，可以分析和识别项目风险发生会波及的项目范围，并给出需要进行监视跟踪和控制的项目风险范围。

（3）检验项目风险识别的结果。当各种项目风险识别的结果相互矛盾时，情景分析法可用于检验各种项目风险的可能性和发展方向与程度，并通过改变项目风险变量的情景模拟和分析检验项目风险识别的结果。例如，可以给出两个极端情况和一个中间情况的情景模拟并观察这些情景中风险的发生和发展变化，从而检验项目风险识别的结果。

（4）研究某些关键因素对项目风险影响。图11.4是一个描述筛选、监测和诊断关系的项目风险识别元素图，它们由项目风险识别情景分析法中的三个过程，即疑因估计、仔细检查和征兆鉴别组成。在筛选、监测和诊断三项工作中，这三个过程的具体顺序如下。

①筛选：仔细检查→征兆鉴别→疑因估计。

②监测：疑因估计→仔细检查→征兆鉴别。

③诊断：征兆鉴别→疑因估计→仔细检查。

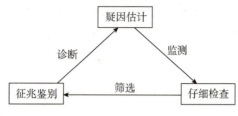

图 11.4　项目风险识别元素图

11.3.4　风险识别的成果

通常，一个项目的风险识别结果主要包括以下几个方面。

1. 已识别出的项目风险

已经识别出的项目风险是项目风险识别最重要的结果，其可以列表给出，所以通常又将这种风险识别结果称为项目风险清单。该清单由一列可能发生的风险事件构成，这些项目风险都是可能影响项目最终结果的可能事件。项目风险的列表要尽可能地容易理解和详尽。通常的项目风险包括：项目目标或项目需求的改变；项目设计错误、遗漏和误解；项目范围定义不清；项目团队成员角色和责任的理解有误；项目估算错误；缺少合格的团队成员等。对于已识别项目风险的描述应该包括：已识别项目风险发生概率的估计，风险可能影响的范围，项目风险发生的可能时间范围，项目风险事件可能带来的损失等。

2. 可能潜在的项目风险

可能潜在的项目风险是一些独立的项目风险事件，比如自然灾害、主要团队成员的辞职等。可能潜在的项目风险与已识别的项目风险不同，它们是尚没有迹象表明将会发生，但是人们可以想象到的一种主观判断性项目风险。当然，潜在的项目风险可能会发展成真正的项目风险。所以对于可能性或者损失相对比较大的可能潜在项目风险也应该注意跟踪和严格评估，特别是可能潜在的风险向项目实际风险转化的情况，更应十分注意。

3. 项目风险的征兆

项目风险的征兆是指那些指示项目风险发展变化的现象或标志，所以又被称作项目风险触发器。例如，士气低落可能会导致项目绩效低下从而可能出现项目工期拖延风险，所以士气低落是项目工期风险的征兆；国家或地区如果发生通货膨胀可能会使项目所需资源的价格上涨，从而会引发项目实际成本突破项目预算的风险，所以通货膨胀是项目预算风险的征兆。一般项目风险的征兆较多，所以要全面识别并分清楚主要和次要的项目风险征兆。

11.4　项目风险定性分析

11.4.1　项目风险定性分析的概念

项目风险定性分析指通过考虑风险发生的概率，风险发生后对项目目标的影响和其他因素（如时间框架和项目四大制约条件，即费用、进度、范围和质量的风险承受度水平），对已识别风险的优先级进行评估。组织可通过关注高优先级风险来有效改善项目绩效。

通过概率和影响级别定义以及专家访谈，有助于纠正该过程所使用的数据中的偏差。相关风险行动的时间紧迫性可能会夸大风险的严重程度。对目前已掌握的项目风险信息的质量进行评估，有助于理解有关风险对项目重要性的评估结果。

项目风险定性分析通常是为风险应对规划过程确立优先级的一种经济、有效和快捷的方法，并为定量风险分析(如果需要该过程)奠定基础。在项目生命期内应该对风险定性分析进行重新审查，以确保其反映项目风险的实时变化。项目风险定性分析过程需要使用风险管理规划过程和风险识别过程的成果。项目风险定性分析过程完成后，可进入风险定量分析过程或直接进入风险应对规划过程。项目风险定性分析的依据、工具与技术和成果如图11.5所示。

图 11.5 项目风险定性分析的依据、工具与技术和成果

11.4.2 风险定性分析的依据

1. 组织过程资产

在进行风险定性分析的过程中，可借用先前项目的风险数据及经验教训知识库。

2. 项目范围说明书

常见或反复性的项目对风险事件发生概率及其后果往往理解比较透彻。而采用最新技术或创新性技术的项目或者极其复杂的项目，其不确定性往往要大许多。可通过检查项目范围说明书对此进行评估。

3. 风险管理计划

风险管理计划中用于风险定性分析的关键元素包括风险管理角色和职责、风险管理预算和进度活动、风险类别、概率和影响的定义，以及概率和影响矩阵与修改后的利害关系者承受度。在风险管理规划过程中，通常按照项目具体情况对这些元素进行调整。如果这些元素不存在，可在风险定性分析过程中建立。

4. 风险登记册

就风险定性分析而言，来自风险登记册的一项关键依据是已识别风险的清单。

11.4.3 风险定性分析的工具与技术

1. 风险概率与影响评估

风险概率评估指调查每项具体风险发生的可能性。风险影响评估旨在调查风险对项目目标(如时间、费用、范围或质量)的潜在影响，既包括消极影响或威胁，也包括积极影响或机会。

针对识别的每项风险，确定风险的概率和影响。可通过挑选对风险类别熟悉的人员，采用召开会议或进行访谈等方式对风险进行评估，其中，包括项目团队成员和项目外部的专业人士。组织的历史数据库中关于风险方面的信息可能寥寥无几，此时需要专家进行判断。由于参与者可能不具有风险评估方面的经验，因此需要由经验丰富的主持人引导讨论过程。

在访谈或会议期间，对每项风险的概率级别及其对每项目标的影响进行评估。其中，需要记载相关的说明信息，包括确定概率和影响级别所依赖的假设条件等。根据风险管理计划中给定的定义，确定风险概率和影响的等级。有时，风险概率和影响明显很低，在此种情况下，不会对之进行等级排序，而是作为待观察项目列入清单中，供将来进一步监测。

2. 概率和影响矩阵

基于风险等级，对风险进行优先排序，便于进一步的定量分析和风险应对。根据评定的风险概率和影响级别，对风险进行等级评定。通常采用参照表的形式或概率和影响矩阵的形式，评估每项风险的重要性及其紧迫程度。概率和影响矩阵形式规定了各种风险概率和影响组合，并规定哪些组合被评定为高重要性、中重要性或低重要性。根据组织的偏好，可以使用描述性文字或使用数字表示。

组织应确定哪种风险概率和影响的组合可被评定为高风险(红灯状态)、中等风险(黄灯状态)或低风险(绿灯状态)。在黑白两种色彩组成的矩阵中，这些不同的状态可分别用不同深度的灰色代表，如表 11.1 所示，深灰色(数值最大的区域)代表高风险，白色区域(数值最小)代表低风险，而浅灰色区域(数值介于最大值和最小值之间)代表中等程度风险。通常，由组织在项目开展之前提前界定风险等级评定程序，并记入组织过程资产之中。在风险管理规划过程中，可根据具体项目制定风险等级评定规则。

组织可针对每项目标(如时间、费用和范围)单独评定一项风险的等级。另外，也可确定相关方法为每项风险确定一个总体的等级水平。最后，可通过使用有关机会和威胁影响等级的定义，在同一矩阵中考虑机会和威胁因素。

表 11.1 常见的风险概率和影响矩阵

概率		威胁					机会					
很高 0.90	0.05	0.09	0.18	0.36	0.72	0.72	0.36	0.18	0.09	0.05	很高 0.90	
高 0.70	0.04	0.07	0.14	0.28	0.56	0.56	0.28	0.14	0.07	0.04	高 0.70	
中 0.50	0.03	0.05	0.10	0.20	0.40	0.40	0.20	0.10	0.05	0.03	中 0.50	
低 0.30	0.02	0.03	0.06	0.12	0.24	0.24	0.12	0.06	0.03	0.02	低 0.30	
很低 0.10	0.01	0.01	0.02	0.04	0.08	0.08	0.04	0.02	0.01	0.01	很低 0.10	
	很低 0.05	低 0.10	中 0.20	高 0.40	很高 0.80	很高 0.80	高 0.40	中 0.20	低 0.10	很低 0.05		
		消极影响					积极影响					

风险分值可为风险应对措施提供指导。例如，如果风险发生会对项目目标产生不利影

响(即威胁),并且处于矩阵高风险(深灰色)区域,可能就需要采取重点措施,并采取积极的应对策略。而对于处于低风险区域(中度灰色)的威胁,只需将其放入待观察风险清单或分配应急储备额外,暂时不用采取管理措施。

同样,对于处于高风险(深灰色)区域的机会,最容易实现而且能够带来最大的利益,所以应先以此为工作重点。对于低风险(白色)区域的机会,应对之进行监测。

3. 风险数据质量评估

风险定性分析要具有可信度,就要求使用准确和无偏颇的数据。风险数据质量分析就是评估有关风险的数据对风险管理的有用程度的一种技术。它包括检查人们对风险的理解程度,以及风险数据的精确性、质量、可靠性和完整性。

用精确度很低的数据得出的定性风险分析结果对项目毫无用处。如果无法接受数据的精确度,则需要重新搜集质量较好的数据。通常,风险信息收集起来很难,并且消耗的时间和资源会超出预期的计划。

4. 风险分类

风险分类可按照风险来源(使用风险分解矩阵)、受影响的项目区域(使用工作分解结构),或其他分类标准(如项目阶段)进行,以确定受不确定性影响最大的项目区域。根据共同的根本原因对风险进行分类有助于制定有效的风险应对措施。

5. 风险紧迫性评估

需要近期采取应对措施的风险可被视为亟待解决的风险。实施风险应对措施所需的时间、风险征兆、警告和风险等级等,都可作为确定风险优先级或紧迫性的指标。

11.4.4 风险定性分析的成果

风险登记册(更新)是在风险识别过程中形成,并根据定性风险分析的信息进行更新的。更新后的风险登记册应纳入项目管理计划之中。依据定性风险分析对风险登记册进行更新的内容包括以下一些。

(1)项目风险的相对排序或优先级清单。可使用风险概率和影响矩阵,根据风险的重要程度进行分类。项目经理可参考风险优先级清单,集中精力处理高重要性的风险,以获得更好的项目成果。如果组织更关注其中一项目标,则可分别为费用、时间、范围和质量目标单独列出风险优先级。对于被评定为对项目十分重要的风险而言,应对其风险概率与影响的评定基础和依据进行描述。

(2)按照类别分类的风险。进行风险分类可揭示风险的共同原因,或特别需要关注的项目领域。在发现风险集中的领域之后,可提高风险应对的有效性。

(3)需要在近期采取应对措施的风险清单。需要采取紧急应对措施的风险和可在今后某些时候处理的风险应分入不同的类别。

(4)需要进一步分析与应对的风险清单。有些风险可能需要进一步分析,包括定量风险分析,以及采取风险应对措施。

(5)低优先级风险观察清单。在风险定性分析的过程中,把评定为不重要的风险放入观察清单中进一步监测。

(6)风险定性分析结果的趋势。在分析重复进行后,特定风险的分析结果可能出现某种明显趋势,从而必须采取应对措施或者进一步分析。

11.5 项目风险定量分析

11.5.1 项目风险定量分析的概念

项目风险定量分析是指对定性风险分析过程中作为对项目需求存在潜在重大影响而排序在先的风险进行分析。风险定量分析过程是对这些风险事件的影响进行分析,并就风险分配一个数值。风险定量分析是在不确定情况下进行决策的一种量化方法。该过程采用蒙特卡罗模拟与决策树分析等技术,以便:

(1)对项目结果以及实现项目结果的概率进行量化。
(2)评估实现具体项目目标的概率。
(3)通过量化各项风险对项目总体风险的影响,确定需要特别重视的风险。
(4)在考虑项目风险的情况下,确定可以实现的切合实际的费用、进度或范围目标。
(5)在某些条件或结果不确定时,确定最佳的项目管理决策。

项目风险定量分析一般在风险定性分析之后进行,但是,经验丰富的风险经理有时在风险分析过程之后径直进行定量分析。有时,制定有效的风险应对策略并不需要风险量化分析。采用何种方法取决于时间,有无该项预算,以及对风险及其后果进行定性或定量描述的必要性。在进行风险应对规划之后以及作为风险监督和控制过程的组成部分,应重新进行定量分析,以确定项目总体风险是否得到满意的降低结果。重复进行风险定量分析所得的结果趋势可揭示需要增加还是减少风险管理措施。它是风险应对规划过程的一项依据。项目风险定量分析的依据、工具与技术和成果如图 11.6 所示。

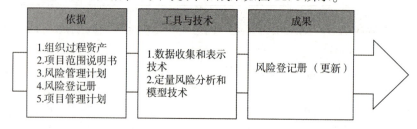

图 11.6 项目风险定量分析的依据、工具与技术和成果

11.5.2 风险定量分析的依据

1. 组织过程资产

组织过程资产包括先前完成的类似项目的信息、风险专家对类似项目的研究,以及行业或专有渠道获得的风险数据库。

2. 项目范围说明书

3. 风险管理计划

就风险定量分析而言,来自风险管理计划的关键要素包括风险管理角色和职责、风险管理预算和进度活动、风险类别、风险分解结构和修改的利害关系者风险承受度。

4. 风险登记册

就风险定量分析而言，来自风险登记册的关键项目包括已识别风险列表、项目风险的相对排序或优先级表，以及按照类别归类的风险。

5. 项目管理计划

(1)项目进度管理计划，为项目进度的制定和控制规定格式和标准。
(2)项目费用管理计划，为项目费用规划、架构、估算、预算和控制规定格式和标准。

11.5.3 风险定量分析的工具与技术

1. 数据收集和表示技术

(1)访谈。访谈技术用于对风险概率及其对项目目标产生的后果进行量化。所需的信息取决于采用的概率分布类型。例如，有些常用分布，要求搜集乐观(低)、悲观(高)与最可能发生的情况的相关资料，而其他分布则要求搜集平均值与标准差的资料。表11.2为以三点估算法估算费用的一个例子，将风险值域设定的理由形成文字记载是风险访谈的一个重要组成部分，因为它有助于提供该项分析是否可靠和可信的信息。

表11.2 三点估算法所得到的费用估算与值域

WBS 组成要素	低	可能性最大	高
设计	4	6	10
施工	16	20	35
试验	11	15	23
整个项目		41	

注：风险访谈确定每个WBS组成要素的三点估计(用于三角分布或其他非对称性分布)。

(2)概率分布。连续概率分布代表数值的不确定性，例如，进度活动的持续时间和项目组件的费用等，而不连续分布可用于表示不确定事件，如测试的结果或决策树的某种可能选项等。图11.7为广泛使用的两个连续分布图的示例。其结果呈非对称方式分布，其代表的形状与项目风险分析过程中形成的典型数据相符。如果在规定的最高值和最低值之间没有其他可能的数值，则可使用均匀分布，如在概念设计阶段即是这种情况。

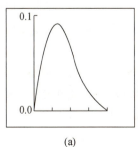
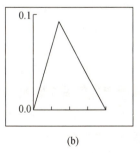

图11.7 常用概率分布举例
(a)贝塔分布；(b)三角分布

图 11.7 的贝塔分布和三角分布常用于定量风险分布。图中的贝塔分布仅为贝塔分布簇的一个例子。其他常见的分布包括均匀分布、正态分布和对数正态分布。其中，纵轴表示时间或费用的可能值，而横轴表示相对概率。

(3) 专家判断。项目外部或内部的专业课题专家，如工程或统计专家，可对数据和技术进行验证。

2. 定量风险分析和模型技术

通用的定量风险分析技术包括以下四个。

(1) 敏感性分析。敏感性分析有助于确定哪些风险对项目具有最大的潜在影响。它把所有其他不确定因素保持在基准值的条件下，考察项目的每项要素的不确定性对目标产生多大程度的影响。敏感性分析最常用的显示方式是龙卷风图。龙卷风图有助于比较具有较高不确定性的变量与相对稳定的变量之间的相对重要程度。

(2) 预期货币价值分析。预期货币价值分析(EMV)是一个统计概念，用以计算在将来某种情况发生或不发生情况下的平均结果(即不确定状态下的分析)。机会的预期货币价值一般表示为正数，而风险的预期货币价值一般表示为负数。每个可能结果的数值与其发生概率相乘之后加总，即得出预期货币价值。这种分析最通常的用途是用于决策树分析，示例如图 11.8 所示。建议在费用和进度风险分析中，使用模型和模拟技术，因为与预期货币价值分析相比，这两种技术更为复杂和强大，更不易于被误用。

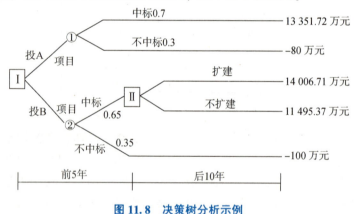

图 11.8　决策树分析示例

(3) 决策树分析。决策树是对所考虑的决策以及采用这种或者那种现有方案可能产生的后果进行描述的一种图解方法。它综合了每种可用选项的费用和概率，以及每条事件逻辑路径的收益。当所有收益和后续决策全部量化之后，决策树的求解过程可得出每项方案的预期货币价值(或组织关心的其他衡量指标)。

(4) 模型和模拟。项目模拟用一个模型，将详细规定的各项不确定性换算为它们对整个项目层次上的目标所产生的潜在影响。项目模拟一般采用蒙特卡罗模拟技术。在模拟中，项目模型经过多次计算(叠加)，其随机依据值来自根据每项变量的概率分布，为每个叠加过程选择的概率分布函数(如项目元素的费用或进度活动的持续时间)，据此计算概率分布(如总费用或完成日期)。

11.5.4 风险定量分析的成果

风险登记册(更新)在风险识别过程中形成,在风险定性分析过程中更新,并在风险定量分析过程中进一步更新。风险登记册是项目管理计划的组成部分。更新内容主要包括如下一些。

(1)项目的概率分析。项目潜在进度与费用结果的预报,并列出可能的竣工日期或项目工期与费用及其可信度水平。该项成果(通常以累积分布表示)与利害关系者的风险承受度水平结合在一起,以对费用和时间应急储备金进行量化。需要通过应急储备金将超出既定项目目标的风险降到组织可接受的水平。

(2)实现费用和时间目标的概率。采用目前的计划以及目前对项目所面临的风险的了解,可用风险定量分析方法估算出实现项目目标的概率。

(3)量化风险优先级清单。此项风险清单包括对项目造成最大威胁或为项目提供最大机会的风险,以及需要分配最高费用应急储备金的风险和最可能影响关键路径的风险。

(4)风险定量分析结果的趋势。在分析重复进行的过程中,其分析结果可能会呈现某种显而易见的趋势。根据该种趋势得出的结论将会对风险应对措施造成影响。

11.6 项目风险应对规划

11.6.1 项目风险应对规划的概念

项目风险应对规划是指为项目目标增加实现机会,减少失败威胁而确定方案,决定应采取对策的过程。风险应对规划过程在风险定性分析和风险定量分析之后进行,包括确认与指派相关个人或多人(简称"风险应对负责人"),对已得到认可并有资金支持的风险应对措施担负起职责。

经过项目风险识别和度量确定出的项目风险一般会有两种情况:其一是项目整体风险超出了项目组织或项目业主/客户能够接受的水平;其二是项目整体风险在项目组织或项目业主/客户可接受的水平之内。对于这两种不同的情况,各自可以有一系列的项目风险应对措施。对于第一种情况,在项目整体风险超出项目组织或项目业主/客户能够接受的水平时,项目组织或项目业主/客户至少有两种基本的应对措施:其一是当项目整体风险超出可接受水平很高时,由于无论如何努力也无法完全避免风险所带来的损失,所以应该立即停止项目或取消项目;其二是当项目整体风险超出可接受水平不多时,由于通过主观努力和采取措施能够避免或消减项目风险损失,所以应该制定各种各样的项目风险应对措施,并通过开展项目风险控制落实这些措施,从而避免或消减项目风险所带来的损失。项目风险应对规划的依据、工具与技术和成果如图11.9所示。

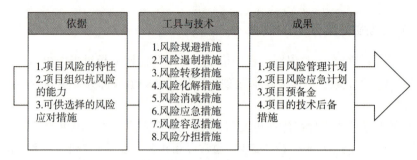

图 11.9　项目风险应对规划的依据、工具与技术和成果

11.6.2　风险应对规划的依据

制定项目风险应对规划的主要依据包括如下几个。

1. 项目风险的特性

通常项目风险应对措施主要是根据风险的特性制定的。例如，针对有预警信息的项目风险和针对没有预警信息的项目风险，就必须采用不同的风险应对措施；对于项目工期风险、项目成本风险和项目质量风险，也必须采用完全不同的风险应对措施。

2. 项目组织抗风险的能力

项目组织抗风险的能力决定了一个项目组织能够承受多大的项目风险，也决定了项目组织对于项目风险应对措施的选择。项目组织抗风险能力包括许多要素，既包括项目经理承受风险的心理能力，也包括项目组织具有的资源和资金能力等。

3. 可供选择的风险应对措施

制定项目风险应对措施的另一个依据是一种具体项目风险所存在的选择应对措施可能性。对于一个具体项目风险而言只有一种选择和有很多个选择，情况是不同的，总之要选择最有效的措施来制定项目风险应对措施。

11.6.3　风险应对规划的工具与技术

一般的项目风险应对措施主要有如下几种。

1. 风险规避措施

风险规避措施是从根本上放弃使用有风险的项目资源、项目技术、项目设计方案等，从而避开项目风险的一类风险应对措施。例如，对于存在不成熟的技术坚决不在项目实施中采用，就是一种风险规避措施。

2. 风险遏制措施

风险遏制措施是从遏制项目风险事件引发原因的角度出发，控制和应对项目风险的一种措施。例如，对可能出现的因项目财务状况恶化而造成的项目风险采取注入新资金的措施，就是一种典型的风险遏制措施。

3. 风险转移措施

风险转移措施多数是用来对付那些概率小但损失大，或者项目组织很难控制的项目风险。例如，通过合同或购买保险等方法将项目风险转移给分包商或保险商的办法，就属于风险转移措施。

4. 风险化解措施

风险化解措施从化解项目风险产生的原因出发，去控制和应对项目具体风险。例如，对于可能出现的项目团队内部冲突风险，可以采取双向沟通、消除矛盾的方法去解决问题，这就是一种风险化解措施。

5. 风险消减措施

风险消减措施是对付无预警信息项目风险的主要应对措施之一。例如，当出现雨天而无法进行室外施工时，采用尽可能安排各种项目团队成员与设备从事室内作业，就是一种风险消减措施。

6. 风险应急措施

风险应急措施也是对付无预警信息风险事件的一种主要的措施。例如，准备各种灭火器材以对付可能出现的火灾，购买救护车以进行人身事故的救治等，就都属于风险应急措施。

7. 风险容忍措施

风险容忍措施多数是对那些发生概率小且风险所能造成的后果较轻的风险事件所采取的一种风险应对措施。这是一种经常使用的项目风险应对措施。

8. 风险分担措施

风险分担措施是指根据项目风险的大小和项目团队成员以及项目相关利益者不同的承担风险能力，由他们合理分担项目风险的一种应对措施。这也是一种经常使用的项目风险应对措施。

另外还有许多项目风险的应对措施，但是在项目风险管理中上述几种项目风险应对措施是最常使用的。

11.6.4 风险应对规划的成果

1. 项目风险管理计划

项目风险管理计划是项目风险应对措施和项目风险控制工作的计划与安排，是项目全过程的风险管理的目标、任务、程序、责任、措施等一系列内容的全面说明。它应该包括：对于项目风险识别和风险度量的结果说明，对于项目风险控制责任的分配和说明，对于如何更新项目风险识别和风险度量结果的说明，项目风险管理计划的实施说明，以及项目预备资金（不可预见费）如何分配与如何使用等方面的全面说明和计划与安排。

项目风险管理计划根据项目的大小和需求编制，可以是正式计划，也可以是非正式计划，可以是有具体细节的详细计划与安排，也可以是粗略的大体框架式的计划与安排。项目风险管理计划是整个项目计划的一个组成部分。

2. 项目风险应急计划

项目风险应急计划是在事先假定项目风险事件发生的前提下，所确定出的在项目风事件发生时应实施的行动计划。项目风险应急计划通常是项目风险管理计划的一部分，但是它也可以融入项目其他计划。例如，它可以是项目范围管理计划或者项目质量管理计划的一个组成部分。

3. 项目预备金

项目预备金是一笔事先准备好的资金，也被称为项目不可预见费，它是用于补偿差错、疏漏及其他不确定性事件的发生对项目费用估算精确性的影响而准备的，它在项目实施中可以用来消减项目成本、进度、范围、质量和资源等方面的风险。项目预备金在预算中要单独列出，不能分散到项目具体费用中。否则项目管理者就会失去这种资金的支出控制，失去运用这笔资金抵御项目风险的能力。当然，盲目地预留项目不可预见费也是不可取的，因为这样会增加项目成本和分流项目资金。

为了使这项资金能够产生更加明确的消减风险的作用，通常它分成几个部分。例如，可以分为项目管理预备金、项目风险应急预备金、项目进度预备金、项目成本预备金等。另外，项目预备金还可以分为项目实施预备金和项目经济性预备金，前者用于补偿项目实施中的风险和不确定性费用，后者用于对付通货膨胀和价格波动所需的费用。

4. 项目的技术后备措施

项目的技术后备措施是专门用于应付项目技术风险的，它是一系列预先准备好的项目技术措施方案，这些技术措施方案是针对不同项目风险而预想的技术应急方案，只有当项目风险情况出现并需要采取补救行动时才需要使用。

11.7 项目风险监控

11.7.1 项目风险监控的概念

项目风险监控是指在整个项目过程中根据项目风险管理计划和项目实际发生的风险与变化所开展的各种项目风险监控活动。项目风险监控是建立在项目风险的阶段性、渐进性和可控性基础之上的一种项目风险管理工作。

对于一切事物来说，当人们认识了事物的存在、发生和发展的根本原因，以及风险发展的全部进程以后，这一事物就基本上是可控的了；而当人们认识了事物的主要原因及其发展进程的主要特性以后，它就是相对可控的了；只有当人们对事物一无所知时，人们对事物才会是无能为力的。

对于项目的风险而言，通过项目风险的识别与度量，人们已识别出项目的绝大多数风险，这些风险多数是相对可控的。这些项目风险的可控程度取决于人们在项目风险识别和度量阶段给出的有关项目风险信息的多少。所以只要人们能够通过项目风险识别和度量得到足够的有关项目风险的信息，就可以采取正确的项目风险应对措施，从而实现对项目风险的有效控制了。项目风险监控的依据、工具与技术和成果如图11.10所示。

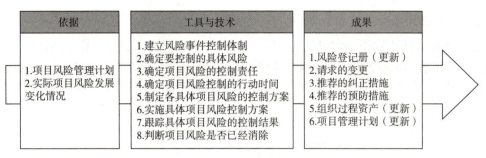

图 11.10 项目风险监控的依据、工具与技术和成果

1. 项目风险监控的内容

项目风险监控的内容主要包括：持续开展项目风险的识别与度量，监控项目潜在风险的发展，追踪项目风险发生的征兆，采取各种风险防范措施，应对和处理发生的风险事件，消除和缩小项目风险事件的后果，管理和使用项目不可预见费用，实施项目风险管理计划等。

2. 项目风险监控的目标

（1）努力及早识别项目的风险。项目风险监控的首要目标是通过开展持续的项目风险识别和度量工作及早发现项目所存在的各种风险以及项目风险的各方面的特性。

（2）努力避免项目风险事件的发生。项目风险控制的第二个目标是在识别出项目风险后，通过采取各种风险应对措施，积极避免项目风险的实际发生，从而确保不给项目造成不必要的损失。

（3）积极消除项目风险事件的消极后果。项目的风险并不是都可以避免的，有许多项目风险会由于各种原因而最终发生，对于这种情况，项目风险监控的目标是要积极采取行动，努力消减这些风险事件产生的消极后果。

（4）充分吸取项目风险管理中的经验与教训。项目风险监控的第四个目标是对于各种已经发生并形成最终结果的项目风险，一定要从中吸取经验和教训，从而避免同样风险事件的发生。

11.7.2 风险监控的依据

1. 项目风险管理计划

这是项目风险监控最根本的依据，通常项目风险监控活动都是依据这一计划开展的，只有新发现或识别的项目风险监控例外。但是，在识别出新的项目风险以后就需要立即更新项目风险管理计划，因此可以说所有的项目风险监控工作都是依据项目风险管理计划开展的。

2. 实际项目风险发展变化情况

一些项目风险最终是要发生的，而其他一些项目风险最终不会发生。这些发生或不发生的项目风险的发展变化情况也是项目风险监控工作的依据之一。

11.7.3 风险监控的工具与技术

项目风险监控方法的步骤与内容如图 11.11 所示。

项目风险事件控制中各具体步骤的内容与做法分别说明如下。

1. 建立项目风险事件控制体制

这是指在项目开始之前要根据项目风险识别和度量报告所给出的项目风险信息，确定整个项目风险监控的大政方针、项目风险监控的程序以及项目风险监控的管理体制。这包括项目风险责任制、项目风险信息报告制、项目风险控制决策制、项目风险控制的沟通程序等。

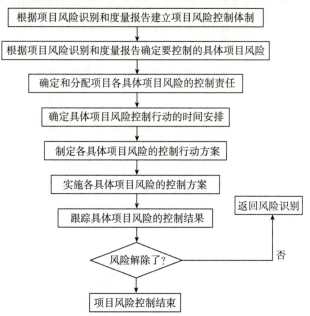

图 11.11　项目风险监控方法的步骤与内容

2. 确定要控制的具体项目风险

这一步是根据项目风险识别与度量报告所列出的各种具体项目风险确定对哪些项目风险进行控制，而对哪些风险容忍并放弃对它们的控制。通常按照项目具体风险后果的严重程度和风险发生概率以及项目组织的风险控制资源等情况确定。

3. 确定项目风险的控制责任

这是分配和落实项目具体风险控制责任的工作。所有需要控制的项目风险都必须落实具体负责控制的人员，同时要规定他们所负的具体责任。对于项目风险控制工作必须要由专人去负责，不能分担，也不能由不合适的人去担负风险事件控制的责任，因为这些都会造成大量的时间与资金的浪费。

4. 确定项目风险控制的行动时间

这是指对项目风险的控制要制订相应的时间计划和安排，计划和规定出解决项目风险问题的时间表与时间限制。因为没有时间安排与限制，多数项目风险问题是不能有效地加以控制的。许多由项目风险失控所造成的损失都是因为错过了风险控制的时机，所以必须制订严格的项目风险控制时间计划。

5. 制定各具体项目风险的控制方案

这一步是由负责具体项目风险控制的人员，根据项目风险的特性和时间计划去制定各具体项目风险的控制方案。在这一步当中要找出能够控制项目风险的各种备选方案，然后要对方案进行必要的可行性分析，以验证各项目风险控制备选方案的效果，最终选定要采用的风险监控方案或备用方案。另外还要针对风险的不同阶段制定不同阶段使用的风险控制方案。

6. 实施具体项目风险控制方案

这一步是要按照确定的具体项目风险控制方案去开展项目风险控制的活动。这一步必须根据项目风险的发展与变化不断地修订项目风险控制方案和办法。对于某些项目风险而言，风险控制方案的制定与实施几乎是同时的。例如，设计制定一条新的关键路径并计划安排各种资源去防止和解决项目拖期问题的方案就是如此。

7. 跟踪具体项目风险的控制结果

这一步的目的是要收集风险事件控制工作的信息并给出反馈，即利用跟踪去确认所采取的项目风险控制活动是否有效，项目风险的发展是否有新的变化等。这样就可以不断地提供反馈信息，从而指导项目风险控制方案的具体实施。这一步是与实施具体项目风险控制方案同步进行的。通过跟踪而给出项目风险控制工作信息，再根据这些信息去改进具体项目风险控制方案及其实施工作，直到对风险事件的控制完结为止。

8. 判断项目风险是否已经消除

如果认定某个项目风险已经解除，则该具体项目风险的控制作业就已经完成。若判断该项目风险仍未解除，就需要重新进行项目风险识别。这需要重新使用项目风险识别的方法对项目具体活动的风险进行新一轮的识别，然后重新按本方法的全过程开展下一步的项目风险控制作业。

11.7.4 风险监控的成果

1. 风险登记册(更新)

（1）风险再评估、风险审计和风险定期审核的结果，可以包括概率、影响、优先级、应对计划、负责人及风险登记册其他元素的更新，亦可包括不再适用的风险闭口。

（2）项目风险实际结果和风险应对策略的实际结果，可帮助项目经理为整个组织的风险和未来项目的风险进行规划。就此可完成整个项目风险管理的记录，并形成项目收尾过程的依据，同时成为项目收尾文件的组成部分。

2. 请求的变更

实施应急计划或权变计划的结果，往往是要求变更项目管理计划，以便应对风险。其结果是发生变更请求。请求的变更作为风险监控过程的成果进入整体变更控制过程。审定后批准的变更请求将成为指导和管理项目实施过程和风险监控过程的依据。

3. 推荐的纠正措施

推荐的纠正措施包括应急计划或权变措施。后者指对以往未曾识别或被动接受的风险采取未经计划的应对措施。权变措施应恰当地记载并纳入"指导和管理项目实施过程"和"项目工作监控过程"中。推荐的纠正措施是整体变更控制过程的依据。

4. 推荐的预防措施

采用推荐的预防措施，以便使项目符合项目管理计划的要求。

5. 组织过程资产(更新)

项目风险管理过程产生的信息，可供未来的项目使用和参考，应该保留到组织过程资产中。风险管理计划模板,包括概率与影响矩阵和风险登记册,可在项目收尾时更新。可对风险形成记录并对风险分解结构进行更新。项目风险管理活动获取的经验教训,将促使组织经验教训数据库更加丰富。有关项目活动实际费用和持续时间的数据可加入组织数据库中。其中也包括风险管理计划模板、核对单和风险分解结构。

6. 项目管理计划(更新)

如果批准的变更请求对风险管理过程存在影响,则应对项目管理计划的相应组成部分进行修改并重新签发,以反映审定的变更。

本章小结

由于项目所处环境和条件的不确定性,项目存在一定的风险,项目风险具有随机性、相对性、可变性、阶段性的特点。项目风险管理过程由项目风险管理规划、项目风险识别、项目风险定性分析、项目风险定量分析、项目风险应对规划、项目风险监控六个阶段组成,每个阶段都有其各自的依据、工具与技术以及成果。

习 题

一、判断题

1. 项目风险管理是对风险进行识别和分析,并对项目风险进行分析的系统过程。
　　　　　　　　　　　　　　　　　　　　　　　　　　　　　　( )
2. 转移风险可以降低风险的发生概率。　　　　　　　　　　　　( )
3. 减轻风险所需要的成本与没有减轻风险所导致的损失相比较而言少一些。( )
4. 应急储备可以用来减轻项目的风险。　　　　　　　　　　　　( )
5. 德尔菲法可以避免由于个人因素对项目风险识别的结果产生不当的影响。( )
6. 转移风险从长期来看总是有益的。　　　　　　　　　　　　　( )

二、单选题

1. 项目团队另外准备了一套备用的进度计划,这属于( )。
   A. 关键路径分析　　B. 蒙特卡罗仿真　　C. 应急计划　　D. 进度偏差
2. 下面四个选项中哪一项与风险影响分析有关?( )
   A. 风险管理　　　　B. 风险识别　　　　C. 风险评估　　D. 风险减轻
3. 风险所产生的影响是通过( )来计算的。
   A. 将风险发生的概率和风险后果相乘　　B. 将风险发生的概率和风险的个数相乘
   C. 将风险的个数和风险后果相乘　　　　D. 以上皆是
4. 风险识别应最先解决的是( )。
   A. 影响程度高、发生概率较小的风险　　B. 影响程度低、发生概率较小的风险
   C. 影响程度高、发生概率较大的风险　　D. 影响程度低、发生概率较大的风险
5. 项目哪个阶段的风险最大?( )
   A. 启动　　　　　　B. 计划　　　　　　C. 执行　　　　D. 收尾

6. 进行有效的风险管理的首要原因是( )。

A. 做出决策所需的清晰可见信息

B. 被识别出的风险的来源

C. 在项目管理过程中应尽早地任命项目经理以便对识别出的风险进行管理

D. 项目队伍成员经过风险培训并了解其产生的原因后有助于建议并实施风险缓解策略

7. 项目与风险之间的关系特别敏感，因为( )。

A. Murphy(墨菲)法则说明如果某事有可能变坏则其会变坏

B. 在某种程度上来说项目都是有单一特性的

C. 矩阵整合管理并未被大多数组织所接受

D. 项目管理工具在项目队伍这一级别不太适用

8. 下列哪项工具最适合衡量计划进度风险？( )

A. CPM B. 决策树 C. WBS D. PERT

9. 风险事件概率乘以它们相应的风险事件估计价值(以美元计)，然后加在一起的总和表示( )。

A. 项目经理的风险厌恶系数 B. 总的项目风险事件

C. 项目风险的预期估价 D. 范围规划

10. 某项目经理说："我知道有风险存在，而且注意到其可能的后果，我愿意等着看会发生什么事，万一它们确实发生，我接受其结果。"他对于减少风险采用的方法是( )。

A. 转移 B. 回避 C. 降低 D. 接受

三、多选题

1. 下列说法中正确的有( )。

A. 转移风险也称为分担风险

B. 项目的风险对不同的组织来说大小是相同的

C. 项目总存在风险

D. 相同的风险在项目的不同阶段是不同的

2. 为了降低项目的风险而改变项目的范围时，项目团队应该考虑对( )的影响。

A. 进度 B. 成本 C. 质量 D. 以上皆不是

3. 下面的例子中，哪些是通过风险转移来降低风险的例子？( )

A. 担保 B. 合同 C. 应急计划 D. 发包

4. 下列有关回避风险的描述中正确的有( )。

A. 回避风险有可能会产生新的风险

B. 回避风险可以完全消除该风险所带来的各种损失

C. 如果风险后果比较严重，就可以采用回避风险的方法

D. 所有项目风险都是可以回避的

5. 内部风险包括( )。

A. 项目团队人事风险 B. 项目成本估算的风险

C. 项目资源的市场单价变动 D. 国家政策

6. 导致项目风险造成的后果从( )方面来衡量。

A. 风险后果的大小 B. 风险后果的性质

C. 项目风险的影响　　　　　　　　D. 风险后果的时间性

7. 下列有关项目决策树的说法正确的有(　　)。

A. 决策树是一个从左至右展开的树状图

B. 决策树只能进行单级决策

C. 决策树分级越多，决策树图就会越复杂

D. 决策树能够使项目管理者有步骤地进行决策

8. 下列说法中正确的有(　　)。

A. 项目风险超出可接受水平过多时，可以考虑停止项目甚至取消项目

B. 项目风险稍微超过可接受水平时，应该通过采取措施减弱风险带来的损失

C. 项目的风险在可接受水平内时，就不要采取措施来控制

D. 在减轻项目风险时，把项目的风险降得越低越好

四、思考题

1. 假设现有一个新药开发项目，试说明该项目可能存在的风险。
2. 项目风险管理的过程有哪些？
3. 项目风险的特点有哪些？并举例加以说明。
4. 试说明质量管理、成本管理和进度管理中可能存在的风险。
5. 项目风险等级是如何划分的？
6. 试述项目风险应对的主要方法及其应注意的问题。
7. 风险控制的主要流程是怎样的？

案例分析题

天行公司是北京地区的一家小型信息系统咨询企业，该公司承担了为某小区设计和安装局域网的业务。王先生是该项目的项目经理，另外有两位 Java 的专业人员和一位实习生作为项目成员一起工作。王先生刚刚结束了项目的初步范围陈述。现在要运用头脑风暴法思考与项目相关的可能风险。

项目范围陈述

项目目标：

在一个月内为某小区设计和安装一种局域网，预算不超过10万元。

可交付物：

①20个工作站；

②奔 IV 处理器服务器；

③两套惠普激光打印机；

④Windows NT 服务器和工作站操作系统；

⑤对客户方面人员10小时的介绍性培训；

⑥对客户网络管理员20小时的培训；

⑦完全可操作的 LAN 系统。

里程碑：

①7月15日，硬件；

②7月19日，设定用户优先级和授权；
③7月24日，完成内部整体网络检验；
④7月25日，客户地点检验；
⑤8月15日，完成培训。

技术要求：

①工作站配置为：19英寸监视器、奔腾IV处理器、256MB RAM、4MB SVAG、32XCD-ROM、zip驱动器、以太网卡、4G硬盘；

②PCI64以太网LAN界面卡以及以太网连接；

③系统必须支持Windows NT平台，兼容Y2K。

限制和例外：

①系统维修仅维持到最后检查后1个月；

②授权转移给客户；

③仅负责客户在项目开始2周前指定的软件；

④客户必须为超出合同指定的额外培训付费；

⑤客户检查；

⑥社区负责人。

问题：

1. 分析该项目存在的风险。

2. 如果你是该项目的项目经理，你会对已经识别的风险采取怎样的应对措施及控制措施？

第 12 章　项目采购管理

> **教学目标**
>
> 1. 理解项目采购、项目采购管理的概念；
> 2. 理解项目采购管理的四个过程；
> 3. 熟悉项目采购规划、采购合同、采购管理、采购收尾的依据、工具与技术和成果。

> **案例导读**
>
> 某建筑工程采用邀请招标方式，业主在招标文件中提出以下要求。
>
> ①项目在 21 个月内完成。②采用固定总价合同。③无调价条款。
>
> 承包商投标报价 364 000 元，工期 24 个月。在投标书中承包商使用保留条款，要求取消固定价格条款，采用浮动价格。但业主在未与承包商谈判的情况下发出中标函，同时指出：①经审核发现投标书中有计算错误，共多算了 7 730 元。业主要求在合同总价中减去这个差额，将报价改为 356 270（即 364 000-7 730）元。②同意 24 个月工期。③坚持采用固定价格。
>
> 承包商答复为：①如业主坚持固定价格条款，则承包商在原报价的基础上再增加 75 000 元。②既然为固定总价合同，则总价优先，计算错误 7 730 元不应从总价中减去，则合同总价应为 439 000（即 364 000+75 000）元。
>
> 在工程中由于工程变更，合同工程量又增加了 70 863 元。工程最终在 24 个月内完成。最终结算，业主坚持按照改正后的总价 356 270 元加上工程量增加的部分结算，即最终合同总价为 427 133 元。而承包商坚持总结算价款为 509 863（即 364 000+75 000+70 863）元。最终经中间人调解，业主接受承包商的要求。
>
> **案例分析：**
>
> （1）对于承包商保留条款，业主可以在招标文件或合同条件中规定不接受任何保留条款，则承包商保留说明无效。业主应在定标前与承包商就投标书中的保留条款进行具体商谈，做出确认或否认，否则会引起合同执行过程中的争执。

(2)对于单价合同,业主是可以对报价单中数字计算错误进行修正的,而且在招标文件中应规定业主的修正权,并要求承包商认可修正后的价格。但对固定总价合同,一般不能修正,因为总价优先,业主是确认总价。

(3)当双方对合同的范围和条款的理解明显存在不一致时,业主应在中标函发出前进行澄清,而不能留在中标后商谈。如果先发出中标函,再谈修改方案或合同条件,承包商要价就会较高,业主十分被动。而在中标函发出前进行商谈,一般承包商为了中标比较容易接受业主的要求。可能本工程比较紧急,业主急于签订合同,实施项目,所以没来得及与承包商在签订合同前进行认真的澄清和合同谈判。

12.1　项目采购管理概述

项目采购管理是项目管理的重要组成部分,因为任何项目的实施都要投入包括人力、原材料、设备等大量的资源,一般来说,项目的采购支出占项目投资总额的50%以上。如果采购这一工作环节出现失误,不但会影响项目的顺利进行,甚至还会导致项目的失败。实施任何一个项目都需要有一定的资源投入。大量的项目管理实践也已经证明,有效的项目采购管理是项目成功的关键要素之一,所以任何项目都必须开展项目采购管理。

12.1.1　项目采购及项目采购管理

本章所指的采购,与企业一般意义上的商品采购有所不同,它假设卖方在项目组织外部,并主要从采购(买方—卖方)关系中的买方角度出发考虑问题,即项目组织的角度进行讨论。

项目采购是通过努力从系统外部获得物料、土建工程和服务的整个采办过程。

1. 项目采购按对象的分类

项目采购按对象的不同可分为如下种类。

(1)有形采购:物料采购、工程采购等。物料采购是指购买项目所需的各种机器、设备、仪器、仪表等物料,还包括与之相关的运输、安装、测试、维修等服务;工程采购是指选择合格的承包单位来完成项目的施工任务,同时包括与之相关的人员培训和维修等服务。

(2)无形采购:咨询服务采购等。咨询服务采购是指聘请咨询公司或咨询专家来完成项目所需的各种服务,包括项目的可行性研究、项目设计、项目管理、施工监理、技术支持和人员培训等服务。

2. 项目采购按采购方式的分类

项目采购按照采购方式的不同可以分为如下种类。

(1)招标采购。招标采购是由招标人发出招标公告,邀请潜在的投标者进行投标,然后由招标人对投标者所提出的招标文件进行综合评价,从而确定中标人,并与之签订采购合同的一种采购方式。

招标采购又分为公开招标采购和邀请招标采购。公开招标采购是向所有的潜在合格投标者提供一个公平竞争的机会来竞标；邀请招标采购是为了减轻招标采购的工作量和成本，只邀请比较熟悉的投标者来竞标。

招标采购具有以下优点。

①帮助招标者以最低价格取得符合要求的工程、物料和服务；

②符合要求的投标者都有机会在公平竞争的情况下参加投标；

③公开办理各种手续，可避免贪污贿赂行为。

招标采购的缺点包括以下几点。

①手续较烦琐，耗费时间也较多，不够机动灵活；

②投标者可能把手续费等附加费用转移到购买的投标项目的价格中；

③可能发生抢标、围标等现象。

（2）非招标采购。项目采购绝大多数是通过非招标采购进行的。非招标采购类似于日常工作的采购活动，在现实生活中的应用非常广泛。非招标采购一般适用单价较低、有固定标准的产品的采购，主要包括询价采购、直接采购和自营工程。

询价采购是指收集若干家供应商的产品报价，综合评价各供应商的条件和价格，并最终确定一个供应商；直接采购是指直接与供应商签订采购合同的采购方式；自营工程是指由于项目的特殊要求以及成本收益的限制，利用项目自身的人力、物力和财力自己制造或提供所需的产品或服务。

项目采购管理包括从项目团队外部购买或获得为完成工作所需的产品、服务或成果的过程，其中既包括为管理项目团队授权人员签发的合同或采购订单所需的合同管理和变更控制过程，也包括管理外部组织（买方）为从实施组织（卖方）获取项目而签订的任何合同，以及管理合同规定的项目团队应承担的合同义务。

12.1.2 项目采购管理的过程

项目采购管理由如下一系列具体的工作过程组成，如图 12.1 所示。

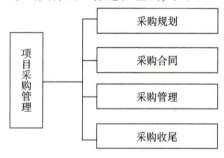

图 12.1 项目采购管理的工作过程

1. 采购规划

采购规划记录采购决策、采购方式，并确定潜在卖方。

2. 采购合同

进行询价，选择卖方以及确定合同价格。

3. 采购管理

采购管理主要是管理采购合同以及买卖双方之间的关系，审查并记录卖方当前的绩效或截止到目前的绩效,以确定所需要的纠正措施,并为将来与卖方的关系提供依据;管理与合同相关的变更,并在适当时管理与项目外部买方的合同关系。

4. 采购收尾

完成并结算所有项目采购,包括解决任何未决问题,并就与项目或项目阶段相关的每项合同进行收尾工作。

项目采购管理过程涉及的买卖双方之间的合同是法律文件。合同是对双方都具约束力的协议书,使卖方有义务提供规定的产品、服务或成果,使买方有义务提供货币或其他有价值的对价。合同这种法律关系可在法院制度下进行补救。合同协议书既可以简单也可以比较复杂,并反映可交付成果的简单或复杂性。合同内包括条款和条件,也可包括其他项目,例如,卖方的建议书或营销宣传资料和买方用以确定卖方履约内容或供货内容的其他任何文件。项目管理团队负责促使合同符合项目的具体要求。因应用领域不同,合同也可被称为协议、分包合同或采购订单。多数组织都确定了具体的政策和程序,规定谁可代表组织签署和管理协议。

虽然所有项目文件都需要经过某种形式的审批过程,但是鉴于合同的法律约束力,通常合同需要经过更严格的批复过程。在任何一种情况下,审批过程的主要目标是确保合同语言所描述的产品、服务或结果满足既定的项目需求。就公共机关实施的重大项目而言,审查过程可能还包括公众对协议的审查。

项目管理团队可在早期征询并获得合同、采购和法律专家的支持。这种参与可通过组织政策予以规定。

项目采购管理过程涉及的各种活动构成合同的生命期。通过对合同生命期进行积极管理,并认真斟酌合同条款和条件的措辞,可避免一些可识别的项目风险。就产品或服务签订合同,是管理或假定潜在风险的一种责任分配方式。

复杂项目要求同时或先后对多个合同或分包合同进行管理。在这种情况下,单项合同的生命周期可在项目的生命周期的任何阶段结束。项目采购管理是从买方—卖方关系的角度进行讨论的。在任何单个项目中,买方—卖方关系可在多个层次上,在采购组织之内或之外的组织之间存在。卖方因应用领域的不同,可称为承包商、分包商、销售商、服务供应商或者供应商。基于买方在项目采购循环中的位置不同,买方可被称为客户、顾客、总包商、承包商、采购组织、政府机构、服务需求者或采购方。卖方在合同生命期中可首先被称为投标人,然后被称为中选卖方,之后被称为合同供应商或销售商。

如果采购的不仅仅是材料、物品或通用产品,则卖方通常将其作为一个项目来管理。在这种情况下,要注意以下三点。

(1)买方就成了顾客,因而是卖方的一个关键利害关系者。

(2)卖方的项目管理团队必须关注项目管理所有过程,而不仅仅是本知识领域的过程。

(3)合同的条款和条件成为卖方许多管理过程的关键依据。合同可以实际就包含这些依据(如主要交付成果、关键里程碑、费用目标),或者限制项目团队的选择(如在设计项目中,人员配备的决策往往要得到买方的同意)。

本章假定买方来自项目团队内部,卖方来自项目团队外部。如果实施组织对客户而言是项目卖方,或实施组织作为买方从其他销售商或供应商处购买项目中使用的产品、服务、成果或子项目部件,则这种关系也适用。

本章假设买卖双方之间形成并存在正式的合同关系。但是，本章的多数内容同样也适用于项目团队与组织内其他兄弟单位签订的非合同形式的正式协议。

12.2 采购规划

12.2.1 采购规划的概念

采购规划是确定哪些项目需求可以通过从项目组织之外采购产品、服务或成果，从而最好地满足某些项目需求，是项目团队在项目实施过程中可以自行满足的过程。它涉及是否需要采购、如何采购、采购什么、采购多少，以及何时采购。

当项目从实施组织之外取得项目履行所需的产品、服务和成果时，每项产品或者服务都必须经历从采购规划到合同收尾的各个过程。

采购规划过程也包括考虑潜在卖方的过程，特别是在买方希望对发包决策施加一定的影响或控制的情况下。同时，也应考虑由谁负责获得或持有法律、法规或组织政策要求的任何相关许可证或专业执照。

项目进度计划可对采购规划过程造成重大影响，在制订采购管理计划过程中形成的决策也会影响项目进度计划，并与进度安排、活动资源估算和自制或外购决策过程交互作用。

采购规划过程包括对每项自制或外购决策涉及的风险，以及就风险缓解或风险转移给卖方而计划使用的合同类型进行审核。采购规划的依据、工具与技术和成果如图 12.2 所示。

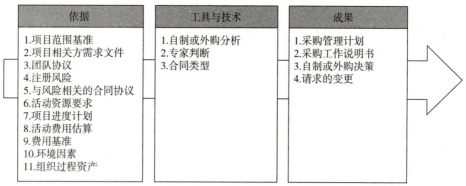

图 12.2　采购规划的依据、工具与技术和成果

12.2.2 采购规划的依据

1. 项目范围基准

项目范围基准描述了项目的需求、理由和边界，主要由下面几个部分组成。

（1）项目范围说明书。项目范围说明书描述项目边界以及与项目范围相关的要求、制约因素和假设条件。制约因素是指限制买卖双方选择的各种因素。对于许多项目来说，最常见的制约因素之一是资金是否到位，其他制约因素包括要求的交付日期、可用的技术资源和相关组织政策的要求。

(2)工作分解结构。工作分解结构阐明了项目各组件之间及其与项目可交付成果之间的关系。

(3)工作分解结构词汇表。工作分解结构词汇表提供了工作的详细说明，包括可交付成果的识别，以及完成每项可交付成果所需的工作分解结构组件内的工作描述。

2. 项目相关方需求文件

(1)项目采购过程中有关项目需求的重要信息。

(2)在项目采购过程中，需要考虑项目需求的契约和法律因素，如健康、安全、机密、绩效、环境、保险、知识产权、平等就业机会、许可证等。

3. 团队协议

团队协议是由两个或两个以上的实体签订的合伙、合办或其他协定。协议定义了每个协议方有关买卖角色。团队协议随着商业机会的结束而终结。对于项目而言，如团队协议处于有效阶段，项目采购双方的买卖角色、工作范围、竞争需求等其他关键问题就已经提前确定。

4. 注册风险

注册风险包含与风险相关的信息，如识别的风险、风险负责人和风险应对策略等。

5. 与风险相关的合同协议

与风险相关的合同协议包括用以规定各方在具体风险发生时应承担的责任的保险、服务和其他项目的协议。

6. 活动资源要求

活动资源包括人员、设备、场所。

7. 项目进度计划

8. 活动费用估算

9. 费用基准

10. 环境因素

环境因素包括市场条件，从市场可获得的产品、服务和成果，按照何种条件和条款从何处获得。如果实施组织本身未设立正式的采购或发包部门，则项目团队就必须提供项目采购活动所需的资源与专业知识。

11. 组织过程资产

组织过程资产可提供在制订采购管理计划和选择合同类型过程中需考虑的正式和非正式的与采购相关的政策、程序、指导原则和管理体系。组织政策常常会限制采购决策。这些政策制约因素包括：限制使用简单采购订单，要求超过一定金额的采购使用长期合同，要求使用特定格式的合同，限制制定自制或外购决策的能力，限制或要求使用特定类型或规模的卖方。

12.2.3 采购规划的工具与技术

1. 自制或外购分析

自制或外购分析是一种通用的管理技术，是项目采购规划过程的一部分，用以确定某项具体产品或服务是由项目团队自行生产还是采购。在进行自制或外购决策的过程中，应考虑项目预算的任何制约因素。如果决定购买，则应继续做出购买或租赁决策。此项分析包括直接费用与间接费用。例如，在考虑外购时，分析应包括购买该项产品的实际支出的直接费用，也应包括管理采购过程所需的间接费用。

在自制或外购分析中，如果决定外购，则反映了实施组织的长远规划和项目的当前需要。例如，决定购置某项固定资产（包括任何物品，如从施工吊车到个人电脑），而不是租用或者租赁，从项目经济效益上看可能合算，也可能不合算。但是，如果实施组织需要长期使用该项固定资产，则分摊到项目上的那部分购置费用就有可能低于租赁费用，可根据边际分析进行成本的分摊。

实施组织的长远战略也是自制或外购分析中应考虑的内容。组织内可能不具备实施项目所需的产品。然而，组织可能预期将来需要这些产品，或组织计划将来生产这种产品。尽管现有项目可能存在相关的制约因素或要求，上述考虑可能会促使做出自制决策。在这种情况下，计入项目的费用可能少于实际费用，其间的差值代表了组织为未来做出的投资。

2. 专家判断

评估该过程的依据或成果往往需要专家的技术判断，也可依据专家采购判断制定或修改评标标准。专家法律判断可能要求律师提供相关服务，协助做出非标准采购条款和条件方面的判断。该判断和专业特长（包括商业和技术特长）不仅适用于采购的产品、服务或成果的技术细节，而且也适用于采购管理过程的各个方面。

3. 合同类型

大体说来，不同类型的合同适用于不同类型的采购。所选择的合同类型以及具体的合同条件和条款，将界定买卖双方各自承担的风险水平。合同通常分为以下三大类型。

（1）固定总价或者总包合同。此类合同为定义明确的产品规定一个固定总价，也可以包括为达到或超过规定的项目目标（如进度目标）时而采取的奖励措施。固定总价合同最简单的格式是一项规定在特定日期、按照规定的价格交付规定的产品的采购订单。

（2）费用偿还合同。此类合同向卖方支付（报销）实际费用，通常并加上一笔酬金作为卖方的利润。费用通常分为直接费用与间接费用。直接费用指专用于本项目开支的费用（例如全职项目人员的薪金）。间接费用又称管理费用或者杂项开支，指项目团队分摊到项目名下的经营费用（例如间接参与项目的管理人员的薪金、办公室的水电费等公用事业费用），间接费用通常按直接费用的某个百分比进行计算。费用偿还合同通常包括达到或超过预定的项目目标（例如进度目标或总成本目标）时的卖方获得奖金或红利的奖励措施。最常见的三种费用偿还合同分别是成本加酬金合同（CPF）、成本加固定酬金合同（CPFF）、成本加激励酬金合同（CPIF）。

①成本加酬金合同（CPF）或成本加按成本百分比合同（CPPC）。为卖方报销卖方实施合同工作发生的允许成本，同时卖方获得一定酬金，通常按照商定的百分比以成本为基数计算，酬金因实际成本的不同而异。

②成本加固定酬金（CPFF）。为卖方报销卖方实施合同工作发生的允许成本，同时卖方获得固定酬金。固定酬金通常按照商定的百分比以项目成本估算为基数计算。除非项目范围发生变更，否则固定酬金不随实际成本的变化而变化。

③成本加鼓励酬金(CPIF)。为卖方报销卖方实施合同工作发生的允许成本，同时如果实现合同中规定的特定绩效目标水平，卖方将获得预定酬金，即鼓励酬金。在有些CPIF合同中，如果最终成本低于预期成本，则买卖双方可基于预定分摊比例，同享节省的成本。

(3) 时间与材料合同(T&M)。T&M合同是具有成本偿还合同与固定总价合同两者的某些特点的混合型合同。T&M合同与成本偿还合同相似之处在于它们同属敞口合同，在授标时并未确定其合同总价和应交付产品的确切数量。因此，T&M合同的合同价值可以增长，就像成本偿还合同一样。相反，买方与卖方可以事先就特定资源类型商定某些单价，在这个意义上，T&M合同可能与固定总价合同相仿。

买方规定的要求（例如标准产品版本或定制产品版本、绩效报告、费用数据提交）以及其他规划因素（例如市场竞争水平和风险水平）也将决定合同类型的选择，卖方可将这些具体要求作为需要额外费用的项目。另外，还要考虑项目团队将来购买该产品或服务的潜在可能性。如果存在很大的潜力，则卖方将更倾向于或更愿意报出更低的价格。虽然这可以降低项目费用，但是，如果买方就这种潜在的购买做出承诺但并未实现，将产生相关的法律影响。

12.2.4 采购规划的成果

1. 采购管理计划

采购管理计划描述如何管理从制定采购文件到合同收尾的采购过程，其内容包括以下一些。

(1) 采用的合同类型。
(2) 如果评估标准要求有独立的估算，由谁进行估算。
(3) 如果实施组织设有采购或发包部门，项目管理团队本身应采取的行动。
(4) 标准的采购文件(如果需要)。
(5) 管理多个供应商。
(6) 协调采购与项目的其他方面，如进度安排与绩效报告。
(7) 能够对规划的采购造成影响的制约因素和假设条件。
(8) 处理从卖方购买产品所需的提前订货期，就其与项目进度计划制订过程进行协调。
(9) 处理自制或外购决策，并与活动资源需求和进度计划制订过程相关联。
(10) 规定合同可交付成果的进度，并与进度计划制订过程和控制过程相协调。
(11) 确定履约保函或保险合同，以降低一些项目风险。
(12) 制定提供给卖方的有关如何制定和维持合同工作分解结构的指导说明。
(13) 确定合同工作说明书应使用的格式和形式。
(14) 确定经过资格预审的优选卖方(如有)。
(15) 管理合同和评估卖方使用的采购衡量指标。

根据项目需要，采购管理计划可以是正式的，也可以是非正式的，可详也可略。它是项目管理计划的一个从属组成部分。

2. 采购工作说明书

采购工作说明书(Statement Of Word，SOW)仅说明与合同相关的部分项目范围。根据项目范围说明书、工作分解结构和工作分解结构词汇表制定每项合同的工作说明书。合同工作说明书对所采购产品进行详细的描述,以便让潜在的卖方确定他们能否提供该项目。至于合同工作说明书详细到何种程度,根据项目的性质、买方的需要或者所预期的合同形式而异。合同工作说明书描述了将由卖方供应的产品、服务或成果,包含的信息有规格、期望的数量、质量水平、性能数据、履约期限、工作地和其他要求。

合同工作说明书应力求清晰、完整、简练,包括对所有附带服务的描述。例如,与所采购物品相关的绩效报告和售后技术支持等。某些应用领域对合同工作说明书有内容和格式上的具体要求。每项采购项目都要求有合同工作说明书,但也可将多个产品或服务归集为一个采购项目,并入一个合同工作说明书中。

随着采购过程的绩效,在合同签署之前工作说明书可以根据要求做进一步的修订和明确化。例如,某个未来的卖方可以建议采用比原规定效率更高的方法,或费用更低的产品。

3. 自制或外购决策

对产品、服务或成果由项目团队自制或外购形成文档的决策,包括为应对识别的风险而决定购买保险或履约保函。自制或外购决策文件可以比较简单,只需简要列明做出决策的原因和依据。如果随后的采购活动表明需要采用不同的方法,则这一决策过程将是叠加的过程。

4. 请求的变更

采购规划过程可能会导致就项目管理计划及其从属计划和其他组成部分提出变更请求。通过整体变更控制过程对请求的变更进行审查和处理。

12.3 采购合同

12.3.1 采购合同的概念

采购合同是指询价、卖方选择以及合同定价的过程。在这一过程中,项目团队接受投标书或建议书,并根据评估标准选定一个或多个可接受的合格供应商。在卖方选择过程中,有许多因素需要评估。

(1)价格或费用可能是有现货供应产品的主要决定因素,但如果事实表明卖方不能及时交付产品、服务或成果,则所建议的最低价格就未必具有最低的费用。

(2)建议书通常分成技术(方法)和商务(价格)两部分,要对两者分别进行评估。有时,也要求加入管理部分作为建议书的组成部分,此时也应对管理部分进行评估。

(3)关键产品、服务或成果可能需要多个卖方,以降低与交付进度和质量要求相关的风险。应考虑与使用多个卖方相关的潜在高额费用,包括损失可能、数量折扣优惠以及相关的替换维护问题。

下面的工具与技术可以单独使用,也可以结合使用以选择卖方。例如,加权方法可用于:①选择一个卖方,并要求卖方签署标准合同;②把所有的建议书按加权评估得分顺序排列,以确定谈判的顺序。

对于大型采购事项，上述询价和评估过程可能要重复进行。根据初步建议书建立缩减的合格卖方名单，然后根据该名单中卖方提供的更详尽、更全面的建议书进行更详细的评估。采购合同的依据、工具与技术和成果如图12.3所示。

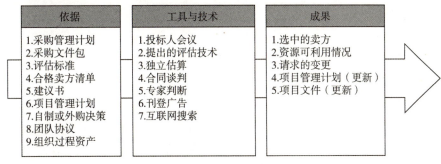

图 12.3　采购合同的依据、工具与技术和成果

12.3.2　采购合同的依据

（1）采购管理计划。

（2）采购文件包。

（3）评估标准。评估标准可包括供应商以前所提供的产品、服务或成果的样品，作为评估其能力与产品质量的一种方式，还可包括对该供应商与发包组织过去来往历史的审查。

（4）合格卖方清单。

（5）建议书。根据采购文件包编制的卖方建议书构成一套评估机构，用以进行评估的基本信息，以选择一个或多个成功投标人(卖方)。

（6）项目管理计划。项目管理计划提供了项目管理的总体计划，包含相关从属计划和组成部分。在一定程度上，采购规划过程中需要考虑到其他可用的组件文件，通常加以考虑的其他文件包括风险登记册以及与风险相关的合同协议。

（7）自制或外购决策。自制或外购决策在签发的需外购项目和项目团队自制项目清单中予以记录。

（8）团队协议。当团队协议处于有效阶段，项目采购双方的买卖角色就已经提前确定。在某些项目中，供应商也许已经以某种临时合同关系同采购商展开工作了。在采购合同阶段，买卖双方的主要任务是确定采购的范围说明和计划，以满足项目需求。最终，双方通过协商确定合同价格。

（9）组织过程资产。有些组织作为其组织过程资产的一部分通常会保存先前的合格或潜在合格的卖方(又称投标人)的相关信息清单或文件，可邀请他们提供报价或建议书。这些清单一般包括潜在卖方的相关经验和其他特征。而有些组织只保留经过一定资格预审程序选定的优选卖方清单。

12.3.3　采购合同的工具与技术

1. 投标人会议

投标人会议又称承包商会议、供货商会议或投标前会议，就是在拟定建议书之前同潜在卖方举行的会议。会议的目的是保证所有潜在卖方对本项采购目的(技术要求、合同要求等)都有清楚的共同理解。对会上所提出问题的解答，可作为修正案纳入采购文件。在这个买卖双方互动的过程中，所有潜在卖方都应保证得到同等对待，以获得最佳的投标结果。

2. 提出的评估技术

对于复杂的采购活动，供应商的选择依据满足对已确定的加权标准的程度。这时，根据采购商的采购政策确定正式的评估过程。

3. 独立估算

对于许多采购事项而言，采购组织可以制定自己的独立估算，或者让第三方准备一个独立估算，用以核对卖方提出的要价。这个独立估算有时被称为"合理费用"估算。如费用估算之间存在明显差异，则表明工作的合同说明不充分，潜在卖方对工作合同说明书产生了误解，或未对工作合同说明书的全部要求做出相应回答，或者市场条件已经发生变化。

4. 合同谈判

合同谈判就是在合同签字之前，对合同的结构与要求加以澄清，取得一致意见。合同的最后措辞应尽可能反映所有双方达成的一致意见。谈判的主题一般包括责任和权限、适用的条款和法律、技术和经营管理方法、专有权利、合同资金筹集、技术解决方案、总体进度计划、付款以及价格。合同谈判过程以买卖双方签署合同而结束。最终的合同可以是卖方修订的要约或买方提出的反要约。

对于复杂的采购事项，合同谈判可能是个独立的过程，有自己的依据(如一个问题或一份未决事项清单)和成果(如记录的决策)。对于简单的采购事项，合同的条件和条款可以是固定不变、不可洽谈、卖方只能接受的。

项目经理可以不是合同的主谈人。在合同谈判期间，项目经理以及项目管理团队的其他人员可列席，并在需要时，就项目的技术、质量和管理要求进行澄清。

5. 专家判断

使用专家判断对卖方建议书进行评估。报价书的评估由采购文件和拟定合同涉及的所有有关领域的跨专业评审小组进行。这可以包括基本领域和相关职能专业的技能，如合同、法律、财务、会计、工程、设计、研发、销售和生产。

6. 刊登广告

现有潜在卖方名单往往可以通过出版物上刊登广告而得到扩充。在政府的某些管辖范围内，某些类型的采购事项要求公开刊登广告。大部分政府机构要求政府合同必须刊登广告。

7. 互联网搜索

互联网已经对项目采购和供应链产生了巨大的影响。大多数的商品、物料很容易通过互联网以固定的价格获得，不过由于网上采购的高风险、高复杂性以及需要密切的监控，目前利用互联网完成的采购活动不占主流。

12.3.4 采购合同的成果

1. 选中的卖方

选中的卖方指根据其提交的建议书或报价的评估结果,判断在竞争性范围之内的卖方,并且已与买方洽谈了合同草案,在授予合同之后,该合同草案将成为实际合同。

2. 资源可利用情况

资源可利用情况记录了资源的数量和可用性,以及具体资源在何时被安排了工作或空闲。

3. 请求的变更

选择卖方过程可能会导致就项目管理计划及其从属计划和其他组成部分(如项目进度计划和采购管理计划)提出变更请求。将通过整体变更控制过程对请求的变更进行审查和处理。

4. 项目管理计划(更新)

项目管理计划包括但不限于:①成本基准;②范围基准;③进度基准;④采购管理计划。

5. 项目文件(更新)

需要更新的项目文件包括但不限于:①项目相关方需求文件;②需求追溯文件;③注册风险。

12.4 采购管理

12.4.1 采购管理的概念

买卖双方进行采购管理都是为了类似的目的,双方确保本身与对方都履行其合同义务,并确保自身的合法权利得到保障。合同管理是确保卖方的绩效符合合同要求和买方按照合同条款履约的过程。对于使用多个产品、服务和成果供应商的大型项目来说,合同管理的一个关键方面是管理各供货商之间的接口。

合同关系的法律性质要求项目团队清醒地意识到合同管理中所采取行动的法律后果。出于法律方面的考虑,多数组织将项目管理作为与项目组织分离的一项管理职能看待。虽然合同管理者可能是项目团队成员,但他通常向另一个部门的领导汇报。在实施组织也是项目卖方,即将项目出售给外部客户的情况下,通常是这样。

合同管理包括在合同关系中应用恰当的项目管理过程,并把这些过程的成果综合到项目的管理之中。涉及多个卖方和多种产品、服务或结果时,上述综合和协调将在多个层次上进行。应用的项目管理过程包括但不限于以下几个。

(1)指导与管理项目执行,以授权承包商在适当时机开工。

(2)绩效报告,以监控承包商的费用、进度和技术绩效。

(3)质量控制,以检查与核实承包商产品是否合乎要求。

(4) 整体变更控制，以保证变更的批准手续完备，并已通知所有有关人员。

(5) 风险监控，确保风险得以缓解。

(6) 财务管理用以监督对卖方的付款。这可确保合同中明确的支付条件得以遵循，并将卖方的实际绩效与向其支付的补偿具体联系起来。

合同管理过程是依据合同和既定的纠正措施，审查并记录卖方当前的绩效或截至目前的绩效水平。另外，绩效记录可以作为与卖方未来合作关系的依据。买方对卖方绩效的评估主要是为了确认卖方对于实施本项目或其他项目的类似工作的胜任能力。在需要确认卖方未能履行卖方的合同义务，买方考虑进行纠正措施时，也应进行类似的评估。合同管理包括按照合同的终止条款管理合同工作的提前终止（无论是有因终止、无因终止还是违约终止）。

在合同收尾之前，可通过双方的共同协商，按照合同的变更控制条款对合同进行修订，这种修订并不总是能够做到对买卖双方都同等有益的。采购管理的依据、工具与技术和成果如图 12.4 所示。

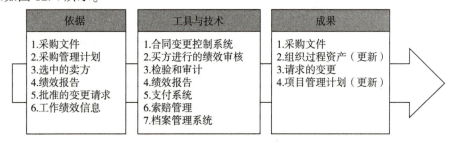

图 12.4　采购管理的依据、工具与技术和成果

12.4.2　采购管理的依据

1. 采购文件

2. 采购管理计划

3. 选中的卖方

4. 绩效报告

与卖方绩效相关的文件包括：①按照合同条款由卖方制定的技术文件和其他可交付成果信息；②卖方绩效报告。

5. 批准的变更请求

批准的变更请求包括对合同条款和条件的修改，例如，合同工作文件、定价和产品、服务或成果的描述。在变更实施之前都需以书面形式对变更进行记录并批准。口头讨论的、未做记录的变更无须进行处理或实施。

6. 工作绩效信息

工作绩效信息是作为项目实施信息的一部分而被收集的，包括应该达到什么质量标准、已经发生或承诺了哪些费用项目、卖方发票等。卖方的绩效报告说明哪些可交付成果已经完成，哪些还没有完成。卖方也必须就已完成工作的付款要求及时定期提交发票（或被称为付款申请/账单）。合同中规定了有关开列账单的要求，包括必要的支持性文件。

12.4.3 采购管理的工具与技术

1. 合同变更控制系统

合同变更控制系统规定合同修改的过程,包括文书工作、跟踪系统、争议解决程序,以及批准变更所需的审批层次。合同变更控制系统应当与整体变更控制系统结合起来。

2. 买方进行的绩效审核

采购绩效审核是指一项系统的审查活动,按照合同规定审查卖方在规定的费用和进度计划范围内,按照质量要求完成项目范围的绩效情况,包括对卖方编制文件的审查和买方检验,以及在卖方实施工作期间进行的质量审计。绩效审核的目标是确定履约情况,在完成合同工作说明方面的绩效情况,以及合同未得以遵循的情况,以便买方对卖方履行工作的能力或无能力进行量化。

3. 检验和审计

检验和审计是指合同中规定的买方要求并由卖方予以支持的检验和审计活动。检验和审计活动在项目实施过程中进行,以确定卖方工作过程或可交付成果中存在的任何缺陷或问题。如果经合同授权,检验和采购团队的成员也可包括买方采购人员。

4. 绩效报告

绩效报告为管理人员提供卖方在实现合同目标效率方面的信息。合同绩效报告应当与项目绩效报告结合起来。

5. 支付系统

向卖方支付款项通常由实施组织的应付账目系统处理。在具有多种或复杂采购要求的大型项目上,项目可以建立自己的支付系统。在任何一种情况下,支付系统都必须由项目管理团队进行必要的审查和批准,并按照合同条款进行付款。

6. 索赔管理

有争议的变更或推断的变更指那些买卖双方在变更赔偿问题上产生分歧,或是对已发生的变更产生分歧的变更请求。这些存有争议的变更也被称为索赔、争议或诉求。在合同生命周期中,通常按照合同条款对索赔进行记录、处理、监控和管理。如果合同双方无法解决索赔问题,则需要按照合同中规定的争议解决程序进行处理。这些涉及仲裁或诉讼的合同条款可在合同收尾之前或之后启用。

7. 档案管理系统

档案管理系统作为项目管理信息系统的组成部分,是被统一整合为一体的一套具体的过程、相关的控制职能和自动化工具。项目经理使用档案管理系统对合同文件和记录进行管理。该系统用于维持合同文件和通信往来的索引记录,并协助相关的检索和归档。

12.4.4 采购管理的成果

1. 采购文件

采购文件包括但不限于采购合同以及所有支持性进度计划、未批准的合同变更请求和批准的变更请求。合同文件也包括卖方制定的技术文件和其他工作绩效信息,例如,可交付成果、卖方绩效报告、保修、财务票证(发票和付款记录),以及合同检验结果。

2. 组织过程资产(更新)

(1)来往函件。合同条款和条件往往要求保留某些买方或卖方之间往来函件的文字记录,如因绩效不符合要求而提出的警告,以及合同变更请求、事实澄清等。这可包括买方审计和检验结果所反映的卖方需要纠正的不足之处。除了合同关于文档的特殊要求外,双方都应保留所有书面和口头沟通,以及所有行动和决策的完整且准确的书面记录。

(2)付款时间表和付款申请。此处假定项目使用外部付款系统。如果项目有自己的内部系统,这里就是"款项支付"。

(3)卖方绩效评估文件。卖方绩效评估文件是由买方编制的。此绩效评估文件记录了卖方继续实施现有合同工作的能力,说明是否允许卖方实施未来项目的工作或对卖方的执行绩效进行评级。这些文件可成为提前终止卖方合同的依据或者管理合同罚款、合同惩罚或激励的依据。绩效评估的结果也可纳入适当的合格卖方清单中。

3. 请求的变更

合同管理过程可导致就项目管理计划及其从属计划和其他组成部分(如项目进度计划和采购管理计划)提出变更请求。通过整体变更控制过程对变更请求进行审查和批准。

请求的变更可包括买方发出的指令或卖方采取的行动,而另一方对之存疑。由于任何一方可对这些推定变更持有争议并可能引起索赔,所以通常利用项目往来函件对这种变更进行独特识别和记录。

4. 项目管理计划(更新)

(1)采购管理计划。对采购管理计划进行更新,以反映对采购管理造成影响的批准的变更请求。

(2)合同管理计划。对合同管理计划进行更新,以反映对合同管理造成影响的批准的变更请求。

12.5 采购收尾

12.5.1 采购收尾的概念

采购收尾过程支持项目收尾过程,因为两者都涉及验证所有工作和可交付成果是否可以接受的工作。采购收尾过程也包括诸如对记录进行更新以反映最终结果,将更新后的记录进行归档供将来项目使用的管理活动。采购收尾考虑了项目或项目阶段适用的每项合同。在多阶段项目中,合同条款可能仅适用于项目的某个特定阶段。在这些情况下,采购收尾过程只对该项目阶段适用的合同进行收尾。在采购收尾后,未解决的争议可能需进入诉讼程序。合同条款和条件可规定合同收尾的具体程序。

合同提前终止是采购收尾的一项特例,可因双方的协商一致产生或因一方违约产生。双方在提前终止情况下的责任和权利在合同的终止条款中规定。依据这些合同条款和条件,买方有权随时有因或无因终止整个合同或部分项目。但是,基于这些合同条款和条件,买方可能需要就此对卖方的准备工作进行赔偿,并就与被终止部分相关的已经完成和被验收的工作支付报酬。采购收尾的依据、工具与技术和成果如图 12.5 所示。

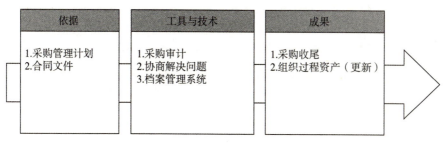

图 12.5　采购收尾的依据、工具与技术和成果

12.5.2　采购收尾的依据

(1)采购管理计划。
(2)合同文件。

12.5.3　采购收尾的工具与技术

1. 采购审计

采购审计指对从采购规划到合同管理的整个采购过程进行系统的审查。其目的是找出可供本项目其他采购合同或实施组织内其他项目借鉴的成功与失败的经验。

2. 协商解决问题

在所有的采购关系中,最终通过协商来公正地解决采购合同中的重要问题、主张以及争论是项目的重要目标。如果问题不能通过直接协商加以解决,备选的争夺解决方案(如调解或仲裁)就可以被使用。当以上所有的方法均告失败,那么起诉将是双方最不愿意但必须使用的方法。

3. 档案管理系统

12.5.4　采购收尾的成果

1. 采购收尾

采购收尾是指买方通过其授权的合同管理员向卖方发出合同已经完成的正式书面通知。合同条款中一般规定合同正式收尾的要求并将其包括在合同管理计划中(如编制合同管理计划)。

2. 组织过程资产(更新)

(1)合同文档。合同档案是一套完整的编有索引的合同文件(包括已收尾的合同),应将其纳入项目最终档案之中。
(2)可交付成果验收。买方通过其授权的合同管理员向卖方发出可交付成果被验收或被拒收的正式书面通知。合同条款中一般规定可交付成果的正式验收要求,以及如何解决不符合要求的可交付成果的程序。
(3)经验教训记录。进行经验教训分析并提出过程改进建议,以供将来的采购规划和实施过程借鉴。

本章小结

本章从项目组织的角度进行讨论项目采购管理。项目采购管理由采购规划、采购合同、采购管理和采购收尾四个工作过程组成。本章详细阐述了上述四个过程的基本概念、依据、工具与技术以及成果。

习 题

一、判断题

1. 在选择供应商时，成本是唯一的决定因素。（ ）
2. 只有合同双方都履行完各自的义务时，合同才能终止。（ ）
3. 奖励合同可以激励供应商想方设法降低成本。（ ）
4. 经济订货量是使购买成本和库存成本之和最小时的成本。（ ）
5. 一般来说，公开招标采购比邀请招标采购能找到更多的投标者。（ ）
6. 对所有供应商的认证数量都应该是相同的。（ ）

二、单选题

1. 采购成本的预测一般是通过（　　）来进行的。
   A. 综合估算　　　　B. 加权系统　　　　C. 独立估算　　　　D. 参数模型法

2. 下列表述中错误的是（　　）。
   A. 项目采购绝大多数是通过非招标采购进行的
   B. 非招标采购一般适用于单价较低、有固定标准的产品
   C. 非招标采购主要包括询价采购、直接采购和自营工程
   D. 项目采购绝大多数是通过招标采购进行的

3. 下列有关固定价格合同的表述中正确的是（　　）。
   A. 固定价格合同对于供应商来说风险比较小
   B. 固定价格合同以供应商所花费的实际成本为依据
   C. 固定价格合同适用于技术复杂、风险大的项目
   D. 签订固定价格合同时，双方必须对产品成本的估计均有确切的把握

4. 某客户要采购某种物料 2 000 件，该物料每件年单位储存成本为 4 元，每次订货费用为 10 元，则经济订货量为（　　）。
   A. 120　　　　B. 80　　　　C. 90　　　　D. 100

5. 某公司生产产品每年需要甲零件 300 件，如果自制，该零件增加公司的固定成本 300 元，该零件自制的单位变动成本为 7 元；如果外购，则每件零件的单价为 8 元/件，则该公司应该（　　）。
   A. 自制　　　　B. 外购　　　　C. 两者效果一样　　　　D. 不能确定

6. 下列有关招标采购的表述中错误的是（　　）。
   A. 手续较烦琐，耗费时间也较多，不够机动灵活
   B. 投标者可能把手续费等附加费用转移到购买的投标项目的价格中

C. 可能发生抢标、围标等现象
D. 可能出现贪污贿赂行为
7. 以下不为限制合同责任问题的可接受方式的是(　　)。
A. 提前完工对全组进行奖励　　　　B. 限制拟支付的损失赔偿金额
C. 在决定测试标准方面充分投入　　D. 与承包商界定里程碑
8. 在向顾客交付时，满足实际/真实需求的产品或服务的质量条款是(　　)。
A. 符合技术要求　　B. 适用性　　C. 质量保障　　D. 零缺陷
9. 合同后评价十分重要是因为(　　)。
A. 在许多管辖区法律要求如此　　　B. 费用与承包人业绩相连
C. 它们为承包人选择确立历史基数　D. 多数合同需要它们
10. 顾客对项目结果是否满意取决于(　　)。
A. 成本估算进度计划控制和获得值计算
B. 管理层的质量办法变更管理和状况报告
C. 技术方法、员工资源和项目组织
D. 预期产品适用性和规范符合程度
11. 合同收尾与项目管理收尾之间的关键差别为(　　)。
A. 合同完工标志项目完工正式生效　B. 合同完工包括修订最终结果的记录
C. 合同完工包括产品核证　　　　　D. 项目管理收尾包括采购审计
12. 一旦签订合同即具有法律约束力，除非一方(　　)。
A. 不愿实施此项工作　　　　　　　B. 不能为其部分工作提供经费
C. 违反法律　　　　　　　　　　　D. 宣布无效
13. 对一个未界定工作的合同(　　)。
A. 可能按直线小时费率计价　　　　B. 在授予合同时尚未定价
C. 仅由仲裁委员会裁决　　　　　　D. 在项目完成之后裁定其全部成本
14. 作为以下哪项的一部分进行自制或外包分析？(　　)
A. 询价　　B. 采购规划　　C. 竞争投标　　D. 合同管理
15. 可由合同方承担的修理费是(　　)。
A. 免责付款　　B. 退款　　C. 付款确认　　D. 提单
16. 买方与卖方签订了一个成本奖励费用的合同。合同的目标成本为 300 000 元，目标奖励费为 40 000 元，奖励分摊比例为 80：20，奖励费用上限为 60 000 元，下限为 10 000 元。如果卖方实际成本为 380 000 元，则买方应支付的奖励费为(　　)元。
A. 104 000　　B. 56 000　　C. 40 000　　D. 30 000
E. 24 000
17. 下列哪些描述了不论是买方还是卖方对部分或全部合同条件本能实质的情况？(　　)
A. 终止合同　　B. 部分执行　　C. 违背合同　　D. 合同纠纷
18. 下列哪一项对有效的合同管理来说不是一个重要的因素？(　　)
A. 准备合同变更文件　　　　　　　B. 处理支付凭证
C. 建立合适的合同类型　　　　　　D. 实施一个合同变更控制系统
E. 为买方准备一个合同月度执行报告

三、多选题

1. 经济订货量的基本模型的假设条件有(　　)。
   A. 项目组织现金充足　　　　　　　　B. 物料陆续入库
   C. 不允许缺货　　　　　　　　　　　D. 物料单价不变，不考虑现金折扣

2. 成本补偿合同包括(　　)。
   A. 成本加成合同　　B. 固定价格合同　　C. 奖励合同　　　　D. 单价合同

3. 项目组织在进行独立估算时，如果与供应商的报价差异较大，其原因有(　　)。
   A. 供应商对采购方的需求考虑不充分　　B. 供应商对采购方的需求有误解
   C. 项目定义的范围不恰当　　　　　　　D. 只有A和B

4. 下列有关成本加成活动的表述中错误的有(　　)。
   A. 供应商会努力降低成本　　　　　　　B. 项目组织承担的风险较大
   C. 结算价就是产品的成本　　　　　　　D. 项目组织比较关心供应商的绩效

5. 项目采购计划编制应注意(　　)。
   A. 采购的物料的质量和使用性能要符合项目的要求
   B. 采购计划要明确规定采购的物料衔接问题
   C. 采购计划要对整个采购过程进行协调管理
   D. 采购数量应尽量多，以备项目的不时之需

6. 评标首先对投标文件进行初评，主要是审查(　　)。
   A. 投标文件是否完整，是否合乎招标文件的要求
   B. 有无计算的错误投标文件
   C. 投标商的技术、经验和报价
   D. 是否提交了足够的保证金

7. 解决项目采购合同纠纷的主要方式有(　　)。
   A. 协商解决　　　　B. 调解解决　　　　C. 仲裁解决　　　　D. 诉讼解决

四、思考题

1. 简述项目采购的分类。
2. 项目采购计划主要解决哪些问题？
3. 编制物料清单有几道程序？分别是什么？
4. 描述三种不同合同的类型，并说明当每种合同被采用时相应的风险。
5. 资格预审的作用是什么？其要考虑的因素应包括哪些？
6. 选择供货商或承包商时，要考虑哪些因素？
7. 非招标采购的主要过程有哪些？
8. 以例子说明合同应该包括的内容以及它们的作用。
9. 项目组织与供应商签订了一个奖励合同，合同目标成本是30万元，目标利润是5万元，目标价格是35万元，买方还谈判了一个40万元的价格上限和70/30的买卖双方分担比例。

① 如果卖方履行合同完毕时的实际成本是25万元，买方将支付给卖方多少利润？支付的总金额是多少？

② 如果卖方履行合同完毕时的实际成本是36万元，买方将支付给卖方多少利润？支付的总金额是多少？

③如果卖方履行合同完毕时的实际成本是 50 万元,买方将支付给卖方多少?

10. 某企业生产需要甲产品,全年需要甲产品 12 000 件,每日送达 300 件,每日耗用 240 件,每次订购费用 100 元,每件产品年储存成本为 3 元,确定其经济订货量。

案例分析题

在我国某工程项目施工过程中,承约商为国外某家公司与国内某家公司组成的联营体(以下简称承约商),承建的工程为地下厂房土建工程。该工程咨询工程师来自我国一家著名的监理机构,负责此工程设计的是国内一家著名的设计院。客户和承约商签订的施工合同是采用国际通用的 FIDIC《土木工程施工合同条件》。

20××年 8 月,承约商在厂房顶拱安装锚杆施工过程中,由于合同文件规定了在厂房顶拱必须使用水泥药卷("水泥药卷"又称"水泥锚固剂")锚杆进行支护。因此,承约商采购了合同推荐的水泥药卷生产厂家的产品,并在厂家的指导下试验合格,获得工程师批准。实际施工中,水泥药卷锚杆有 90% 质量不合格。厂家技术人员到现场后也不能解决施工中出现的问题,声称其产品用于顶拱尚需进行试验,承约商据此提出索赔。

工程师就此问题与承约商进行了多次讨论,从设计、采购、施工等多方面进行了分析。在早期工程师认为设计方选用 7 米长的水泥药卷锚杆用于厂房顶拱支护一定有设计依据,因此拒绝承约商的索赔。当水泥药卷生产厂家出具了"关于水泥药卷用于隧洞顶拱尚需试验"的证明时,承约商提出的索赔论点得到支持。

一、承约商提出以下观点论述其索赔权

(1)承约商已按合同规定履行了其职责,而且证实水泥药卷锚杆不符合技术规范的要求。承约商认为水泥药卷锚杆被设计用于顶拱是错误的,由于承约商不负责工程设计,因此,按照合同一般条款 20.3 款和特殊条款 20.4 款的规定,承约商有权要求费用补偿和工期延长。

(2)由于水泥药卷锚杆不能满足技术规范的要求,承约商不得不使用树脂锚杆代替,树脂药卷的费用比水泥药卷高(树脂药卷单价是水泥药卷单价的 9 倍),因此应补偿所用树脂药卷的费用。

(3)承约商认为水泥药卷锚杆被设计用于顶拱是不成熟的施工工艺。

(4)合同文件协议书附件规定:①水泥药卷锚杆应用在 1#、2#厂房顶拱和 1#、2#进出水阀室顶拱部位并按技术规范第二卷实施。②药卷锚杆长度分别有 7 米、4.5 米及 3 米。计量支付方法以工程量清单中相应长度的砂浆锚杆单价计量,按实际发生的工程量支付。

(5)合同文件《技术规范》中规定:水泥药卷应由指定的生产厂家或中国的其他工厂或验收合格的同类厂家制造。

(6)合同文件《技术规范》中对水泥药卷锚杆的实施做了笼统的规定,要求承约商按照水泥药卷制造厂的要求进行施工。这里需要指出的是,上述条款是以附件和补遗的形式在土建工程合同文件签订前不久添加到合同中的。

(7)合同文件《技术规范》中规定:承约商应将安装锚杆的设计、配置和方法等提交工程师审阅,呈送件应包括厂家的试验数据和材料,证明供应的锚杆在与现场岩石条件相似的明挖区和地下开挖区用于岩石支护已达五年以上。

(8)合同文件《技术规范》中规定：所有岩石中的岩石锚杆应用水泥浆灌封锚杆的整个长度。

(9)合同文件一般条款"业主风险"中的"除承约商提供或由承约商负责设计的任何部分的设计之外，由工程设计引起损失或损坏"。

二、客户工程师拒绝索赔的论据和支持条款

客户工程师拒绝索赔的论据如下。

(1)承约商在泵房顶拱水泥药卷锚杆安装之前，在施工支洞顶拱对水泥药卷锚杆共进行两次初步试验。第一次安装3根，有1根不合格。随后，在生产厂家技术人员的指导下，进行了第二次初步试验，此次共安装了不同长度水泥药卷锚杆20根，全部合格。由于水泥药卷锚杆施工前的第二次初步试验(试验环境与厂房施工环境基本一致，且初步试验是破坏性试验，要求远比质量控制试验严格)已证明水泥药卷锚杆能够满足设计及施工的要求，而施工现场安装水泥药卷锚杆有90%不合格，这与承约商施工人员的素质和操作水平有关。

(2)水泥药卷锚杆不合格是由于承约商采购了不合格的水泥药卷。

(3)合同文件中"水泥药卷应由指定的生产厂家或中国的其他工厂或验收合格的同类厂家制造"属推荐性条款，未规定承约商一定要采购指定的生产厂家的水泥药卷锚杆。在合同中推荐使用指定的生产厂家的产品，只能被理解为指定的生产厂家的水泥基锚固剂质量是好的，是符合合同规定的，施工技术是先进的。

(4)承约商在对指定生产厂家生产的水泥基锚固剂进行检查和试验时，就应该在批量安装前发现该厂家的水泥基锚固剂质量不合格，从而向别的厂家采购。如果承约商按合同文件《技术规范》的规定仍然采购不到，可以提出变更并索赔由此增加的费用及延误的工期。

(5)合同文件《技术规范》中规定，承约商对材料和设备质量承担全部责任，因此，虽然工程师批准承约商使用了指定生产厂家的水泥基锚固剂，也不能够免除承约商应承担合同规定的全部责任。因此，工程师拒绝承约商的索赔。

(6)合同文件《技术规范》规定：承约商对生产厂家生产的产品进行检查和试验，承约商可以选用客户指定生产厂家的产品或其他生产厂家生产的经工程师批准的同类产品。承约商对材料和设备质量承担全部责任。

(7)合同一般条款"承约商一般责任：以应有的精心和勤奋设计(在合同规定的范围内)实施和完成工程。……"

(8)合同一般条款"现场作业和施工方法：承约商应对所有现场作业和施工方法的恰当、稳定和安全负全部责任。……"

三、设计方坚持设计正确的论据

工程设计方认为：水泥锚固剂是一种新的技术产品，在理论上是可行的，并在施工实践过程中日臻完善，形成了系列产品。在小浪底、三峡等国家重点工程中大量使用。长度为5米的水泥药卷锚杆在中国成功用于顶拱的工程有小浪底导流洞工程和天生桥2#洞工程。长度大于6米的水泥药卷锚杆用于顶拱时，只要在水泥药卷添加过程中，严格按照厂家装填技术要素进行操作，质量是有保证的，经济效益是显著的。

四、试验结果和调查

为了彻底查清水泥药卷锚杆失败的原因，承约商、水泥药卷生产厂家及工程师方面的

有关人员对水泥药卷锚杆进行了第三次试验,此次试验包括室内实验和施工现场安装实验。

经设计院调查,国内有两大工程在顶拱运用了 5 米的水泥药卷锚杆,但设计院未说明使用效果,也未说明使用的是哪一个厂家的产品。设计院指出国内有六个单位被批准生产水泥锚固剂,但工程师发现其中个别单位根本就不生产,在这六个生产单位中,以指定生产厂家的水泥药卷锚杆业绩最为显著,但其产品主要用于边墙,而且长度在 5 米以下。

试验和调查结果表明:在合同中推荐使用指定生产厂家的水泥药卷是错误的,因为该单位的水泥药卷质量不稳定,安装技术不成熟。这种推荐还造成合同条款相互矛盾,由于设计指定按照厂家的要求进行施工,使客户承担了厂家的风险。

讨论:

1. 该项目的合同条款存在问题吗?
2. 你认为工程问题应由该项目所涉及的哪一方负责?
3. 你认为承约商是否能够获得索赔?
4. 试总结本案例的经验教训。

第 13 章　项目相关方管理

教学目标

1. 理解项目相关方、项目相关方管理的概念及作用；
2. 理解项目相关方管理的四个过程及步骤；
3. 熟悉识别、规划、管理、监督相关方参与的依据、工具与技术和成果。

案例导读

一、案例背景

我参加了 TD 六期江苏工程建设工作，作为地市项目经理，被分派到江苏。当时虽没有系统地学习过项目管理知识，但在工程项目启动之前，我详细了解了移动客户的信息，包括移动的人员组织结构及负责 TD 工程建设的相关人员的性格、为人处世，甚至是教育、家庭背景，便于后续的工作开展。

通过各种关系，我收集到了相关信息，并编写了移动人员的信息明细，里面包括姓名、年龄、职位、学历、喜好习惯、为人处世、周围人评价等信息。事实证明，有了这张表格，在后续的工程建设中，我有针对性地开展工作，在做好基础工作的同时，也达到了让客户满意的要求。

在这短短的几个月里，我经历了很多事情，也参加了项目管理知识的基础培训，逐渐意识到：可以把任何事情作为一个项目来做，在实施和执行工作前，一定要花费精力做出详细的工作计划。本次就谈一下对项目相关方管理的认识。

二、案例认识

项目始于相关方需求，终于相关方满意。项目相关方是指受项目影响或能影响项目的任何个人、小组或组织。也可以说，与项目有直接或间接关系的任何个人、小组或组织，都是项目相关方。对于我司项目来说，相关方包括项目组成员、移动客户、我司各支撑、职能和运营部门、合作方，甚至包括施工单位、监理、TD 手机用户等。项目相关方管理是项目管理中的重要内容之一，目的是调动积极因素，化解消极影响，确保项目成功。项目相关方管理应该按照如下步骤开展。

1. 识别全部项目相关方

有一些不明显甚至暗藏的项目相关方难以识别。在项目开始时，不要担心识别出的相关方多，可以通过后期分析区分出重要、次要甚至不需要加以管理的相关方。通过相关方识别，可编制《相关方登记册》，对相关方进行初步评价。

2. 对项目相关方分析分类

一一列出相关方的利益点(包括负面利益)，并赋予权重，分析每个相关方总体利益大小。采用类似方法，评估每个相关方总体影响大小。依据权重排序，分析出相关方的重要程度，以便有重点地做好管理。项目经理一定要弄清楚相关方对项目的各种情况，以便以后加以利用和应对。如果相关方数量较多，就应该按照一定的标准进行归类，以方便管理。

3. 制定相应管理策略

由于精力有限，不可能对所有项目相关方都进行同等程度的管理。对于利益大、影响大的相关方，一定要重点管理。对于利益小、影响小的相关方，则可以放在一边不管或者只投入很少的精力加以观察。

要注意，在项目的不同阶段，相关方的利益和影响会发生变化。经过分析和归类，确定《项目相关方管理策略》，明确对相关方的分析结果以及对不同相关方将要采取的管理措施。

三、案例总结

我们要在工作中，勤沟通、善总结，整合各种资源，权衡各相关方的利益。利益决定立场，如果想要得到相关方的支持，就必须满足他们的利益要求。

13.1 项目相关方管理概述

13.1.1 项目相关方的概念

项目相关方是参与该项目工作的个体和组织，或由于项目的实施与项目的成功，其利益会直接或间接地受到正面或负面影响的个人和组织。项目管理工作组必须识别哪些个体和组织是项目的相关方，确定其需求和期望，然后设法满足，以确保项目成功。每个项目的主要涉及人员有客户、用户、项目投资人、项目经理、项目组成员、高层管理人员、反对项目的人、施加影响者等。

对于项目相关利益主体的识别有时是非常困难的，如一个新产品开发项目的结果可能会影响替代产品生产线工人们的未来就业状况，也会影响一些人的经济利益和福利。根据人们在项目中所承担的角色命名和划分项目利益相关主体是一种识别项目相关利益主体的基本方法。通常在项目管理中，每个项目的关键项目相关方包括下述几个方面。

1. 项目经理

项目经理是负责管理整个项目的人。项目经理既是一个项目的领导者、组织者、管理者和项目管理决策的制定者，也是项目重大决策的执行者。一个项目经理需要领导和组织好自己的项目团队，需要做好项目的计划、实施和控制等一系列的项目管理工作，而且还需要制定各种决策。但是在有关项目工期、质量和成本等方面的重大决策上，项目经理就需要听命于项目业主、客户或者项目最主要的相关利益者了。项目经理对于一个项目的成败是至关重要的，所以他必须具有很高的管理技能和较高的素质，他必须能够积极与他人合作并激励和影响他人的行为，为实现项目的目标与要求服务。

2. 项目业主和用户

（1）项目业主是项目的投资人和所有者。项目业主是一个项目的最终决策者，拥有对项目的工期、成本、质量和集成管理等方面的最高决策权，因为项目是属于他所有的。项目业主有时还是项目的直接用户，有时甚至是项目的实施者。例如，对于一个住宅建设项目而言，房地产开发商只是项目的业主，一般不是项目的用户（它不是房屋的住户）和实施者（它也不是房屋建筑承包商）；对于一个管理信息系统集成项目而言，业主一般就是系统的最终用户；而对于一个企业的技术攻关项目或技术改造项目而言，项目的业主、用户和实施者就有可能都是企业自身。对于任何一个项目的管理，首先要确认谁是项目业主，因为业主将对项目的管理起决定性的作用。

（2）项目用户是使用项目成果的个人或组织。任何一个项目都是为项目用户服务的，都是供项目用户使用的，所以在项目管理中必须认真考虑项目用户的需要、期望和要求。一个项目的用户可能是非常单一的，也可能是非常广泛的。例如，一个具体的管理信息系统开发项目的用户可能只是一个企业，而一个大型体育比赛或文娱演出项目的用户可能会既包括现场观看的观众，也包括观看电视转播的观众等。一个项目的用户有时可能会是多层次的，如一种新药开发项目的用户会包括药厂、医生、病人和负担药费的企业与保险商等。同样，一个项目的成功需要识别和确认项目的用户，对于那些客户涉及面广而且层次多的项目，更需要很好地确认项目的各种用户。

3. 项目实施组织

项目实施组织是指完成一个项目主要工作的企业或组织。一个项目可能会有很多个实施组织，也可能只有一个实施组织。例如，举办奥运会这种项目会涉及很多不同的项目实施组织，但是一栋住宅的建设项目可能只需要一家建筑承包商。一个项目的实施组织可能是项目业主委托的业务项目实施组织，也可能是项目业主自己内部的单位或机构。例如，一个企业管理信息系统开发项目的实施组织，可以是外部的某个信息系统集成公司，也可以是企业内部的信息部或计算机中心等部门。项目实施组织是项目产出物的生产者，它们的工作效率和质量对项目的成败是至关重要的。

4. 项目团队

项目团队是具体从事项目全部或某项具体工作的组织或群体。项目团队是由一组个体成员，为实现项目的一个或多个目标而协同工作的群体。一个项目可能会有为完成不同项目任务的多个项目团队，也可能只有一个统一的项目团队。例如，一个建设工程项目至少要有一个工程设计的项目团队和一个工程施工的项目团队，这两个团队在许多情况下是由两个不同的项目实施组织各自的人员组成的。一般工程设计项目团队是由建筑设计院或建筑事务所的成员组成，而工程施工的项目团队是由建筑施工单位（承包商）的人员组成。然而，对于一个企业自行完成的技术改造项目来说，它的项目团队就是一个由企业内部人员组成的团队。

5. 项目的其他相关方

(1) 赞助商：为项目提供现金或实物财力资源的个人或团体。

(2) 施加影响者：与项目产品的取得和使用没有直接关系，但是因其在顾客组织或实施组织中的地位而能够对项目进程施加积极或消极影响的个人或集体。

(3) 项目管理办公室：如果项目实施组织设立了项目管理办公室，并且对项目的结果负有直接或间接责任，它就可能成为一个项目相关方。

(4) 项目还会有像供应商、贷款银行、政府主管部门、项目涉及的市民、社区、公共社团等方面的相关利益主体或相关利益者。

不同的项目相关利益主体的需要、期望、要求和行为都会对项目的成败发生影响，都需要在项目管理中给予足够的重视。例如，政府主管部门对于项目的管理规定、供应商的竞价能力、贷款银行的各种政策、环保组织或社团的要求、项目所在社区的利益等，都是项目管理中需要考虑的要素，因为这些要素都会直接或间接地影响到项目的成败。

13.1.2 项目相关方管理的概念

项目相关方管理是指对项目相关方需要、希望和期望的识别，并通过管理来满足其需要、解决其问题的过程。项目相关方包括项目当事人，其行为能影响项目的计划与实施且其利益受该项目影响（受益或受损）的个人和组织，也可以把他们称作项目的利害关系者。项目相关方还可能包括政府的有关部门、社区公众、项目用户、新闻媒体、市场中潜在的竞争对手和合作伙伴等，甚至项目班子成员的家属也应视为项目相关方。

项目不同的相关方对项目有不同的期望和需求，他们关注的目标和重点常常相去甚远。例如，业主也许十分在意时间进度，设计师往往更注重项目本身的工作，政府部门可能关心税收，附近社区的公众则希望尽量减少不利的环境影响等。弄清楚哪些是项目相关方，他们各自的需求和期望是什么，这一点对项目管理者来说非常重要。只有这样，项目管理者才能对相关方的需求和期望进行管理并施加影响，调动其积极因素，化解其消极影响，以确保项目获得成功。

13.1.3 项目相关方管理的作用

1. 好处

具体来说，项目相关方管理能够带来以下好处。

(1) 将会赢得更多的资源。通过项目相关方管理，能够得到更多有影响力的相关方的支持，自然会得到更多的资源。

(2) 快速频繁的沟通将能确保对项目相关方需要、希望和期望的完全理解。从某种意义上来说，需求管理是项目相关方管理的一部分。

(3) 能够预测项目相关方对项目的影响，尽早进行沟通和制订相应的行动计划，以免受到项目相关方的干扰。

2. 项目相关方的影响

(1) 不同的项目相关方的责权差别很大，其参与项目情形对项目进程也会产生不同的影响。他们的责任和权利从偶尔参与调查和形成项目的重要小组，到对整个项目的发起或投资、提供经济和政治上的支持等。忽略这些职责的项目相关方会对项目目标造成毁灭性的影响。同样的，忽略项目相关方的项目经理会严重影响项目成果。

辨识项目相关方有时候比较困难。例如，一个装配线上的工人，因为他将来的雇佣机会有赖于某新产品设计项目的成果，就可能被认为是该项目的相关方。

未能识别关键项目相关方会给项目造成大问题。例如，在一个软件升级项目中，过晚意识到法律部门是一个项目关键相关方，会导致项目需求增加，带来额外的文档工作量。

（2）积极的项目相关方指那些会从项目成功中获益的利害相关人；消极的项目相关方是指那些在项目成功中看到负面结果的利害相关人。比如社区工业发展项目，该社区的商业领袖认为项目对社区有积极的经济效益，他们就被看成项目的积极相关方；而环境保护组织如果看到该项目会对社区环境有危害，他们就是该项目的消极相关方。

对于项目的积极相关方，他们会因为项目的成功而获得更多的利益，因此他们会提供支持，例如帮助项目获得许可证。项目的消极相关方则会通过提出更多的、更大范围的检查来阻止项目顺利推进。项目的消极相关方经常被项目团队忽略，这会增加项目失败的风险。

13.1.4 项目相关方管理的过程

1. 识别相关方

识别相关方是定期识别项目相关方，分析和记录他们的利益、参与度、相互依赖性、影响力和对项目成功的潜在影响的过程。

2. 规划相关方参与

规划相关方参与是根据相关方的需求、期望、利益和对项目的潜在影响，确定项目相关方参与项目的方法的过程。

3. 管理相关方参与

管理相关方参与是与相关方进行沟通和协作，以满足其需求与期望，处理问题，并促进相关方合理参与的过程。

4. 监督相关方参与

监督项目相关方关系，并通过修订参与策略和计划来引导相关方合理参与项目的过程。

项目相关方管理还包括识别能影响项目或受项目影响的全部人员、群体或组织，分析相关方对项目的期望和影响，制定合适的管理策略来有效调动相关方参与项目决策与执行。相关方管理还关注与相关方的持续沟通，以便了解相关方的需要和期望，解决实际发生的问题，管理利益冲突促进相关方合理参与项目决策和活动。应把相关方满意作为一个关键的项目目标来进行管理。

13.1.5 项目相关方管理的步骤

1. 尽可能识别出全部项目相关方

总有一些不明显甚至暗藏的项目相关方，所以全面识别项目相关方并不是很容易。在项目开始时，要认识到暗藏的项目相关方也会对项目产生重要影响。不要担心识别出的相关方多，可以通过后面的相关方分析并区分出重要、次要甚至不需要加以管理的相关方。被识别的某些相关方，对项目不会产生实质性的影响，只需加以观察即可。如果某些相关方不能被识别出来，就说明存在问题，说不定哪一个被遗漏的相关方将给项目带来很大的麻烦。

识别相关方后，编制出《相关方登记册》，其中记录各相关方的名称、地址、联系方式等基本信息，也记录对相关方的初步评价。

2. 对项目相关方进行全面分析

认真分析每个项目相关方的利益领域和利益大小，影响领域和影响大小，把相关方的利益和影响都可视化。一一列出相关方的利益点（包括负面利益），并对每个利益点赋予一定的权重，然后分析每个相关方在项目上的总体利益大小。采用类似的方法，评估出每个相关方在项目上的总体影响大小。据此，依据权重进行排序，分析出相关方的重要程度，以便有重点地做好相关方管理。利益决定立场，支持或反对项目的程度是随着正面或负面利益的大小而变化的。

除了分析利益和影响外，还要分析相关方对项目的认知程度、施加影响的紧急程度，以及为项目所用的知识技能。项目经理一定要弄清楚项目相关方的情况，以便以后加以利用和应对。

3. 对相关方进行归类

如果相关方数量较多，就应该按照一定的标准进行归类，以方便管理。

4. 针对每一个或每一类相关方制定管理策略

由于精力有限，不可能对所有项目相关方都进行同等程度的管理。对于利益大、影响大的相关方，一定要重点管理；对于利益小、影响小的相关方，则可以放在一边不管或者只投入很少的精力加以观察。要注意，在项目的不同阶段，相关方的利益和影响会发生变化。

经过分析和归类，确定项目相关方管理策略，其中记录对相关方的分析结果以及对不同相关方将要采取的管理措施。

5. 在对相关方管理时，应特别注意以下几个方面

（1）尽早以积极态度面对负面的相关方。

（2）面对消极的相关方，应如同面对积极的相关方一样，尽早积极地寻求解决问题的方法；充分理解他们，设法把项目对他们的负面影响降低到最低程度，甚至可以设法使项目也为他们带来一定的正面影响。直接面对问题，要比拖延、回避有效得多。

（3）让项目相关方满意是项目管理的最终目的。让相关方满意，不是简单地被相关方牵着鼻子走，而是切实弄清楚相关方的利益需求并加以适当引导，满足他们合理的利益需求。项目管理要在规定的范围、时间、成本和质量下完成任务，最终还是要让项目相关方满意。所以，不要忽视你的相关方，项目管理团队必须把相关方的利益追求尽量明确、完整地列出，并以适当方式请相关方确认。

（4）特别注意相关方之间的利益平衡。由于各相关方之间或多或少地存在利益矛盾，我们无法同时、同等程度地满足所有相关方的利益，但应该尽量缩小各相关方满足程度之

间的差异，达到一个相对平衡。项目相关方管理的一个核心问题，就是在众多项目相关方之间寻找利益平衡点。我们要承认和理解利益差别甚至是冲突，并进行协商。

（5）依靠沟通解决相关方之间的问题。通过沟通，不但能及时发现项目相关方之间的问题，更重要的是能够达到相互理解、相互支持，直至问题解决。对于沟通，我们要建立良好的沟通机制和计划，并加以管理。

13.2 识别相关方

13.2.1 识别相关方的概念

识别相关方是识别能够影响项目决策、活动或结果的个人、群体或组织，以及被项目决策、活动或结果所影响的个人、群体或组织，并分析和记录他们相关信息的过程。这些信息包括他们的利益、参与度、相互依赖性、影响力及对项目成功的潜在影响等，作用是帮助项目经理建立对相关方或相关方群体的适度关注。

项目相关方是能够影响项目或被项目影响决策、活动或结果的个人、群体或组织。项目相关方是积极参加项目或其利益可能受到项目实施会完成的积极或消极影响的个人或组织。他们也可能对项目及其可交付成果施加影响。相关方可能来自组织内部的不同层级，具有不同级别的职权，也可能来自执行组织的外部。

在项目或阶段的早期就识别相关方，并分析他们的利益层次、个人期望、重要性和影响力，对项目成果非常重要。应该定期审查和更新早期的初步分析。由于项目的规模、类型和复杂度不尽相同，大多数项目会有形形色色且数量不等的相关方。由于项目经理的时间有限，必须尽可能有效利用，因此应该按相关方的利益、影响力和参与项目的程度对其进行分类，并注意到有些相关方可能直到项目或阶段的较晚时期才对项目产生影响（包括显著影响）。通过分类，项目经理就能够专注于那些与项目成果密切相关的重要关系。识别相关方的依据、工具与技术和成果如图13.1所示。

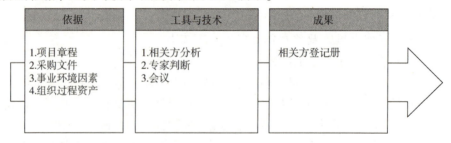

图13.1 识别相关方的依据、工具与技术和成果

13.2.2 识别相关方的依据

1. 项目章程

项目章程可提供与项目相关的、受结果或执行影响的内外部各方的信息，如发起人、客户、团队成员、项目参与小组和部门，以及受项目影响的其他个人或组织。

2. 采购文件

如基于项目某个采购活动的结果，或基于某个已签订的合同，那么合同各方都是关键的项目相关方。

3. 事业环境因素

能够影响识别相关方过程的事业环境因素有：组织文化和组织结构，政府或行业标准，全球、区域或当地的趋势、实践或习惯等。

4. 组织过程资产

能够影响识别相关方过程的组织过程资产有相关方登记册模板、以往项目或阶段的经验教训、以往项目项目相关方登记册等。

13.2.3 识别相关方的工具与技术

1. 相关方分析

相关方分析是系统地收集和分析各种定量与定性信息，以便确定在整个项目中应该考虑哪些人的利益。相关方分析有助于识别出相关方的利益、期望和影响，并把它们与项目的目的联系起来。相关方分析有助于了解相关方之间的关系，以便利用这些关系建立联盟或伙伴合作，从而提高项目成功的可能性。在项目或阶段的不同时期，应该对相关方的关系施加不同的影响。

(1) 相关方分析通常应遵循以下步骤。

①识别全部潜在项目相关方及其相关信息，如他们的角色、部门、利益、知识、期望和影响力。关键相关方很容易识别，包括所有受项目结果影响的决策者和管理者，如项目发起人、项目经理和主要客户。通常团队通过与识别的相关方进行访谈，来识别其他相关方，扩充相关方名单，直接列出全部潜在相关方。

②分析每个相关方可能的影响或支持，并把它们分类，以便制定管理策略。在相关方很多的情况下，就必须对相关方进行排序，以便有效分配精力，来了解和管理相关方的期望。

③评估关键相关方对不同情况可能做出的反应，以便策划如何对反应施加影响，提高相关方的支持，减轻对他们的潜在负面影响。

(2) 有多种分类模型可用于相关方分析。

①权力/利益方格：根据相关方的职权大小及对项目结果的关注程度进行分类。

②权力/影响方格：根据相关方的职权大小及主动参与项目的程度进行分类。

③影响/作用方格：根据相关方主动参与项目的程度及改变项目计划或执行能力进行分类。

④凸显模型：根据相关方的权力、紧急程度和合法性，对相关方进行分类。

(3) 相关方映射分析和表现是一种利用不同方法对相关方进行分类的方法。

①需要重点掌握的是权力/利益方格：根据相关方的职权（权力）大小以及对项目结果的关注程度（利益）进行分组。相关方权力/利益方格如图13.2所示。

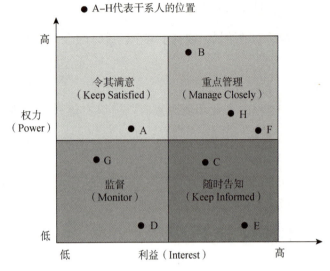

图 13.2　相关方权力/利益方格

A：权力高、利益低，不能得罪，要令其满意；

B、H、F：权力高、利益高，是双高相关方，需要重点管理；

G、D：权力低、利益低，双低相关方，只需要监督；

C、E：权力低、利益高，需要把项目情况随时告知。

②相关方分析-性格观。古希腊人认为，一个人的行为模式是其整体生理状况的综合反映。

A：Dominance——支配型（指挥者）。这类人具有高度的支配性，凡事追求结果，作风快速。

B：Influence——影响型。这类人具有高度的影响力和表现欲，重感情，是社交高手。

C：Steadiness——稳健型。这类人很有耐心，同时也是体贴、富有同情心的聆听者，对旁人的切身问题以及内心世界特别关心。

D：Compliance——服从型。这类人对于精确与原则有着浓厚的关注，是关于结构、细节和事实的遵循者。相关方分析-性格观双轴模型如图 13.3 所示。

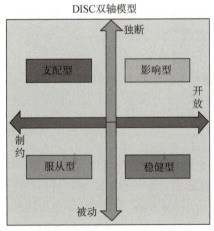

图 13.3　相关方分析-性格观双轴模型

2. 专家判断

为确保列出全部相关方，应该向受过专门培训或具有专业知识的小组/个人寻求判断和专业意见，如：高级管理人员；组织内部的其他部门；已识别的关键相关方；在其他领域的项目工作过的项目经理；相关业务或项目领域的主题专家(SME)；行业团体和顾问；专业和技术协会；立法机构和非政府组织(NGO)。

3. 会议

召开情况分析会议，来交流和分析关于各相关方的角色、利益、知识和整体立场的信息，加强对主要项目相关方的了解。

13.2.4 识别相关方成果

识别相关方成果是相关方登记册。相关方登记册是识别相关方过程的主要成果，用于识别相关方的所有详细信息，包括以下内容。

(1) 基本信息：姓名、职位、地点、项目角色、联系方式等。

(2) 评估信息：主要需求、主要期望、对项目的潜在影响、与生命周期的哪个阶段最密切相关。

(3) 相关方分类：内部／外部，作用/影响/权力/利益，上级/下级/向外/横向，或项目经理选择的其他分类模型。

应该定期查看、更新相关方登记册，因在整个项目生命周期中相关方可能发生变化，也可能识别出新的相关方。识别之后进行分类，针对不同类型的相关方制定不同的管理规划。

13.3 规划相关方参与

13.3.1 规划相关方参与的概念

规划相关方参与是基于对相关方需要、利益及对项目成功的潜在的分析，制定合适的管理策略，以有效调动相关方参与整个项目生命周期的过程，作用是为与项目相关方的互动提供清晰可操作的计划，以达成项目利益。

基于对相关方需要、利益及对项目成功的潜在影响的分析，制定合适的相关方参与方法，有效调动相关方参与整个项目生命周期。大多数相关方不能被项目经理直接管理，项目经理能管理他们参与的工作。规划相关方参与的依据、工具与技术和成果如图 13.4 所示。

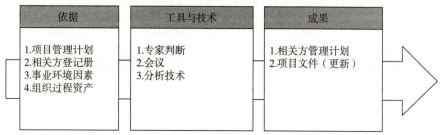

图 13.4 规划相关方参与的依据、工具与技术和成果

相关方参与的内容比改善沟通更多，也比管理团队更多。相关方参与是在项目团队和相关方之间建立并维护良好关系，以期在项目边界内满足相关方的各种需要和需求。

这个过程将产生相关方管理计划，即关于如何实现相关方有效管理的详细计划。随着项目的进展，相关方及其参与项目的程度可能发生变化，因此，规划相关方参与是反复的过程，由项目经理定期开展。

13.3.2 规划相关方参与依据

1. 项目管理计划

用于制订项目相关方管理计划的信息有：项目所选用的生命周期及各个阶段拟采用的过程；对如何执行已实现项目目标的描述；对如何满足人力资源，如何定义和安排项目角色与职责的描述；报告关系和人员配备管理等的描述；变更管理计划，规定将如何监控变更；相关方之间的沟通需要和沟通技术等。

2. 相关方登记册

相关方登记册中的信息有助于对项目相关方的参与方式进行规划。

3. 事业环境因素

所有事业环境因素都是本过程的输入，因为对相关方的管理应该与项目环境相适应。其中，组织文化、组织结构和政治氛围特别重要，因为了解这些因素，有助于制定最具适应性的相关方管理方案。

4. 组织过程资产

所有组织过程资产都是本过程的输入。其中，经验教训和历史信息特别重要，因为能从中了解以往的相关方管理计划及其有效性。这些信息可用于规划当前项目的相关方管理活动。

13.3.3 规划相关方参与的工具与技术

1. 专家判断

基于项目目标，应使用专家判断方法，来确定每位相关方在项目每个阶段的参与程度。例如，项目初期可能需要高层相关方的高度参与，来为项目成功扫清障碍。此后，高层相关方从领导项目转为支持项目，而其他相关方（如最终用户）可能重要起来。

为确保列出全部相关方，应该向受过专门培训或具有专业知识的小组或个人寻求判断和专业意见，如：高级管理人员；组织内部的其他部门；已识别的关键相关方；在其他领域的项目工作过的项目经理；相关业务或项目领域的主题专家（SME）；行业团体和顾问；专业和技术协会；立法机构和非政府组织（NGO）。

2. 会议

应该与相关专家及项目团队举行会议，以确定所有相关方应有的参与程度，这些信息可以用来准备相关方管理计划。

3. 分析技术

应该比较所有相关方的当前参与程度与计划参与程度。在整个项目生命周期中，相关方参与对项目的成功至关重要。相关方的参与程度可分为以下几种。

（1）不知晓：对项目和潜在影响不知晓。
（2）抵制：知晓项目和潜在影响，抵制变更。
（3）中立：知晓项目，既不支持，也不反对。
（4）支持：知晓项目和潜在影响，支持变更。
（5）领导：知晓项目和潜在影响，积极致力于保证项目成功。

相关方参与评估矩阵（图 13.5）中记录相关方的当前参与程度。其中 C 表示"当前"，D 表示"期望"参与程度。应该基于可获取的信息，确定当前需要的相关方参与程度。

在图 13.5 中，相关方 3 已处于所需的参与程度，而对于相关方 1 和 2，则需进一步沟通，使他们达到所需的参与程度。通过分析，识别出当前参与程度与所需参与程度之间的差距。可以使用专家判断来制定行动和沟通方案，以消除上述差距。

干系人	不知晓	抵制	中立	支持	领导
干系人1	C				D
干系人2			C	D	
干系人3				DC	

图 13.5　相关方参与评估矩阵

13.3.4　规划相关方参与的成果

1. 相关方管理计划

相关方管理计划是项目管理计划的组成部分，为有效调动相关方参与而规定所需的管理策略。根据项目的需要，相关方管理计划是正式或非正式的，详细的或概括的。相关方管理计划包括：关键相关方的所需参与程度和当前参与程度；相关方变更的范围和影响；相关方之间的相互关系和潜在交叉；项目阶段的相关方沟通需求；需要分发给相关方的信息，包括语言、格式、内容和详细程度；分发相关信息的理由，以及可能对相关方参与所产生的影响；向相关方分发所需信息的时限和频率；随着项目进展，更新和优化相关方管理计划的方法。

项目经理应该识别到相关方管理计划的敏感性，并采取恰当的预防措施。更新相关方管理计划时，应审查所依据的假设条件的有效性，以确保该计划的准确性和相关性。

2. 项目文件（更新）

可能需要更新的项目文件包括：项目进度计划、相关方登记册。

13.4　管理相关方参与

13.4.1　管理相关方参与的概念

管理相关方参与是指通过与相关方沟通和协作，以满足其需要与期望，处理问题，并促进相关方合理参与项目活动。帮助项目经理提升来自相关方的支持，并把相关方的抵制降到最低,从而显著提高项目成功的机会。管理相关方参与的依据、工具与技术和成果如图 13.6 所示。

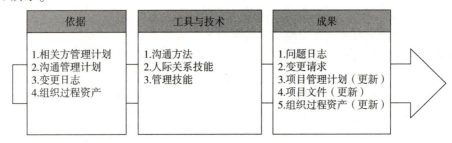

图 13.6 管理相关方参与的依据、工具与技术和成果

管理相关方参与包括:调动相关方适时参与项目,以获取或确认他们对项目成功的持续承诺;通过协商和沟通,管理相关方的期望,确保实现项目目标;处理尚未成问题的相关方关注点,预测相关方在未来可能提出的问题。需要尽早识别和讨论这些关注点,以便评估相关的风险项目;澄清和解决已识别的问题。

通过管理相关方参与,确保相关方理解项目目的、目标、收益和风险,提高项目成功的概率。这不仅能使相关方成为项目积极的支持者,还能使相关方协助指导项目活动和项目决策。通过预估人们对项目的反应,可事先采取行动来赢得支持或降低负面影响。

相关方对项目的影响在项目启动阶段最大,而随着项目的进展逐渐降低。项目经理负责调动各相关方参与项目,并对他们进行管理,必要时可以寻求项目发起人的帮助。主动管理相关方参与,可以降低项目不能实现其目的和目标的风险。

13.4.2 管理相关方参与的依据

1. 相关方管理计划

相关方管理计划为调动相关方最有效地参与项目提供指导。相关方管理计划描述了用于相关方沟通的方法和技术。该计划用于确定各相关方之间的互动程度。与其他文件一起,该计划有助于在整个项目生命周期中识别和管理相关方的策略。

2. 沟通管理计划

沟通管理计划为管理相关方期望提供指导和信息,所有的信息包括:相关方沟通需求;需要沟通的信息,包括语言、格式、内容和详细程度;发布信息的原因;将要接收信息的个人或群体;升级流程。

3. 变更日志

变更日志用于记录项目期间发生的变更。应该与适当的相关方就这些变更及其对项目时间、成本和风险等的影响进行沟通。

4. 组织过程资产

能够影响管理相关方参与过程的组织过程资产有:组织对沟通的要求;问题管理程序;变更控制程序;以往项目的历史信息。

13.4.3 管理相关方参与的工具与技术

1. 沟通方法

在管理相关方参与时，应该使用在沟通管理计划中确定的针对每个相关方的沟通方法，基于相关方的沟通需求，项目经理决定在项目中如何使用、何时使用及使用哪种沟通方法。

2. 人际关系技能

项目经理应用人际关系技能来管理相关方的期望，例如：建立信任，解决冲突，积极倾听，克服变更阻力。

3. 管理技能

项目经理应用管理技能来协调各方以实现项目目标。例如：引导人们对项目目标达成共识；对人们施加影响，使他们支持项目；通过谈判达成共识，满足项目要求；调整组织行为，以接受项目成果。

13.4.4 管理相关方参与的成果

1. 问题日志

在管理相关方参与过程中，可以编制问题日志。问题日志应随新问题的出现和老问题的解决而动态更新。

2. 变更请求

在管理相关方参与过程中，可能对产品或项目提出变更请求。变更请求可能包括针对项目本身的纠正或预防措施，以及针对相关方的互动的纠正或预防措施。

3. 项目管理计划(更新)

更新的内容包括相关方管理计划。当识别出新的相关方需求，或者需要对相关方需求进行修改时，就需要更新该计划，也需要因处理问题关注点和解决问题而更新该计划。

4. 项目文件(更新)

可能需要更新的项目文件是相关方登记册。相关方登记册更新的情况有：相关方信息的变化，识别出新相关方，原有相关方不再参与项目，原有相关方不再受项目影响，或者特定相关方的其他情况变化。

5. 组织过程资产(更新)

可能更新的组织过程资产有以下几项。

(1)给相关方的通知：向相关方提供有关已解决问题、已批准的变更和项目总体状态的信息。

(2)项目报告：采用正式或非正式的报告来描述项目状态。项目报告包括经验教训总结、问题日志、项目收尾报告和其他知识领域的相关报告。

(3)项目演示资料：项目团队正式或非正式地向任一或全部相关方提供信息。

(4)项目记录：往来函件、备忘录、会议纪要及描述项目情况的其他文件。

(5)相关方的反馈意见：可分发相关方对项目工作的意见，用于调整或提高项目的未来绩效。

（6）经验教训文档：对问题根本原因分析、选择特定纠正措施的理由，以及有关相关方管理的其他经验教训。应该记录和发布经验教训，并在本项目和执行组织历史数据库中收录。

13.5 监督相关方参与

13.5.1 监督相关方参与的概念

监督相关方参与是全面监督项目相关方之间的关系，调整策略和计划，以调动相关方参与的过程。监督相关方参与的作用是随着项目进展和环境变化，维持并提升相关方参与活动的效率和效果。相关方管理计划里面会设置管理和目标，管理相关方参与是促成目标，监督相关方参与是监督相关方参与的状态，纠正偏差。

在相关方管理计划中应列出相关方参与活动，并在项目生命周期中加以执行。应该对相关方参与进行持续控制。监督相关方参与的依据、工具与技术和成果如图13.7所示。

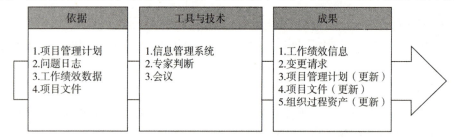

图 13.7 监督相关方参与的依据、工具与技术和成果

13.5.2 监督相关方参与的依据

1. 项目管理计划

项目管理计划可用于制订相关方管理计划。可用于控制相关方参与的信息包括以下一些。

（1）项目所选用的生命周期及各个阶段拟采用的过程。

（2）如何执行项目以实现项目目标的描述。

（3）对如何满足人力资源需求，如何定义和安排项目角色与职责，报告关系和人员配备管理等的描述。

（4）变更管理计划，规定将如何监控变更。

（5）相关方之间的沟通需要和沟通技术。

2. 问题日志

问题日志随新问题的出现和老问题的解决而更新。

3. 工作绩效数据

工作绩效数据是在执行项目工作的过程中，从每个正在执行的活动中收集到的原始观察结果和测量值。在各控制过程中收集关于项目活动和可交付成果的各种测量值。数据经常是最具体的，将从这些过程中提炼出项目绩效信息。

4. 项目文件

用来启动、规划、执行或控制过程的诸多项目文件，可以作为控制相关方参与的支持性输入，这些文件有项目进度计划、相关方登记册、问题日志、变更日志、项目沟通文件。

13.5.3 监督相关方参与的工具与技术

1. 信息管理系统

信息管理系统为项目经理获取、储存和向相关方发布有关项目成本、进展和绩效方面的信息提供了标准工具。它可以帮助项目经理整合来自多个系统的报告，便于项目经理向项目相关方分发报告。

2. 专家判断

为确保全面识别和列出新的相关方，应对当前相关方进行重新评估。应该向受过专门培训或具有专业知识的小组或个人寻求输入，可通过单独咨询(如一对一会谈、访谈等)或小组对话(如焦点小组调查等)，获取专家判断。例如：高级管理人员；组织中的其他部门或个人；已识别的关键相关方；在相同领域的项目上工作过的项目经理(直接或间接的经验教训)；相关业务领域或项目领域的主题专家；行业团体和顾问；专业和技术协会，立法机构和非政府组织。

3. 会议

可以在状态评审会议上交流和分析有关相关方参与的信息。

13.5.4 监督相关方参与的成果

1. 工作绩效信息

工作绩效信息是从各控制过程收集，并结合相关背景和跨领域关系进行整合分析，而得到的工作绩效数据。这样工作绩效数据可转换为工作绩效信息。数据本身不用于决策，因为其意思可能被误解。但是工作绩效信息考虑了相互关系和所处背景，可以作为项目决策的可靠基础。工作绩效信息通过沟通进行传递。绩效信息包括可交付成果状态、变更请求的落实情况及预测的完工尚需估算。

2. 变更请求

在分析项目绩效及与相关方的互动中，经常提出变更请求，需要通过实施整体变更控制过程对变更进行处理：推荐的纠正措施，包括为使项目工作绩效重新与项目管理计划保持一致而提出的变更；推荐预防措施，这些措施可以降低在未来生产不良项目绩效的可能性。

3. 项目管理计划(更新)

随着相关方参与项目工作，要评估相关方管理策略的整体有效性。如果发现需要改变方法和策略，那么就应该更新项目管理计划的相应部分，以反映这些变更。更新的内容有变更管理计划、沟通管理计划、成本管理计划、人力资源管理计划、采购管理计划、质量管理计划、需求管理计划、风险管理计划、范围管理计划、进度管理计划、相关方管理计划。

4. 项目文件(更新)

可能需要更新的项目文件包括以下两类。

(1)相关方登记册：相关方信息变化，识别出新相关方，原相关方不再参与项目，原有相关方不再受项目影响，或者特定相关方的其他情况变化。

(2)问题日志：随着新问题的出现和老问题的解决而更新。

5. 组织过程资产(更新)

可能需要更新的组织过程资产包括以下一些。

(1)给相关方的通知：向相关方提供有关已解决问题、已批准的变更和项目总体状态的信息。

(2)项目报告：采用正式或非正式的报告来描述项目状态。项目报告包括经验教训总结、问题日志、项目收尾报告和其他知识领域的相关报告。

(3)项目演示资料：项目团队正式或非正式地向任一或全部相关方提供信息。

(4)项目记录：包括往来函件、备忘录、会议纪要及描述项目情况的其他文件。

(5)相关方的反馈意见：分发相关方对项目工作的意见，用于调整或提高项目的未来绩效。

(6)经验教训文档：包括对问题根本原因分析、选择特定纠正措施的理由，以及有关相关方管理的其他经验教训。应该记录和发布经验教训，并在本项目和执行组织历史数据库中收录。

本章小结

识别能够影响项目或会受项目影响的人员、团体或组织，分析相关方对项目的期望和影响，制定合适的管理策略来有效调动相关方参与项目决策和执行。用这些过程分析相关方期望，监督他们对项目或受项目影响的程度，以及制定策略来有效引导相关方支持项目决策、规划和执行。这些能够支持项目团队的工作。

习题

一、单选题

1. 在项目启动阶段，项目经理得知相关方可能以多种积极和消极的方式影响项目。在这种情况下，项目经理应该怎么做？（　　）

A. 给高级管理层和项目发起人分配任务，让其减少相关方的人数

B. 执行一项相关方分析，并按照权力/利益方格给相关方分组

C. 将管理行动集中在关键相关方上

D. 更新风险登记册

2. 相关方感觉他们收到的信息十分复杂，难以理解，因此不能正确决策。若要解决这个问题，应该怎么做？（ ）
A. 审查沟通需求　　　　　　　　B. 执行相关方分析
C. 包含一个常用术语表　　　　　D. 添加解释性附件

3. 在为获得项目管理计划批准的会议上，项目经理得知一名相关方已被替换。项目经理应将该信息记录在哪里？（ ）
A. 风险登记册　　B. 相关方登记册　　C. 人力资源管理计划　　D. 相关方管理计划

4. 项目经理完成了项目章程，需要做的下一个活动是什么？（ ）。
A. 创建详细的相关方登记册　　　B. 创建需求文件
C. 创建相关方管理计划　　　　　D. 创建质量管理计划

5. 在项目阶段评审会上，项目经理发现项目未获得所有项目相关方的支持。确保成功完成项目所需的参与层次是什么？（ ）
A. 支持　　　　B. 不知道　　　　C. 中立　　　　D. 领导

6. 识别相关方应该在什么时候首次开始？（ ）
A. 项目章程发布之后　　　　　　B. 项目章程发布之前或同时
C. 项目经理被委派之后　　　　　D. 召开项目开工会之前

7. 哪一份文件会定义将从项目成果交付中获益的相关方的最初清单？（ ）
A. 项目章程　　B. 需求文件　　C. 商业文件　　D. 协议

8. 对于小型项目或者相关方之间关系比较简单的项目可以采用什么工具来对相关方进行分类？（ ）
A. 权力/利益方格　　B. 凸显模型　　C. 优先级排序　　D. 方向分类

9. 对于相关方之间关系比较复杂且人数众多的项目，可以采用什么工具来对相关方进行分类？（ ）
A. 权力/利益方格　　B. 凸显模型　　C. 相关方立方体　　D. 方向分类

10. 对识别出的相关方应用凸显模型进行分类之后，应该把分类的结果记录在哪一份文件中？（ ）
A. 相关方登记册　　　　　　　　B. 相关方参与计划
C. 相关方优先级列表　　　　　　D. 相关方分级评估矩阵

11. 应该尽早制订相关方参与计划并在每个阶段开始的时候对该计划进行更新。下面哪个工具是制订相关方参与计划的关键工具？（ ）
A. 标杆对照　　B. 问卷与交谈　　C. 权力/利益方格　　D. 头脑风暴

12. 管理相关方参与是与相关方进行沟通和协作以满足其需求与期望、处理问题，并促进相关方合理参与，在这个过程中，项目经理的沟通技能非常重要。项目经理最需要关注的沟通技能是什么？（ ）
A. 反馈技能　　B. 探究性询问　　C. 积极倾听　　D. 演示技能

13. 项目团队成员应该根据基本规则来采取行为引导相关方参与项目的过程与决策。基本规则可以在什么文件中发现？（ ）
A. 项目章程　　B. 团队章程　　C. 相关方参与计划　　D. 项目管理计划

14. 项目经理制作了一份文件，其中包含将要参与项目的，以及受到项目及其成果影

响的内外各方的信息。项目经理正在制作一份什么文件？（   ）

    A. 项目沟通管理计划　　　　　　　B. 项目章程

    C. 项目组织图　　　　　　　　　　D. 相关方登记册

15. 在项目规划阶段，项目经理认识到与其中一名项目相关方在项目可交付成果方面的理解存在差异，造成关系紧张。要解决这个问题，项目经理应该怎么做？（   ）

    A. 忽视该项目相关方

    B. 安排一次与该项目相关方的沟通

    C. 将该问题报给项目发起人，让他为项目经理解决这个问题

    D. 让其他团队成员说服项目的相关方妥协

二、思考题

1. 项目有哪些相关方？如何识别相关方？识别相关方的目的是什么？
2. 相关方识别的工具是什么？如何识别全部的潜在相关方？相关方登记册中有什么？
3. 相关方参与度评估矩阵是用来做什么的？包含哪些要素？什么样的相关方是领导的，什么样的相关方是支持的？
4. 相关方管理计划包括什么内容？项目经理如何处理相关方管理计划？
5. 如何管理相关方参与？
6. 如何监督相关方参与？

案例分析题

    信管网信息系统集成公司承接了一项信息系统集成项目，任命小王为项目经理。

    根据合同中的相关条款，小王在计划阶段简单地描绘了项目的大致范围，列出了项目应当完成的工作。甲方的项目经理是该公司的信息中心主任，但该信息中心对其他部门的影响较弱。由于此项目涉及甲方公司的很多业务部门，因此在项目的实施过程中，甲方的销售部门、人力资源部门、财务部门等都直接向小王提出了很多新的要求，而且很多要求彼此存在一定的矛盾。

    小王尝试做了大量的解释工作，但是甲方的相关部门总是能够在合同的相关条款中找到变更的依据。小王明白是由于合同条款不明确导致了现在的困境，但他不知道该怎样解决当前所面临的问题。

    讨论：结合案例，列举该项目的主要相关方。

行业形势

项目管理专业人才紧缺

项目管理（Project Management）是20世纪50年代后期发展起来的一种计划管理方法，是指把各种系统、资源和人员有效地结合在一起，采用规范化的管理流程，在规定的时间、预算和质量目标范围内完成项目。项目管理在发达国家已经逐步发展成为独立的学科体系，成为现代管理学的重要分支，并广泛应用于建筑、工程、电子、通信、计算机、金融、投资、制造、咨询、服务以及国防等诸多行业。它一出现就举世瞩目。

项目管理协会PMI发布的《项目管理就业增长与人才缺口报告（2017—2027）》，对全球11个国家的项目导向型就业机会进行分析，结果显示：到2027年，全球项目管理行业将有8 800万空缺。其中，中国的项目管理职位空缺占比将超过全球总数的一半，达4 600万，中国将是全球项目管理人才最紧缺的国家。我国累计超过5.5万家企业参加《项目管理知识体系指南》的培训和学习。华为、阿里巴巴、中国移动、网易、中海油等世界500强企业把项目管理引入企业的创新管理中。

国际上很多企业都在进行项目化改制运作，这使得项目管理人才成了企业最大的需求。项目管理作为一种成功的管理方式，被众多企业所应用，行业涉及信息技术、金融、电信、工程、建筑与房地产、软件开发、咨询、投资等。餐饮行业中的一些企业也引入了项目管理模式，利用项目管理方法进行餐饮项目的开发。因此，具有项目管理经验，特别是拥有专业学历背景和证书的人才一将难求。

如今，上海、北京等城市都已将项目管理人才列入紧缺人才之列。PMI的项目管理专业人员资格认证（PMP）已被全球近160个国家认可，项目管理被美国《财富》杂志誉为21世纪的首选职业。PMP在我国也被称为继MBA、MPA之后的第三块"金字招牌"。

月入万元不算高薪

据报道，未来30年内，我国仅西部开发就需要项目管理人员约600万，而我国迄今通过PMP认证的项目管理人员不到2万。供需间的巨大差异，使项目管理人才热急剧飙升。

记者曾在一些人才招聘会上发现，由于资深项目管理人才稀少，甚至出现了百余家企业以高薪争聘项目管理人员的火爆场面。各大城市的招聘会和媒体的招聘广告统计显示，项目管理人员成为各企业争夺的焦点。

在软件行业，随着企业规模不断扩大，对项目经理的需求不断增加。尤其是政府鼓励企业承接外包项目后，软件企业迫切需要国际软件项目经理。一项针对国内最大的10家软件企业的调查显示，目前软件企业最需要的人才依次为项目管理、高层技术管理和市场管理。

据不完全统计，目前普通职位的项目经理年薪多在6万元左右。而国内拥有PMP证书的从业人员平均年薪达32万元，成为名副其实的白领阶层。在建筑、软件类行业，高级项目经理的年薪甚至超过50万元。

职业要求愈加严格

项目管理是一种特别适用于那些责任重大、关系复杂、时间紧迫、资源有限的一次性任务的管理方法。在很大程度上，项目经理是一名管理者，要规划、监督、控制整个项目按计划完成，同时要关注核算项目成本等方面的工作，因而项目经理是项目的核心人物，也是项目成功的关键。正因为此，在薪水趋高的同时，企业对其能力的要求也相应提高。

由于管理的对象经常是技术人员，项目经理要有相应的技术背景，否则很难取得相关技术人员的信任，管理也就无从谈起。

在项目的操作中，项目经理要为合作双方提供更多的服务，比如提供谈判支持，在技术采用方或技术投资者完成评估并认为可以合作后，协助双方就技术转让的条件、价格、合作期限等一系列的问题进行全面协商，以期达成一致。这需要的不是一般的沟通能力。

同时，项目的操作需要团队的合作，项目操作往往涉及经济、金融、管理、营销、政策、法律、财务等领域，工作的过程更是综合能力的体现。

海外扩张需要国际化人才

随着我国"走出去"战略的进一步落实，中国已有约50家企业进入"全球最大225家国际承包商"行列。但在激烈的国际竞争中，中国对外承包商面临许多挑战和困难。

由于缺少熟悉国际市场标准、操作规范以及市场运行规则的人才，目前我国还不能在项目中全面系统地采用先进的项目管理方法，不能充分有效地利用时间、技术和人力。这些给寻求走出国门、参与全球竞争的国内公司带来很多不良的影响。

据悉，缺乏大量优秀的国际化项目管理人才，已经成为中国建筑承包公司在海外业务拓展的障碍和瓶颈。软件行业同样有此状况。来自商务部的信息，伴随中国软件外包市场的迅速崛起，中国软件出口有可能达到甚至超过50亿美元/年。在未来一段时间内，外包市场将延续快速增长的势头，市场将迫切需要一批能与国际接轨，按国际标准流程开发和管理软件的项目经理。

因此，加紧培养具有国际化视野和技能的项目管理人才已成当务之急。相对中国行业市场的整体发展情况和中国企业海外扩张速度而言，PMI需要进一步加强和中国企业的合作，加强中国项目管理人才的培养。

资料来源：https://www.yjbys.com/qiuzhizhinan/show-17689.html

参 考 文 献

[1] 美国项目管理协会. 项目管理知识体系指南(PMBOK 指南)[M]. 3 版. 卢有杰, 王勇, 译. 北京：电子工业出版社, 2004.

[2] 美国项目管理协会. 项目管理知识体系指南(PMBOK 指南)[M]. 6 版. 北京：电子工业出版社, 2018.

[3] 中国(双法)项目管理研究委员会. 中国项目管理知识体系[M]. 北京：电子工业出版社, 2006.

[4] 项目管理领域知识更新教材编写委员会. 项目管理——理论、实务、案例[M]. 北京：经济管理出版社, 2007.

[5] [美] 琳达·克雷兹·扎瓦尔, 特里·瓦格纳. 从 PMP 到卓越项目经理：项目管理实战技巧与案例解析[M]. 2 版. 郑佃锋, 李利玲, 李小玲, 译. 北京：电子工业出版社, 2015.

[6] [美] 肯尼斯·罗斯. 项目质量管理：从入门到精通[M]. 2 版. 边登峰, 李一, 汪小金, 译. 北京：中国电力出版社, 2016.

[7] [美] 杰克·R. 梅雷迪思, 小塞缪尔·J. 曼特尔. 项目管理：管理新视角[M]. 7 版. 戚安邦, 等, 译. 北京：中国人民大学出版社, 2011.

[8] [美] 哈罗德·科兹纳. 项目管理：计划、进度和控制的系统方法[M]. 12 版. 杨爱华, 王丽珍, 杨昌雯, 等, 译. 北京：电子工业出版社, 2018.

[9] 冯俊文, 高朋, 王华亭. 现代项目管理学[M]. 北京：经济管理出版社, 2009.

[10] 白思俊. 现代项目管理概论[M]. 北京：电子工业出版社, 2007.

[11] 范黎波. 项目管理[M]. 北京：对外经济贸易大学出版社, 2005.

[12] 张立友. 项目管理实战剖析与 PMP 攻略[M]. 北京：机械工业出版社, 2007.

[13] 张增华. PMP 认证考试模拟试题及精解[M]. 北京：电子工业出版社, 2005.

[14] 张斌. 通过 PMP 认证考试[M]. 北京：电子工业出版社, 2005.

[15] 戚安邦. 项目管理学[M]. 2 版. 北京：科学出版社, 2018.

[16] 毕星, 翟丽. 项目管理[M]. 上海：复旦大学出版社, 2000.

[17] 张平亮. 项目管理[M]. 北京：机械工业出版社, 2014.

[18] 孙新波. 项目管理[M]. 2 版. 北京：机械工业出版社, 2016.

[19] 陈关聚. 项目管理[M]. 2 版. 北京：中国人民大学出版社, 2017.

[20] 程正中. 项目管理实训教程[M]. 北京：清华大学出版社, 北京交通大学出版社, 2012.

[21] 刘国靖. 现代项目管理教程[M]. 3 版. 北京：中国人民大学出版社, 2013.

[22] 毕星, 翟丽. 项目管理[M]. 上海：复旦大学出版社, 2000.

[23] 吴之明，卢有杰. 项目管理引论[M]. 北京：清华大学出版社，2000.

[24] 邱苑华. 现代项目管理学[M]. 4版. 北京：科学出版社，2019.

[25] 房西苑，周蓉翌. 项目管理融会贯通[M]. 北京：机械工业出版社，2010.

[26] 沈建明. 项目风险管理[M]. 3版. 北京：机械工业出版社，2018.

[27] 骆珣. 项目管理[M]. 2版. 北京：机械工业出版社，2016.

[28] 尤建新，等. 质量管理学[M]. 3版. 北京：科学出版社，2014.

[29] 张凤荣. 质量管理与控制[M]. 2版. 北京：机械工业出版社，2012.

[30] 王祖和. 项目质量管理[M]. 2版. 北京：机械工业出版社，2009.

[31] 邓富民，徐玖平. 项目质量管理[M]. 北京：经济管理出版社，2008.

[32] [美]朱兰. 质量控制手册[M]. 《质量控制手册》编译组，译. 上海：上海科技文献出版社，1979.

[33] 白思俊. 项目管理案例教程[M]. 3版. 北京：机械工业出版社，2018.